KLAUS BEHLING

ACHTUNG RENTNER!

Alltag, Geld, Gesundheit –
so gelingt der Ruhestand!

edition berolina

ISBN 978-3-95841-090-9

1. Auflage
© 2018 by BEBUG mbH / edition berolina, Berlin
Umschlaggestaltung: Buchgut, Berlin
Umschlagabbildung: Mihalis A. / AdobeStock
Druck und Bindung: CPI Moravia Books s. r. o.

eb edition berolina

Alexanderstraße 1
10178 Berlin
Tel. 01805/30 99 99
FAX 01805/35 35 42
(0,14 €/Min., Mobil max. 0,42 €/Min.)

www.buchredaktion.de

Inhalt

Geheimsache »Ruhestand«

Das Schönste am Ruhestand ist der Weg dorthin. Er ist mit Träumen gepflastert. Endlich wäre genug Zeit, um die alten Bekanntschaften zu pflegen, sich mit dem zu beschäftigen, was man schon immer gern wollte, mal an sich selbst zu denken und das Leben nicht nach den vielen alltäglichen Pflichten ausrichten zu müssen. All jene, die noch ein Stück dieses Weges vor sich haben, sprechen gern vom »wohlverdienten Ruhestand«. Die über alles und jedes salbadernden Politiker tun so, als sei es nun an der Zeit, mit der Rente so etwas wie eine »Prämie« für die »Lebensleistung« zu bekommen, und manch verheißungsvolle Werbung zeigt fröhliche braungebrannte Menschen mit silbernen Haaren, die allenfalls eine Kräuterpille gegen das Völlegefühl brauchen.

Die Erkenntnis, dass der »Ruhestand« kein ewiger Urlaub sein würde, ist meist schon der Gipfel des kritischen Blickes auf die Zukunft. Dennoch herrscht die Erwartung, es bleibe eigentlich alles so, wie es ist, nur mit viel Zeit und ausreichend Geld. Wer auf Letzteres keine fundierte Aussicht hat, tröstet sich damit, dass es schon irgendwie gehen wird, man hat ja schließlich im Leben schon ganz andere Dinge gemeistert.

Es fällt kaum auf, dass zwar unentwegt von allen, die noch nicht so weit sind, über das Alter und die Alten geredet wird, die Betroffenen meist jedoch eisern schweigen. Sie haben den auf Tag und Minute bestimmbaren Wechsel ihrer Lebensperspektive hinter sich.

Das wacklige Rentnerglück

Ob der Abschied von der Arbeitswelt ein Bruch oder der Einstieg in ein schöneres, selbstbestimmtes Leben wird, lässt sich vorab kaum klären. Lauthals verkündete Zustandsbeschreibungen Betroffener, wie »phantastisch« und »super« es ihnen nun plötzlich gehe, nähren die Vermutung, dass über keinen anderen Bereich des Lebens so viel gelogen wird wie über den Ruhestand. Ganz besonders Eifrige erklären ihn gern zum »Unruhestand«. Es scheint derweil ein Statussymbol für Rentner geworden zu sein, »Stress« zu haben.

Die euphorischen Berichte vom tollen Rentnerdasein müssen aber keine notorische Lüge sein. Viele Menschen fühlen sich wohl, haben befriedigende Aufgaben gefunden und empfinden die neuen Freiheiten als Bereicherung. Allerdings ist es auch ein wackliges Glück, denn es setzt voraus, dass alles genauso bleibt wie am Ende des Arbeitslebens. Das ist jedoch allenfalls für eine Weile der Fall. Ein probates Mittel, mit Veränderungen umzugehen, hat das Berufsleben tief eingeschliffen: Die meisten Menschen sind zu sich selbst nicht besonders ehrlich und glücklicherweise in der Lage, sich alles Mögliche »schönzugucken«. Wer seine Arbeit eher als Last empfand, hat in diesem Verhalten über Jahrzehnte seine Art der Problembewältigung eingeübt. War die Tätigkeit mehr Lust, mag auch niemand sonderlich gern zugeben, sich ausgerechnet im engen Korsett der tagtäglichen Pflichten wohlgefühlt zu haben. Doch es strukturierte nicht nur den Tagesablauf und gab die sozialen Kontakte vor, sondern garantierte auch Erfolgserlebnisse und den »Sinn des Lebens«.

Die eingeübten Verhaltensweisen beeinflussen auch Befragungen der Betroffenen. Dabei ist ohnehin Zurückhaltung geboten, denn schließlich hat jeder das Recht, sich so zu sehen, wie er es möchte. Eine große Rolle spielen Perspektivwechsel. Man kennt sie aus der Familie: Ist ein tyrannischer Vater oder eine bösartige Mutter erst einmal unter der Erde, mutiert er oder sie zum liebsten Menschen. Mit der Arbeit verhält es sich ähnlich: Klagten manche pauschal, »die Schufterei macht mich noch krank«, sieht es im Rückblick ganz anders aus. Kleine Verstimmungen, die aus der neuen Situation des Ruhestands erwachsen, werden nun plötzlich als dramatische Ereignisse empfunden.

Statistiken sind ebenfalls fragwürdig, denn sie belegen alles und nichts. Wer mit dem Kopf auf der Herdplatte und den Füßen im Kühlschrank liegt, genießt statistisch betrachtet eine angenehme Temperatur. Dass er sich tatsächlich dabei wohlfühlen würde, ist zu bezweifeln. Dessen ungeachtet zeigen große Tabellen, dass Ruheständler öfter zu Depressionen neigen, Alkoholismus und Beziehungskrisen zunehmen und sich die Gesundheit oft schlagartig verschlechtert. Erhebungen des Bundesverbands der Betriebskrankenkassen aus dem Jahr 2015 belegen, dass Rentner mit 16 Prozent mehr als Arbeitslose mit 13,5 Prozent und Berufstätige mit 8,7 Prozent unter Depressionen leiden. Männer scheinen dabei stärker betroffen als Frauen, denn deren Leben ist – den Umständen der immer noch männlich dominierten Gesellschaft geschuldet – fast vollständig auf Arbeit und Beruf ausgerichtet.

Demgegenüber stehen jedoch Befragungen nach Glück und Zufriedenheit. Sie belegen, dass es zwischen Älteren und Jüngeren kaum signifikante Unterschiede dabei gibt. Der Querschnitt verschiedener Erhebungen dazu lässt ein Verhältnis von etwa 70 Prozent Zufriedener zu 30 Prozent Unzufriedener erkennen. Ein wichtiger Unterschied zwischen den Generationen bleibt bei derartigen Betrachtungen jedoch auf der Strecke. Die Gruppe der resignierten jungen Leute unterliegt einem steten Wandel, weil sich deren Lebenslagen beständig verändern. Auf Verlust der Arbeit folgt eine neue Tätigkeit mit neuen – positiven oder negativen – Potentialen, Partnerschaften wechseln, und letztlich gilt das alte »Die Zeit heilt alle Wunden«-Sprichwort ohne Einschränkung. Dass Gram über und Hadern mit den Lebensverhältnissen bei Älteren tiefersitzen, haben amerikanische Wissenschaftler in Langzeitstudien entdeckt. Nach acht Jahren Ruhestand fühlten sich von den 30 Prozent Unglücklichen nur 5 Prozent besser, 25 Prozent jedoch noch schlechter. Dennoch gibt es dabei keine mechanisch wirkenden Hebel.

Altersforscher haben längst ein »Zufriedenheitsparadoxon« ausgemacht. Trotz nachlassender Gesundheit, Verlusten im sozialen Umfeld und finanziellen Einschränkungen wächst Unzufriedenheit nicht zwangsläufig mit dem Lebensalter. Ältere sind offenbar mit weniger zufrieden und messen sich an der als Lebenserfahrung gesammelten Demut vor dem Unausweichlichen und einer vom sozialen Status erzwungenen Bescheidenheit. Vor diesem Hintergrund stellt sich Glück als gelungene Balance zwischen Erwartungshaltung und Realität dar. Sie zu finden, ist ein schwieriger Prozess. Und natürlich fehlt auch der entsprechende Fachbegriff nicht, der in vielen Fragen zum Fühlen im Alter von jenen kommt, die davon –

noch nicht – betroffen sind: »Erwartungsmanagement«.

Dahinter steckt eigentlich eine fatale Logik: Wer sich den Ruhestand nicht zu rosig ausmalt und bei seinem Eintritt nicht so tut, als sei alles wie früher, muss weniger Anfälligkeit befürchten. Damit drängt diese Betrachtung die gesellschaftliche Verantwortung für ihre Alten in den abgeschlossenen, persönlichen Bereich. Wer sich unwohl fühlt, ist eben nur ein schlechter Manager seiner Lebenssituation. Das wiederum eröffnet den Einstieg in die These: »Ruhestand kann krank machen.«

Tatsächlich bestätigen das medizinische Diagnosen, die die Weltgesundheitsorganisation (*World Health Organization*, WHO) sammelt, um den wichtigsten »Krankmachern« auf die Spur zu kommen. Unter der Kennziffer F 43.2 verzeichnet sie »Anpassungsstörungen« und identifiziert als eine von deren Ursachen das Ruhestandsdasein. Es führe zu »depressiven Reaktionen« und »Störungen« im Sozialverhalten. Natürlich müssen sie nicht jeden treffen, aber sie belasten dennoch eine definierbare Gruppe, bei der es bis zur klinischen Auffälligkeit geht.

Hinweise auf Hintergründe lieferten bereits in den 1960er Jahren die amerikanischen Psychiater Thomas Holmes und Richard Rahe. Sie suchten nach großen und kleinen Einschnitten im Leben, vom Tod des Partners oder einer Scheidung bis hin zur Änderung der Ernährungsgewohnheiten und Folgen kleinerer Rechtsverstöße. Dann versahen sie das jeweilige Ereignis mit einem Punktewert, der die dadurch ausgelöste Stresswirkung illustrierte. Mit 45 Punkten gehörte danach der Eintritt in den Ruhestand zu den zehn wichtigsten Faktoren, die das Leben negativ beeinflussten. Er entsprach etwa dem einer unerwarteten Entlassung (47 Punkte) oder einer Verheiratung (50 Punkte) und lag über sexuellen Schwierigkeiten (39 Punkte) oder einer Veränderung der finanziellen Lage (38 Punkte). Holmes und Rahe gingen davon aus, dass sich die durch die Lebenseinschnitte verursachten Stressfaktoren addieren können, und sagten für Werte oberhalb von 150 Punkten für die Hälfte der Betroffenen innerhalb der kommenden zwei Jahre einen gesundheitlichen Zusammenbruch voraus. Ab 300 Punkten stieg diese Zahl auf 80 Prozent.

Man mag dem in Amerika oft zu beobachtenden Drang, alles in Zahlen fassen zu wollen, folgen oder auch nicht. Unstrittig bleibt, dass der Stellenwert der Arbeit in Deutschland im internationalen Vergleich sehr hoch liegt. Mit einer gewissen Verachtung wird auf jene Länder geblickt, in denen die Menschen arbeiten, um zu leben, und, im Gegensatz zu ihnen, das Arbeiten als Ideal des Lebens kultiviert. Praktisch drückt sich das in einer steigenden Zahl von Berufstätigen aus, die ihrerseits wiederum mehr Stunden arbeiten, als dies vor rund 25 Jahren der Fall war. Im ersten Quartal 2017 zählte das Statistische Bundesamt 43,7 Millionen Erwerbstätige mit insgesamt 15,3 Milliarden Arbeitsstunden. Jeder Erwerbstätige kam so auf durchschnittlich 350,7 Stunden in drei Monaten. Die wachsende Tendenz der geleisteten Arbeitszeit zeigt der Blick auf deren Entwicklung bei öffentlichen und privaten Dienstleistern. Wurden nur in diesem Bereich im Jahr 2000 noch 15,61 Milliarden Arbeitsstunden geleistet, waren es 2010 bereits 16,99 Milliarden Stunden.

Ein radikaler Umbruch steht bevor

All diese Zahlen illustrieren die zentrale Bedeutung der Erwerbstätigkeit und betreffen direkt den Ruhestand. Je intensiver die Arbeit zuvor die Menschen belastete und gleichzeitig befriedigte, umso größer ist die »Fallhöhe« auf null. Überdies hat die Lebensphase nach der aktiven Arbeit heute einige Besonderheiten, über die noch detailliert zu reden sein wird.

Die Eckpunkte: Der Ruhestand betrifft im Westen die voraussichtlich letzte Generation, ab Anfang der 1960er Jahre geboren, die noch auf eine nahezu ununterbrochene Berufslaufbahn zurückblickt. Bereits jetzt davon ausgeschlossen sind Frauen, die wegen der Kinder einen kürzeren Erwerbslebenslauf haben, dessen Lücken auch durch die anrechenbaren Erziehungszeiten nicht beseitigt werden. Im Osten streben jetzt jene in den Ruhestand, die von den Umbrüchen der Einheit, von oft langen Arbeitslosen- und Umschulungszeiten und selbst im günstigsten Fall von über längere Zeit erheblich schlechteren Verdienstmöglichkeiten betroffen waren.

Eine weitere bislang ungekannte Entwicklung besteht darin, dass es noch nie so viele kinderlose ältere Menschen gab wie bei denen, die nun in die Jahre kommen. Beim Absinken der Geburtenziffer – dem Durchschnittswert aller lebend geborenen Kinder pro Frau – um ungefähr ein Drittel waren Mitte der 1960er Jahre sehr ähnliche Entwicklungen in Ost und West festzustellen. Dann erhöhte sich die durchschnittliche Kinderzahl in der früheren DDR, brach aber nach der Einheit um rund die Hälfte ein. Das heißt, nach dem rapiden Anwachsen der Zahl kinderloser Alter mit dem Übergang in den Ruhestand der geburtenstarken Jahrgänge der 1960er Jahre wird es, um etwa zwanzig Jahre nach hinten versetzt, noch einmal eine besonders starke Belastung im Osten geben.

Der wichtigste und bislang am wenigsten mit neuen Überlegungen unterfütterte Punkt ist jedoch die sich wandelnde Haltung der Gesellschaft zum Ruhestand.

Vorläufer der heutigen Rentenversicherung war die 1889 von Reichskanzler Otto von Bismarck eingeführte Sozialversicherung unter dem im Sinne des Wortes zutreffenden Namen »Alters- und Invaliditätsversicherung«. Sie machte sich durch die industrielle Revolution nötig und ging davon aus, dass Lohnarbeiter so lange erwerbstätig sind, bis sie das wegen des Alters oder durch Invalidität nicht mehr können. Hohes Alter sah man als spezielle Form der Invalidität an. Das »Renteneintrittsalter« – das ohnehin nur von sehr wenigen erreicht wurde und in der Regel mit körperlicher Gebrechlichkeit einherging – lag demzufolge bei 70 Jahren.

Aus dieser Idee entwickelte sich die einer finanziellen Versorgung im Ruhestand. Sie war direkt an die Arbeit gebunden und basierte auf den Strukturen der seit der industriellen Revolution existierenden Arbeitswelt. Dazu gehörte, dass es für jeden Menschen mit jedem Bildungsgrad Erwerbsmöglichkeiten gab. Seit Beginn der massiven Globalisierung änderte sich das ökonomische Umfeld. In einem Industrieland wie Deutschland kann heute kaum jemand mehr seinen Lebensunterhalt mit dem Schneidern von Kleidung oder dem Schreinern von Möbeln sichern. Die Tendenz geht dahin, dass sich die Erwerbsmöglichkeiten bei »einfachen Arbeiten« beständig einschränken und sie in Bereiche höherer Bildung vordringen. Mit Reformen des verbleibenden Potentials, offenkundig im Entstehen eines wachsenden Dienstleistungsprekariats abgebildet, lässt sich das eine Weile beherrschen. In diesen Prozess greift jedoch mit massiver Intensität und atemberaubender Geschwindigkeit die Digitalisierung ein. Sie ist nichts anderes als eine grundlegende Veränderung der gesamten Arbeitswelt, allenfalls vergleichbar mit der Erfindung der Dampfmaschine oder des Beginns der Nutzung von Elektrizität. Erforderten diese Entwicklungen letztlich ein Heer von Lohnarbeitern, macht es die Digitalisierung zunehmend überflüssig. Das Stichwort dazu heißt: »Wissensgesellschaft«. Die körperlichen Belastungen verringern sich, die intellektuellen wachsen.

Die Länge der »richtigen« Arbeitszeit ist seit dem Beginn des industriellen Zeitalters umstritten. Das vorherrschende ökonomische Denken ging dabei von Anfang an davon aus, dass mehr Arbeit zu mehr gesellschaftlichem Reichtum führt. Demzufolge konzentrierte sich der Kampf um sozialen Fortschritt wesentlich auf die Verkürzung der Arbeitszeit. Das verlief sehr erfolgreich. Im 19. Jahrhundert wurden in Deutschland noch fast 4.000 Stunden im Jahr gearbeitet. Die Arbeitszeit sank von 3.920 Stunden im Jahr 1849 auf knapp 3.400 Stunden an der Schwelle des 20. Jahrhunderts. Dann dauerte es etwas mehr als weitere fünfzig Jahre, um die 2.500 Stunden zu unterschreiten. Noch im Jahr 1950 betrug die jährliche Arbeitszeit pro Person 2.640 Stunden, 1958 waren es dann 2.440 Stunden. Inzwischen werden hierzulande von Vollzeitbeschäftigten jährlich um die 1.650 Stunden gearbeitet.

Die soziale Errungenschaft einer »menschlicheren« Arbeitszeit veränderte in den Industriestaaten den Marktwert der Arbeit. Sie wurde kostbarer. Aber es entstand auch ein Verteilungsproblem. Wachstumskritiker fordern schon lange eine neue Balance zwischen Arbeiten und Leben. Andere vermuten in einer Abkehr vom rein ökonomistischen Denken den Schlüssel für mehr soziale Gerechtigkeit in der Gesellschaft.

All diese Überlegungen konzentrieren sich gegenwärtig noch auf die aktiv im Arbeitsprozess stehenden Frauen und Männer. Die Diskussionen akzeptieren weitgehend stillschweigend, dass es einen riesigen Bereich gesellschaftlich notwendiger Arbeit – zum Beispiel bei der Kindererziehung, der Pflege der Alten oder im ehrenamtlichen Engagement – gibt, der als nicht »geldwert« behandelt wird. Das werden sich die Gesellschaften zukünftig so nicht mehr leisten können.

Die anstehenden Umbrüche in der Arbeitswelt werden sich auch auf den Umgang mit dem Ruhestand auswirken. Keine Gesellschaft kann es sich erlauben, ihre Wissensträger so zu behandeln, als seien sie mit 65, 67, 70 oder 80 Jahren den Bismarckschen Arbeitsinvaliden gleichgestellt. Gleichzeitig ergibt sich aber das Problem einer zwanglosen, materiell abgesicherten Nutzung des angesammelten Wissens außerhalb der heute bekannten Strukturen der Arbeitswelt.

Und dann sind auch noch jene da – und es wird sie weiterhin geben –, die nicht mit dem Kopf, sondern mit den Händen ihr Geld verdienen. Ihr Anteil am Erarbeiten des gesellschaftlichen Reichtums sinkt. Dessen Verteilung läuft schon jetzt zu ihren Ungunsten. Ein riesiger Bereich für die Existenz der Gesellschaft notwendiger Arbeit, vor allem sichtbar in der tagtäglich erbrachten Leistung der Frauen, ist von der Erwerbstätigkeit abgekoppelt. Angesichts der sich wandelnden Arbeitswelt und der sich verändernden Formen des Familienlebens wird sich in wenigen Jahrzehnten die Frage nach einer neuen Verteilungsform des gesellschaftlichen Reichtums stellen. Das hätte dann direkte Wirkungen auf die Dauer und die materielle Absicherung der Lebensphase nach der Erwerbsarbeit.

Ein gesellschaftlicher Diskurs zu diesen Zukunftsproblemen steht noch aus. Die Spurensuche danach kann sich deshalb erst einmal nur auf eine Bestandsaufnahme konzentrieren. Für die in diesem Buch angeführten Zahlen- und Berechnungsbeispiele gilt der 31. Dezember 2017 als Redaktionsschluss.

Die Gesellschaft und ihre Alten

Für demokratisch verfasste Gesellschaften gilt seit jeher die Formel: Masse ist Macht. In Deutschland sind etwa 62 Millionen Menschen wahlberechtigt. Gut ein Fünftel von ihnen ist über 70 Jahre, ein weiteres knappes Fünftel zwischen 50 und 70 Jahren alt. Obwohl seit 1972 die Wahlbeteiligung insgesamt massiv sank, gehen drei Viertel der über 50-Jährigen an die Urnen.

Bei den Bundestagswahlen 2017 waren die über 60 Jahre alten Wahlberechtigten mit 36,1 Prozent erstmals die größte Gruppe. Die über viele Jahre dominierenden 40- bis 59-Jährigen wurden zur zweitstärksten Kraft. Auf Platz drei landeten die 18- bis 39-Jährigen mit 29,3 Prozent. Das heißt, eine aktive Beteiligung an demokratischen Prozessen vollziehen überwiegend jene, deren Werte von den langsam aussterbenden Strukturen der ihnen noch bekannten Arbeitswelt geprägt sind. So entsteht ein Konflikt zwischen tradierten Lebensansichten und sich wandelnder Lebensrealität. Bei der Abstimmung über den Austritt Großbritanniens aus der Europäischen Union, »Brexit« genannt, hat er sich zum ersten Mal drastisch gezeigt: Die »Alten« bestimmten über die künftige Lebensform der »Jungen« und hemmten damit deren Entwicklung mit voraussichtlich langfristigen negativen Folgen.

Daneben gibt es auch einen ökonomischen Binneneffekt. Erfahrungsgemäß steigt mit wachsendem Alter die Wahlbeteiligung. Alt-Bundespräsident Roman Herzog fürchtete bereits 2008 das Entstehen einer

»Rentnerdemokratie«. In ihr würden die Alten bestimmen, wie der gesellschaftliche Reichtum verteilt wird.

Bisher ist das noch nicht der Fall. Dafür gibt es verschiedene Gründe: Die erste im Frieden und Wohlstand der alten Bundesrepublik herangewachsene Generation steht gerade erst an der Schwelle zum Ruhestand. Ihr materieller Lebensstandard ist so hoch, dass noch keine Verteilungskonflikte entstehen. Sie hat das System der parlamentarischen Demokratie als Erfolgsmodel erlebt. Es machte die friedliche Vergrößerung des Landes durch den Beitritt der früheren DDR um ein Drittel möglich und war ökonomisch so robust, den Zuwachs von rund 15 Millionen Menschen zu verkraften. Der dadurch erweiterte Binnenmarkt verzögerte um nahezu ein Jahrzehnt die Notwendigkeit, sich einer engeren und längst überfälligen europäischen Integration und der Globalisierung zu stellen. Überdies verfestigten sich die sozialen Unterschiede sowohl innerhalb der Generation West als auch noch einmal mit einem deutlichen Abstand gegenüber der früheren Generation Ost. Beide stehen heute an der Schwelle zum Ruhestand. Trotz der Gemeinsamkeit der Masse der Seniorinnen und Senioren, in Abhängigkeit von sozialstaatlichen Leistungen zu leben, zu denen Renten ebenso wie Sozialversicherungen zählen, bilden die jetzt alt werdenden Frauen und Männer eine äußerst heterogene Gruppe ohne eine eigene politische Formation.

Die auf bedeutsamen Wohlstand der Älteren basierende Generationensolidarität verdeckt materielle Generationskonflikte. Seit dem Beginn der 1980er Jahre wandelten sich die Nachkommen der zuvor »jungen Wilden« zu »jungen Milden«. *Der Spiegel* konstatierte zur Jahrtausendwende: »Die gegenwärtig 15- bis 25-Jährigen gehören zur ersten Generation in der Bundesrepublik, die ohne Revolte, ja ohne irgendeinen deutlich artikulierten Widerspruch gegen die Älteren, zumal die leiblichen Eltern, aufzuwachsen scheint.«

Wissenschaftler sind sich längst darüber einig, dass ein Aufbegehren der Jugend gegen die Elterngeneration vor allem von der Ausgangslage abhängt. Materiell ist die Mehrheit der ab den 1970er Jahren Geborenen so saturiert, dass sie kaum Spannungen zu ihren Eltern provoziert. Politisch steht die Suche nach neuen Wegen in die Zukunft jenseits der Ende des 20. Jahrhunderts weggebrochenen linken Utopien gerade erst am Anfang. Was bleibt, charakterisiert Jugendforscher Klaus Hurrelmann von der *Hertie School of Governance* in Berlin so: »Der jungen Generation werden immer negative Attribute umgehängt in der breiten öffentlichen Diskussion, und das spiegelt auch die Einschätzung der älteren Generation wider, die junge Generation kann es den Älteren historisch gesehen, wenn man solche Einschätzungen mal verfolgt, nie recht machen.« Historiker Bodo Mrozek von der Humboldt-Universität zu Berlin macht das Problem als Überspitzung deutlich: »Es gibt geradezu ... die Erwartung der Alten an die Jugend, dass sie sich ihnen gegenüber unhöflich verhält, weil sonst irgendwas im Aufwachsen und in der generationalen Selbstverständigung nicht richtig läuft. (...) Dass die Jugendlichen selbst eigentlich nur noch dagegen rebellieren, indem sie genau das nicht tun – also genau das ist dann ein konfliktuöses Verhalten, wenn der Konflikt als Normalfall erwartet wird, dann wird's zum Konflikt, wenn der ausbleibt.«

Die politischen Akteure pflegen angesichts der

positiv erscheinenden Beziehungen zwischen den Generationen noch die Illusion, dass sich dieses konfliktarme Verhältnis zwischen Alt und Jung auf ihr Handeln übertragen ließe. Das zeigen die Extremen ebenso wie die Traditionalisten. Am Alter orientierte Parteien, wie einstmals die Rentnerpartei »Graue Panther« oder die sich als Interessenvertreter der Jugend verstehenden »Piraten«, sind gescheitert. Mit jugendlichem Image gestartete, neue Parteien, bei denen die »Grünen« beispielhaft waren, sehen offenbar in einer möglichst schnellen Angleichung an die konservativen Strukturen der SPD, CDU, CSU und FDP ihre Überlebensmöglichkeit. DIE LINKE hat dem keine überzeugenden Alternativen entgegenzusetzen und konkurriert derweil mit Rechtspopulisten, die in der »Alternative für Deutschland« (AfD) am Beginn ihrer parteipolitischen Organisation stehen. Letztere setzen dabei gleich auf den Konservatismus aus der Welt von gestern und versinken systematisch in national-völkischen Perspektiven. Ihre Anhänger sind nicht – wie gern vermutet – die ökonomisch »Abgehängten«, sondern eher die ängstlichen Pessimisten. Gegenstand ihrer Angst ist eine zunehmend gefühlte Undurchlässigkeit der Gesellschaft: Wer »unten« ist, bleibt auch dort, Chancen sind ungleich verteilt. Damit bedient die AfD ein Problemfeld, das sich auch für alle anderen Parteien stellt.

Dieses in praktische Politik umzusetzen, ist für alle Parteien schwierig, denn das liefe auf eine Beschneidung der Privilegien der »Alten« hinaus. Die Parteien wissen aber sehr genau, dass bei mehr als 20 Millionen Wahlberechtigten im Ruhestand keiner regieren kann, der nicht mindestens die Hälfte dieser Gruppe auf seine Seite zieht. All das funktioniert noch, weil die großen Parteien CDU und SPD – bei massivem Sinken ihrer Mitgliederzahlen insgesamt – derweil von Mehrheiten, die über 60 Jahre alt sind, dominiert werden. Ihnen stehen nur um die 8 Prozent von unter 30-Jährigen gegenüber. Die Macht der Alten in den Parteien bleibt öffentlich weitgehend unbemerkt, denn sie agieren kaum noch auf den politischen Bühnen und sind in den führenden Gremien unterrepräsentiert. Ausgeübt wird sie aber über die innerparteilichen Strukturen. Kein Mandats- oder Amtsträger gelangt auf einen der gutdotierten politischen Posten, wenn er nicht die Unterstützung der Alten an der Parteibasis hat. Und die erlangt er, indem er deren Wünschen entgegenkommt.

Die Forschungen zu sozialpolitischen Verteilungsfragen mit Blick auf die alternde Gesellschaft stehen am Anfang. Sie deuten an, dass sich die Interessen in den nächsten Jahren verschieben werden und die Abgrenzung gegeneinander schärfer werden wird.

Gestritten wird darum, was genau das Wahlverhalten der Älteren bestimmt. Die einen betrachten dabei das Individuum und sehen einen direkten Zusammenhang zwischen der jeweiligen Lebenssituation und dem politischen Verhalten. Dabei rücken konservative Werte im Laufe des Lebens in den Fokus und begründen Differenzen zur jüngeren Generation. Die andere Betrachtung sieht Gruppenerfahrungen von im Alter, durch die Sozialisation und im sozialen Status, gleichgestellten Personen als bestimmendes Element. Daraus folgt die Vermutung, dass alternde Gesellschaften nicht zwangsläufig fortschrittsskeptischer und veränderungsunwillig werden müssen.

Beide Thesen artikulieren die Macht des materiellen Wohlstands nicht als zentralen Grund für die noch bestehende Balance in der Gesellschaft. Dennoch scheint gerade er es zu sein, der das weitere Hinauszögern dringend anstehender Veränderungen ermöglicht. Sie liegen vordergründig im Bereich der sozialen Sicherungssysteme. Da diese jedoch im Wesentlichen auf der angestellten Arbeit beruhen, ist dort auch die Wurzel notwendiger Reformen zu suchen. Dabei zeigten die im Herbst 2017 stattgefundenen Bundestagswahlen erneut das Bestreben, genauso weiterzumachen, wie es bisher ging. Die Parteien verhielten sich so, wie es die Politikwissenschaftlerin Bettina Munimus von der Universität Kassel bereits 2012 konstatierte: »Insbesondere die Volksparteien neigen zu einer seniorenfreundlichen Politik, welche die Gruppe der Älteren hinsichtlich finanzieller Sanierungsmaßnahmen verschont, um die wahlpolitische Macht einer numerisch wachsenden Wählerschicht nicht gegen sich aufzubringen.«

Eine Veränderung wird es dann geben, wenn sie sich einfach nicht mehr umgehen lässt. Die Uhr dazu tickt bereits.

Stirbt Deutschland aus?

Im Jahr 3705 wird Deutschland ausgestorben sein. Da wäre das Saarland schon einige Jahrhunderte lang verschwunden, und nur Sachsen würde noch bis ins Jahr 4044 überleben. Mit 1,57 Kindern pro Frau liegt dort die Geburtenrate am höchsten.

Das ist eine spekulative Berechnung. Sie beruht auf den Zahlen des Jahres 2014 und unterstellt, dass es keinerlei Zu- oder Abwanderung geben würde. Und natürlich wird es nicht so kommen, aber die statistische Größe der »zusammengefassten Geburtenziffer« zeigt, dass der deutsche Nachwuchs seit Jahren spärlich ist. Sie gibt an, wie viele Kinder eine Frau im Laufe ihres Lebens bekommen würde, verhielte sie sich genauso wie alle Frauen zwischen 15 und 49 Jahren eines bestimmten Jahrgangs.

Um die vorhandene Bevölkerungszahl zu halten, wären mindestens 2,1 Kinder pro Frau nötig. Dieser Wert wurde im Westen und im Osten in den 1960er Jahren und letztmalig Anfang der 1970er erreicht. In der früheren DDR sank er kontinuierlich seit 1964 und lag 1975 bei nur noch 1,54. Dann führte die gezielte Unterstützung von Familien zu einem Ansteigen bis 1990 auf 1,94. Nach der Einheit brach die Geburtenziffer Ost bis auf den historischen Tiefststand von 0,77 ein. In der alten Bundesrepublik begann der Weg nach unten 1967. Die Zahl der Geburten nahm stetig ab, 1975 lag sie dann im statistischen Durchschnitt bei 1,45 Kindern pro Frau. Der niedrigste Wert wurde mit 1,28 im Jahr 1985 verzeichnet.

Seit Mitte der 1990er Jahre nähern sich die Werte in Ost und West einander an, stagnierten aber bis weit nach der Jahrtausendwende auf einem niedrigen Niveau. Im Jahr 2009 lagen sie in Deutschland bei 1,36 Kindern pro Frau. Seither steigt die Geburtenziffer an. Die Anpassung zwischen beiden Teilen Deutschlands betraf vor allem das Alter der Mütter beim ersten Kind. Im Westen stieg es seit den 1970er Jahren und lag 2010 im Schnitt mit 29,2 Jahren um fünf Jahre höher als vierzig Jahre zuvor. Die frühere DDR holte diese Entwicklung innerhalb von zwanzig Jahren nach. Schwankte das Alter Erstgebärender bis zum Ende der 1980er Jahre noch zwischen 22 und 23 Jahren, betrug es 2010 bereits 27,4 Jahre. Als wesentliche Gründe dafür sieht das Statistische Bundesamt »die unsichere Arbeitsmarktsituation, den Wegfall von Familienförderungsprogrammen, die Notwendigkeit der Neuorientierung in der Gesellschaft sowie zum Teil längere Ausbildungszeiten und ausgedehnte Phasen der beruflichen Etablierung bei der jüngeren Frauengeneration«.

Diese Gründe stehen auch hinter dem Sinken der Kinderzahl insgesamt. Die Zwei-Kind-Norm – am besten Junge und Mädchen – gilt in Deutschland als ideal und wird als kulturell bedingt angesehen. Dass dadurch die Bevölkerungszahl tendenziell schrumpft, ist seit Jahrzehnten bekannt. Dafür verantwortlich ist seither jedoch nicht nur die geringer werdende Kinderzahl pro Frau, sondern auch die Zunahme der Zahl kinderloser Frauen.

In der alten Bundesrepublik betrug sie bei den zwischen 1944 und 1948 geborenen Frauen noch 13,3 Prozent, in der früheren DDR nur 7,2 Prozent. Während sie sich im Westen bei den Jahrgängen der 1959 bis 1963 geborenen Frauen auf 19 Prozent stark erhöhte, blieb sie im Osten zunächst mit 7,3 Prozent relativ konstant und stieg erst in den Jahrgängen 1964 bis 1968, also bei jenen Frauen, die zum Zeitpunkt der Einheit zwischen 22 und 26 Jahre alt waren, auf 10,7 Prozent. Bei den damals jungen Frauen im Alter zwischen 17 und 21 Jahren wuchs die Kinderlosigkeit bis 2008 auf 15,9 Prozent. Im Westen lag zu jener Zeit der Anteil kinderloser Frauen dieser Altersgruppen bereits bei 27,5 Prozent. Durch die derweil erfolgte Angleichung im Verhalten zum Nachwuchs ergibt sich die Schlussfolgerung, dass ihr Anteil in den alten Bundesländern in den kommenden Jahren höher als in den neuen Bundesländern bleiben wird. Das belegen auch die Zahlen der Frauen der Jahrgänge 1978 bis 1982. Hier liegt der Anteil der kinderlosen Frauen in Westdeutschland mit 43,8 Prozent deutlich höher, als es die 32,9 Prozent ostdeutscher Frauen betrifft.

Aktuell hat sich in Deutschland die Geburtenziffer in den letzten Jahren zwar erhöht, blieb aber mit 1,5 Kindern auch 2015 noch immer unter dem EU-Durchschnitt von 1,58. Die Reproduktion der Bevölkerung ist nirgendwo in Europa gewährleistet. Spitzenreiter beim Nachwuchs ist Frankreich mit durchschnittlich 1,96 Kindern, Schlusslicht bildet Portugal mit nur 1,31 Kindern pro Frau.

Als wichtigsten Grund für mehr oder weniger Kinder sehen die Bevölkerungsforscher derweil die Vereinbarkeit von Familie und Beruf an. Damit stellt sich die Familienpolitik als zentrales Problem der künftigen Bevölkerungsentwicklung dar. Sie dürfte in der Zukunft von den »neuen Alten« entscheidend beeinflusst werden.

Altersbilder zwischen Harley und Rollator

Wenn Frau F. vom Einkaufen kommt, schimpft sie: über die Rentner, die in den engen Gängen des Supermarkts herumstehen und sich krampfhaft am Einkaufswagen festhalten, über die älteren Damen, die lauthals ihre Ehemänner schikanieren, und auch über manche Waren. Das Brot ist nicht knusprig genug oder zu zäh ... – irgendetwas gibt es immer zu bemängeln. Herrn G. regen dagegen ganz andere Dinge auf: Da zuckeln mit starrem Blick hinters Lenkrad geklemmte Fahrer in riesigen Geländewagen mit 78 Stundenkilometern auf der vierspurigen Straße, auf der doch 80 Kilometer pro Stunde erlaubt sind; andere wackeln auf ihren Fahrrädern hin und her wie ein Lämmerschwanz.

Frau F. ist 74, Herr G. 76 Jahre alt.

Das Bild vom eigenen Alter ist offenbar immer ein anderes als jenes, das Fremde auf die Betroffenen haben.

»Als damals die Lebensversicherung fällig wurde, war ich fest entschlossen, mir noch mal eine Harley zu kaufen, ich wollte unbedingt den ›Fat Boy‹ haben«, erzählt Herr G.: »Ich war schon immer dynamisch, unkonventionell und freiheitsliebend, auch wenn inzwischen die Bandscheiben nicht mehr so richtig mitmachen. Jetzt feixt mein Sohn, weil er das ja angeblich schon damals wusste!«

Frau F.s Wünsche waren nicht so groß. Sie hatte fest vor, sich ein modernes, elektrisches Fahrrad zu kaufen. »Nach meinem Sturz ist das nichts mehr für mich. Viel zu schnell. Inzwischen bin ich froh, wenn ich mit meinem Rollator wieder gut nach Hause komme.«

Der geplatzte Traum des früheren Finanzbeamten und der einstigen Bankkauffrau illustriert den Widerspruch zwischen dem eigenen Bild vom Alter und dem, das sich andere Menschen von dem Betroffenen machen. Wenn sich der Ruhestand nähert, gehen viele stillschweigend davon aus, dass sich das eigene Alter deutlich von den Problemen anderer unterscheiden wird. Redewendungen wie »Man ist so alt, wie man sich fühlt« zeigen, dass das subjektive Altersempfinden nicht an das kalendarische Alter gebunden ist.

Altern ist ein individuell ablaufender und erlebter Prozess.

Ganz anders sieht die Sicht von Fremden darauf aus. Sie erleben »die Alten« als soziale Gruppe, der bestimmte Eigenschaften zugeschrieben werden. »Älterwerden geht in der Regel mit einem Abbau körperlicher Leistungsfähigkeit einher«, ist solch eine stereotype Einschätzung, an die sich emotionale Elemente knüpfen. Es werden positive oder negative Gefühle jeglicher »Alten« angenommen und daraus bestimmte Handlungsmuster abgeleitet. Andere möchten gern bestimmen, was einem bestimmten Alter »angemessen« ist und was nicht.

Unstrittig dürfte sein, dass sich das eigene Bild vom Altern und das Fremdbild gegenseitig beeinflussen. Hinzu kommt das gesamtgesellschaftliche Altersbild, das bis heute weithin noch defizitär ist und Grenzen betont. Es vernachlässigt Stärken und Potentiale des Alterns. Das kann sich eine Gesellschaft des langen Lebens, wie sie bereits existiert und zu der sie sich zunehmend entwickeln wird, auf Dauer nicht leisten.

Wie genau die unterschiedlichen Altersbilder aufeinander und miteinander wirken, hat die Wissenschaft bislang noch nicht eindeutig geklärt. Umfangreiche empirische Langzeitbeobachtungen lassen aber schon jetzt keinen Zweifel daran, dass alle Altenbilder einen großen Einfluss auf die persönliche Entwicklung haben. Der »Sechste Bericht zur Lage der älteren Generation in der Bundesrepublik Deutschland« hielt bereits Ende 2010 fest: »Wer dem Alter neugierig und optimistisch gegenübersteht, altert anders als Personen, die das Alter fürchten und den Prozess des Älterwerdens vor allem mit den Verlusten verbinden, die mit dem Alter einhergehen.«

Allerdings scheinen sich die Chancen auf ein positives Altersbild bei jenen, die heute noch im Erwerbsleben stehen, einzutrüben. Dabei konstatierte der »Sechste Altenbericht« einen Unterschied zwischen Ost und West: »Zudem ist festzustellen, dass im Jahr 2008 weniger Menschen in den neuen Bundesländern das Älterwerden als Chance zur Weiterentwicklung erachteten als noch 2002; diese rückläufige Entwicklung war nicht für die alten Bundesländer festzustellen. Hier spielt möglicherweise die Zunahme von unsicheren, prekären Beschäftigungsverhältnissen (befristete Arbeitsverträge, Leih- und Zeitarbeit, ›neue Selbstständigkeit‹) und Arbeitsplatzunsicherheit eine Rolle ... Auch das steigende Rentenzugangsalter und Fragen bezüglich der Sicherheit der eigenen Rente tragen vielleicht dazu bei, dass die Altersbilder von Erwerbspersonen im Jahr 2008 etwas pessimistischer sind als noch im Jahr 2002.«

Recht ausgeglichen war hingegen die Einschätzung der eigenen Gesundheit. Nach den Erhebungen des Statistischen Bundesamts fühlen sich gut drei Viertel der über 65-Jährigen fit. Große Unterschiede zwischen Frauen und Männern ließen sich nicht feststellen: 2013 klagten 24 Prozent der weiblichen und 23 Prozent der männlichen Befragten über gesundheitliche Beeinträchtigungen, die zu Einschränkungen ihrer gewohnten Tätigkeiten führten.

Die positive Grundstimmung der Seniorinnen und Senioren führt zu intensiven Freizeitaktivitäten. Für sie werden mehr als 50 Stunden pro Woche aufgewandt, mit 28 Stunden steht dabei die Kultur im Mittelpunkt. Dazu zählt ein Fernsehkonsum von durchschnittlich 18,5 Stunden pro Woche – bei den 45- bis 64-Jährigen sind es nur 14,5 Stunden – und das Lesen von Büchern, für das die Statistik 6,75 Stunden ausweist. Viel Zeit wird auch dem Schlendern durch die Geschäfte und über Märkte und dem Einkaufen gewidmet.

»König Kunde« kommt in die Jahre

Dass Knoblauchpillen und Gummistrümpfe längst nicht mehr zu den bevorzugten Konsumgütern älterer Menschen gehören, wissen die Marketingexperten. Deshalb wird viel darüber nachgedacht, wie die Ruheständler als Konsumentengruppe am besten zu behandeln sind. Bis in die jüngste Vergangenheit erfreute sie sich weniger Aufmerksamkeit als jüngere Gruppen. Schon jetzt konzentriert sich jedoch die Kaufkraft zu 29 Prozent bei den über 60-Jährigen. Spätestens mit der Rente oder Pension wird das Einkaufen zu einem Kernbereich ihrer privaten Aktivitäten.

Dabei bleiben die Seniorinnen und Senioren eine sehr heterogene Gruppe. Ihr Konsumverhalten hängt nicht nur vom Einkommen oder dem Gesundheitszustand, sondern auch vom Wohnort und den familiären Verhältnissen ab. Überdurchschnittlicher Kaufkraft, der Neugier auf neue Produkte und der Bereitschaft vieler älterer Menschen, sie auch zu kaufen, stehen bei anderen materielle Sorgen und Einschränkungen gegenüber. Sie gehen inzwischen bis zur Angst, die Absicherung der täglichen Grundbedürfnisse vom Dach über dem Kopf bis zur angemessenen Ernährung nicht mehr garantiert zu haben.

Schon im Vorfeld des Ruhestands ändern sich die

Wünsche und Bedürfnisse in Abständen von fünf bis höchstens zehn Jahren. Manches, was für viele Menschen ihr Leben lang wichtig war, wie zum Beispiel modische Kleidung, verliert an Bedeutung. Anderes beeinflussen oftmals nachlassende oder wechselnde Interessen. Auch sich verschlechternde Gesundheit und ein geschrumpftes Haushaltsbudget bedingen nachhaltige Wirkungen. So sinken im Alter zwischen über 50 und 75 Jahren die Ausgaben für Nahrungsmittel und Getränke um etwa 4 bis 5 Prozent, die für Kleidung und Schuhe sogar um 16 bis 19 Prozent. Demgegenüber verdoppeln sich fast die Kosten für die Gesundheit, die Ausgaben für Freizeit und Unterhaltung steigen, für Bildung vermindern sie sich auf ein Fünftel, und das Wohnen und die Instandhaltung der Wohnungen wird durch mehr notwendige Hilfe von außen um mehr als 20 Prozent teurer.

Deutliche Unterschiede im Wandel des »Königs Kunde« lassen sich für die Zeit vor und unmittelbar nach Eintritt des Ruhestands feststellen. Bis ins Alter von etwa 60 Jahren zeigt sich ein starker Trend zu Neuanschaffungen. Diese Gruppe kauft heute die meisten neuen Autos, aber oft wird auch noch einmal in die Ausstattung der Wohnung investiert. Es gilt das Motto: »Wenn wir uns jetzt nichts leisten, wann dann?« Eingekauft wird sehr bewusst, jedoch ohne leichtsinnig zu werden und über seine Verhältnisse zu leben. Dennoch verdrängt der Wunsch nach einem höheren Lebensstandard den oft lebenslang praktizierten Sparplan. Finanzierungen werden noch genutzt, aber kurze Laufzeiten und die Möglichkeiten zur Sondertilgung haben dabei ein hohes Gewicht.

Wer es finanziell kann, orientiert sich nicht mehr so stark am Preis. Was in dieser Lebensphase gekauft wird, soll oft die letzte größere Anschaffung sein. Qualität, auch wenn sie ein paar Euro mehr kostet, ist wichtiger als das schnelle Schnäppchen. Dieses Kaufverhalten greift nach und nach auf alle Bereiche, von Lebensmitteln über Technik bis zu Einrichtungsgegenständen, über. Das heißt aber auch, dass »Sättigungsgrade« erreicht werden, die sich durch Innovationen nur noch schwer durchbrechen lassen.

Wer im Ruhestand ist, will vor allem sein Leben genießen. Reisen stehen auf der Wunschliste von Rentnerinnen und Rentnern ganz oben. Ob es dabei mit dem Bus an die Nordsee oder in den Harz oder gleich auf die ganz große Kreuzfahrt geht, hängt von den eigenen Möglichkeiten ab. Wer es sich leisten kann, flieht gern vor dem Winter in den sonnigen Süden. Dafür werden auch im Alter von über 65 Jahren noch einmal Sprachen gelernt, was in den letzten Jahren weit über 600.000 Teilnehmer an Volkshochschulkursen belegten. Dort stehen auch neue Informationen zur Gesundheit und zur Kultur bei der Nachfrage vorn. Seit der Jahrtausendwende stieg die Zahl der Teilnehmer um gut ein Drittel, derweil nähert sie sich kontinuierlich an die 20 Prozent aller Volkshochschulinteressenten an.

Eine spürbare Veränderung im Verhalten des in die Jahre gekommenen »Königs Kunde« gibt es dann noch einmal im Alter ab 70 Jahren. Hier dominieren bekannte Produkte. Wer über Jahre bestimmte Marken genutzt hat, bleibt dabei. Im Gegensatz zu früher gehört auch diese Gruppe – wenn es sich die Beteiligten leisten können – nicht zu den Pfennigfuchsern. Ob ein dem gewohnten ähnliches Produkt preiswerter oder ökologischer ist, spielt für die Kaufentscheidung nicht mehr die dominierende Rolle. Guter Service und hoher Komfort werden von allen geschätzt. Der Versuch, den eigenen Lebensstandard zu erhöhen, ist das Anliegen der meisten. Ob das gelingt oder nicht einmal das vorhandene Niveau gehalten werden kann, hängt wesentlich von den persönlichen finanziellen Verhältnissen ab. Sie differenzieren sich zunehmend sowohl innerhalb der Altersgruppen als auch noch einmal signifikant zwischen Ost und West.

Der eigene Geldbeutel entscheidet

Statistiker sind Leute, die emsig alles nur Denkbare zählen und erfassen, aber dennoch stets im Verdacht stehen, irgendwas irgendwie manipuliert zu haben. Das ist nicht der Fall, auch wenn die Zahlen von den unterschiedlichen Nutzergruppen aus verschiedenen Sichten interpretiert werden – es ist die alte Geschichte vom halbvollen Glas, das ebenso halbleer ist.

Um möglichst exakte Aussagen treffen zu können, werden seit 1957 zwischen den seltenen, aufwendigen und auch umstrittenen Volkszählungen regelmäßig Befragungen kleinerer Bevölkerungsgruppen durchgeführt und im sogenannten Mikrozensus zusammengefasst. Die entsprechende Rechtsgrundlage dazu – zurzeit gilt dabei das »Gesetz zur Neuregelung des Mikrozensus und zur Änderung weiterer Statistikgesetze« vom 7. Dezember 2016 – legt für die Betroffenen eine Auskunftspflicht fest. Dabei wird nicht mehr zwischen Ost und West unterschieden (was bei den gesamten Alterseinkünften nötig erscheint und hier im zweiten Teil erfolgt). Das Zählen, Erfassen und Auswerten dauert seine Zeit, langfristige Tendenzen zu Lebensformen, Erwerbstätigkeit älterer Menschen und ihrer generellen Einkommenssituation lassen sich aber auch aus den Zahlen der Vorjahre ableiten, denn diese Faktoren ändern sich nur über längere Zeiträume.

Wie es konkret im eigenen Geldbeutel aussieht, hängt demnach vor allem mit der Lebensform zusammen. Dabei zeigen sich gravierende Unterschiede zwischen Frauen und Männern. Ungefähr ein Drittel aller über 65 Jahre alten Menschen (Zahlen von 2014) leben inzwischen allein. Bei Männern sind es jedoch nur 19 Prozent, bei Frauen 45 Prozent. Insgesamt 88 Prozent aller Ruheständler bestreiten ihren Lebensunterhalt aus der Rente oder Pension. In Ehe- oder Lebenspartnergemeinschaften verfügten dabei fast drei Viertel der Frauen (73 Prozent) über ein persönliches monatliches Nettoeinkommen (alle Einkünfte ohne Steuern und Sozialversicherungsbeiträge) von weniger als 900 Euro. Zwischen 900 und 1.300 Euro bekamen 15 Prozent, 1.300 bis 2.000 Euro 8 Prozent und noch mehr nur 4 Prozent der Frauen. Bei Männern in Paargemeinschaften kassierten nur 13 Prozent der Männer weniger als 900 Euro, ein Viertel jedoch mehr als 2.000 Euro. Das breite Mittelfeld mit einem Anteil von gut einem Drittel (34 Prozent) bekam zwischen 1.300 und 2.000 Euro.

Ein bisschen Luft ins enge finanzielle Korsett älterer Frauen bringen die Hinterbliebenenrenten. 69 Prozent aller profitierten davon, 6 Prozent hatten nur die Witwen- und 26 Prozent ausschließlich ihre eigene Rente.

Über etwas mehr im Geldbeutel konnten sich vergleichsweise alleinstehende Frauen freuen. Nur 21 Prozent von ihnen (Männer 15 Prozent) mussten mit weniger als 900 Euro auskommen. Gut ein Drittel (37

Prozent) erhielt bis 1.300 Euro, knapp ein Drittel (31 Prozent) bis zu 2.000 Euro, und 11 Prozent bekamen mehr. Männern ging es jedoch deutlich besser: 29 Prozent hatten Einkünfte von bis zu 1.300 Euro, 37 Prozent bis zu 2.000 Euro und 20 Prozent darüber.

Die finanziellen Probleme der Frauen verstärken sich mit zunehmendem Alter. Sie leben länger als Männer, wodurch die Zahl der Alleinlebenden steigt. Bei den 65- bis 68-Jährigen zählten die Statistiker bereits 2014 fast ein Drittel (28 Prozent) Frauen, die allein in einem Haushalt lebten. Im Alter von 75 Jahren war es fast die Hälfte (46 Prozent), und bei den über 85-jährigen Frauen waren es knapp drei Viertel.

Dass sich diese Durchschnittswerte für ganz Deutschland auch mehr als ein Vierteljahrhundert nach der Einheit noch erheblich zwischen Ost und West unterscheiden, belegt die Auskunft zum Gesamtvermögen im »Jahresbericht der Bundesregierung zum Stand der Deutschen Einheit 2016«: »Während die westdeutschen privaten Haushalte im Durchschnitt über ein Immobilien- und Geldvermögen von rund 140.000 Euro verfügen, umfassen die Vermögen der ostdeutschen Haushalte mit rund 61.000 Euro im Durchschnitt nur knapp 44 Prozent des Betrages der westdeutschen Haushalte. Jedoch hat sich der Abstand zwischen ost- und westdeutschen Haushalten im Zeitverlauf deutlich verringert. 1993 verfügten die ostdeutschen Haushalte nur über Vermögen in Höhe von rund 29 Prozent des Westniveaus.«

Dabei sind die Aussichten der Ostdeutschen, bald das gleiche wie die Brüder und Schwestern im Westen im persönlichen Geldbeutel zu haben, nicht besonders rosig: »Nach einer starken Angleichung der ... Jahresnettoeinkommen in den ersten Jahren nach der

Wiedervereinigung ist der Anpassungsprozess Mitte der 1990er Jahre zum Stillstand gekommen. Während der gesamtwirtschaftlichen Schwächephase in der ersten Hälfte der 2000er hat der Unterschied der Einkommen zugenommen. Seit 2005 ist wieder eine schrittweise Angleichung festzustellen.« Das wird sicher ein schwieriger Weg, denn das Deutsche Institut für Wirtschaftsforschung (DIW) rechnete bereits 2010 aus, dass in den Jahren 2002 bis 2007 das durchschnittliche Nettovermögen im Osten um 3.000 Euro sank, während es im gleichen Zeitraum im Westen um 10.000 Euro stieg. Auch die Entwicklung der Wirtschaft ging langsamer voran. Das Bruttoinlandsprodukt pro Einwohner im Osten stieg von 2007 bis 2009 lediglich von 68,0 auf 68,2 Prozent des Westniveaus. Würden sich die Lebensverhältnisse bei weiterem schnelleren Wachstum im Westen auch künftig nur in diesem Tempo annähern, dauerte eine Angleichung der Pro-Kopf-Einkommen, die ja auch für die Höhe der Renten ausschlaggebend sind, noch fast 320 Jahre.

Auch ohne solch pessimistische Aussichten werden die Vermögensunterschiede noch über Generationen wirken. Ohne mit den Riesensummen künftig anstehender Erbschaften im Billionenbereich im Westen zu operieren, zeigt bereits das Herunterbrechen auf die Einnahmen aus Erbschaftssteuern die Größe der Lücke. Das reiche Land Hamburg kassierte 2008 rechnerisch 244 Euro pro Einwohner. Im armen Sachsen-Anhalt lag das Aufkommen pro Kopf bei gerade einmal 4 Euro. Insgesamt sind es im Westen laut Finanzministerium durchschnittlich 68 und im Osten 6 Euro, die als Erbschaftssteuer vereinnahmt werden können.

Ob der persönliche Geldbeutel jedoch gut gefüllt oder eher mager ist – an das, was »König Kunde« hat, wollen alle heran. Das hat ein Buhlen um die Seniorinnen und Senioren ausgelöst, das seine ersten Früchte zeigt.

Die Werberevolution hat gerade erst begonnen

Als Schauspielerin Johanna König 1968 als Werbefigur »Klementine« auf den Fernsehbildschirmen erschien und die Vorzüge des Waschmittels »Ariel« anpries, war die geborene Dresdnerin 47 Jahre alt. Solch »alte« Frauen sah man kaum im Fernsehen. Junge Mädchen warben »im Afri-Cola-Rausch« für braune Brause, präsentierten die gerade aufkommenden Strumpfhosen oder priesen die Vorzüge des »Zauberkreuz-BH«. Klementine, in Latzhose, rot-weißem Hemd und mit Schirmmütze, machte bis 1984 »nicht nur sauber, sondern rein«, erschien nach weiteren zehn Jahren noch einmal für drei Jahre im Fernsehen und bekam schließlich von Ariel-Hersteller *Procter & Gamble* einen PR-Vertrag auf Lebenszeit. Mit 75 Jahren setzte sich Johanna König zur Ruhe.

Ihr Auftritt war damals eine Besonderheit, denn ältere Menschen als Werbeträger schienen ungeeignet. Tauchten sie dennoch auf, ging es meist um Haftmittel für die dritten Zähne, Treppenlifte oder andere Accessoires, die den Lebensabend etwas erleichterten.

Der demographische Wandel war noch kein Thema. Clevere Marketing-Manager richteten zwar den Blick auf »den reiferen Kunden«, aber niemand wusste so recht, wie man ihn erreichen könnte.

Das änderte sich schlagartig 1993. Der Schweizer Peter Steiner aus San Bernardino, Jahrgang 1917 und Vater von zehn Kindern, schockte die Fernsehzuschauer mit seiner »Warnung« vor Schokolade mit Minze-Füllung: »Aber Vorsicht: It's cool, man!« Erstmals warb ein sichtbar älterer Mann mit weißem Bart für ein zielgruppenübergreifendes Produkt und benutzte dafür die unter Jugendlichen übliche Sprache. Damit zerbrachen die bisher bekannten Werbebilder. Peter Steiner wurde Platten-Millionär, und viele ähnliche Kampagnen folgten. Ein Paradigmenwechsel in der Werbung setzte ein, die sich nun direkt an Seniorinnen und Senioren wandte. Sie mutierten zu »50plus«, »Golden Ager« und »Best Ager« oder der »Silver Generation«.

Das Bild vom genügsamen Rentner, der sich seinem Ruhestand hingibt, hatte ausgedient. Der neue Marketingansatz konzentrierte sich von Anfang an auf neue Kommunikationsmethoden mit den »reifen Kunden«. Werbeprofis versuchten, den Zeitgeist aufzunehmen. Stefanie Wurst, damals Geschäftsführerin der Berliner Werbeagentur *Scholz & Friends*, weiß: »Alt ist nicht gleich alt. Die Menschen werden nicht homogener, nur weil sie älter werden.« Deshalb steht derweil längst der Versuch im Mittelpunkt, Milieus und Lebensentwürfe zu thematisieren.

Ob Volkswagen, Ratiopharm, Subway Sandwiches oder McDonald's – Senioren sind in der Werbung omnipräsent. Eine Brücke zu jüngeren Konsumenten wird geschlagen, indem sie als besonders erfahrene und seriöse Werbeträger – zum Beispiel beim Anpreisen oft recht fragwürdiger Finanzprodukte – auftreten.

Mehr gefragt sind die Älteren jedoch als Konsumenten. Dabei spiegeln sich bereits jetzt die wachsenden sozialen Unterschiede wider. Die Werbewirtschaft versucht deshalb, übergreifende Gruppenmerkmale auszumachen. Stefanie Wurst: »Dazu gehören Kategorien wie die ›cleveren Kosmopoliten‹ – gebildete offene, meist auch kaufstarke Personen – oder die ›illiquiden Traditionalisten‹ – eher kaufkraftarme konservativ eingestellte Menschen, die nicht so sehr für Werbung empfänglich sind.«

Gleichzeitig bilden sich Gruppenzwänge heraus. Wer nicht unter blitzblauem Himmel auf steilen Pfaden wandert, das neue Auto seines Sohnes bestaunt oder den Luxus eines Urlaubs im sonnigen Süden genießen kann, scheint nicht mehr dazuzugehören. Manche Bereiche des Alterns, wie Hinfälligkeit oder Hilfsbedürftigkeit, werden ausgeklammert, oder die Protagonisten treten als vertrottelte, skurrile Figuren auf.

Dass offenbar durchaus das Bedürfnis besteht, auch in der Werbung ein realistisches Lebensbild zu sehen, zeigte ein Spot der Handelskette EDEKA von 2015: Ein einsamer alter Mann bekommt kurz vor Weihnachten telefonisch Besuchsabsagen von der ganzen Familie. Daraufhin verschickt er seine eigene Todesanzeige. Nun kommen alle aus aller Welt, und er resümiert hilflos: »Wie hätte ich euch denn sonst alle zusammenbringen sollen.« Bis Mai 2017 wurde der Spot allein bei *YouTube* von rund 56 Millionen Menschen angesehen.

Dass die Werberevolution mit Blick auf die Mitbürgerinnen und Mitbürger im höheren Lebensalter gerade erst begonnen hatte, ließ das Institut für Konsum- und Verhaltensforschung der Universität des Saarlandes im Frühjahr 2009 in einer Diplomarbeit erforschen. Darin wurden insgesamt 629 TV-Werbespots analysiert, die zwischen 11 und 24 Uhr auf den Sendern ARD, ZDF, SAT.1 und ProSieben liefen. Sie zeigten 1.553 Personen, von denen augenscheinlich nur 180 über 50 Jahre alt waren. Fast zwei Drittel der Darstellerinnen und Darsteller (62 Prozent) erschienen als fröhliche »Golden Ager«, 6 Prozent gaben den erfahrenen Experten, und 5 Prozent spielten Großeltern. Es fiel auf, dass nur 29 Prozent der Werbeträgerinnen und -träger als berufstätig dargestellt wurden, dabei die Mehrzahl Männer. Sie wiederum übten zu mehr als zwei Dritteln (68 Prozent) in den Werbefilmen Prestigeberufe aus, bei Frauen schaffte das mit 44 Prozent nicht einmal die Hälfte. Die Darstellerinnen warben meist für Produkte mit Altersbezug, wie beispielsweise Medikamente oder Hautcremes. Den positiv besetzten Altenbildern standen 27 Prozent negativ dargestellte Typen – dabei vorwiegend der des griesgrämigen Alten oder der zänkischen Frau – gegenüber. Insgesamt zeigten die TV-Werbespots mit dem immer noch relativ geringen Anteil von insgesamt nur etwa 12 Prozent älterer Menschen eine angebliche Wirklichkeit, die es im wahren Leben so schon längst nicht mehr gibt. Sie konzentrierten sich auf die »werberelevante Gruppe« der 14- bis 49-Jährigen, doch auch den Älteren genügt derweil die umgangssprachlich »Rentner-Bravo« genannte *Apotheken Umschau* längst nicht mehr als Medium.

Im »Sechsten Altenbericht« der Bundesregierung unter dem Schwerpunkt »Altersbilder in der Gesellschaft« vom November 2010 monierte die Professorin für Medienwissenschaft und Intermedialität an der Universität Bonn, Caja Thimm, deshalb auch, »dass in Konsum und Marketing die Produzenten ihrer Produkt- und Handelsgestaltung häufig noch Altersbilder zugrunde legen, die den tatsächlichen Bedürfnissen älterer Menschen nicht entsprechen«.

Doch das ist nur die eine Seite. Die andere besteht

darin, dass für ältere Frauen und Männer der Einkauf immer noch zum mentalen und physischen Problem wird, denn um an all die schönen Dinge aus der Werbung zu gelangen, sind manche Hindernisse zu überwinden.

Hürdenlauf Einkauf

Wer heutzutage in einen Supermarkt geht, muss gut zu Fuß sein und am besten viel Zeit mitbringen. Die Wege, meist entgegen dem Uhrzeigersinn angelegt, sind lang, sollen möglichst an allen Waren vorbeiführen und die Kunden immer wieder zum Verharren animieren.

Bei der Anordnung der Waren nach verhaltenspsychologischen Erkenntnissen ziehen die älteren Einkäufer den Kürzeren. Die teureren Produkte liegen in Augenhöhe rechts und links der Greifzone, die preisgünstigen finden sich meist unten links in der Bückzone. Das, was ohnehin jeder braucht, wie etwa Zahnpasta, ist in der Streckzone ganz oben im Regal platziert. Wer es da schon ein bisschen im Kreuz hat, muss unbewusst einen ziemlichen Hürdenlauf bewältigen, um den stets überdimensionierten Einkaufswagen zu füllen.

Selbst »Seniorenfreundlichkeit« hat ihre Tücken: Stehen tatsächlich einmal Produkte einer Kategorie so, dass man ihre Preise vergleichen kann, gibt es eine billige, eine teure und eine extrem teure Variante. Viele Kunden neigen dazu, sich für die Mitte zu entscheiden.

Ältere Menschen haben viel Erfahrung beim Einkaufen, genügend Zeit dazu und oft auch das entsprechende Geld. Deshalb interessieren sich längst Wissenschaftler, wie die des Meyer-Hentschel Instituts für Seniorenmarketing in Saarbrücken, für das Verhalten der »Kunden-Profis«. Dabei ergeben sich auf den ersten Blick banal erscheinende Probleme, wie etwa, dass mehr als 90 Prozent der 60-Jährigen Schwierigkeiten beim Öffnen von Verpackungen haben. Doch das hat Folgen. Institutschef Gundolf Meyer-Hentschel: »Wenn ältere Menschen mit einer Verpackung unzufrieden waren, kauft rund ein Drittel von ihnen beim nächsten Mal ein anderes Produkt.« Schnell gewechselt wird auch, wenn die Schrift auf der Packung schwer zu erkennen ist oder unverständliche Bezeichnungen enthält. Senioren wollen niemals als »alt« angesprochen werden und ziehen übersichtliche Verpackungen und verlässliche Werbebotschaften vor. Bei den vielen Alleinlebenden macht sich der Handel dabei die Wirkung von Bildern zunutze. Manfred Bruhn, Professor für Marketing und Unternehmensführung an der Universität Basel: »Fotografen, die Fertiggerichte für Verpackungen ablichten, hätten eigentlich den Nobelpreis für hervorragendes Fälschen verdient. Nirgendwo ist der Unterschied zwischen Foto und Packungsinhalt größer als in diesem Segment.« Dennoch akzeptieren das besonders die älteren Kunden, die sich im Supermarkt gern verführen lassen.

Immer wieder im Weg stehende hohe Stapel, Großpackungen oder die Verheißung auf ein paar Prozent mehr Inhalt und Paletten und Schilder mit der Aufschrift »Nur heute im Angebot« suggerieren, dass die Ware schnell vergriffen sein könnte.

Seniorinnen und Senioren wollen vor allem als Konsumenten akzeptiert und nicht diskriminiert werden. Letzteres geschieht meist unbewusst, weil die traditionellen Altersbilder der jungen Verkäuferinnen und

Verkäufer oft die kognitiven Fähigkeiten der Älteren unterschätzen. Doch es gibt auch eine bewusste Diskriminierung. Darauf wies die Bundesregierung bereits in ihrem »Sechsten Altenbericht« 2010 hin. Seniorenorganisationen beschwerten sich immer wieder darüber, »dass Konsumenten und Konsumentinnen ab einem bestimmten Alter keinen Bankkredit mehr bekommen, ungünstigere Versicherungsverträge als jüngere Kunden und Kundinnen abschließen müssen oder bei Autovermietungen kein Mietauto mehr erhalten«.

Nachteile erfahren die älteren Kunden bis heute besonders beim Internethandel. Nach Erhebungen des Statistischen Bundesamts verfügten 2010 noch weniger als die Hälfte der Ruheständler über Computer und Mobiltelefone, von denen noch weniger das Internet nutzten. In den folgenden Jahren ging es aber spürbar voran, seit 2015 verfügen rund zwei Drittel der Haushalte über 65-Jähriger über entsprechende Geräte. Fast drei Viertel der Männer (71 Prozent) saß tagtäglich vor dem Bildschirm, bei den Frauen waren es 53 Prozent. Bei 9 von 10 Nutzern standen das Senden und Empfangen von E-Mails an erster Stelle, 84 Prozent suchten nach Waren und Dienstleistungen, 65 Prozent lasen Online-Nachrichten, und 43 Prozent erledigten ihre Bankgeschäfte im Internet.

Trotz dieser positiven Zahlen kritisieren Netzaktivisten, dass viele ältere Menschen bislang noch gar keinen stabilen und schnellen Internetzugang haben und demzufolge von den beständig größer werdenden Angeboten im Netz ausgeschlossen bleiben. Genaue Zahlen dazu gibt es nicht, Schätzungen gehen jedoch davon aus, dass dieser Nachteil etwa zwei Drittel der über 70-Jährigen betreffen könnte. Besonders die Banken bauen – vor allem um eigenes Personal zu sparen – auf die moderne Kommunikation. So bieten beispielsweise Sparkassen, zu deren Kunden traditionell viele Ältere zählen, manche Konten nur noch online an. Andere Dienstleistungen oder Waren werden deutlich teurer bezahlt, wenn der Kunde vorab auf einen Preisvergleich am Computer verzichtet. Bei größeren Anschaffungen sind Preisdifferenzen bis zum Doppelten keine Seltenheit. Selbst das Buchen einer simplen Eisenbahnfahrkarte ist im Netz günstiger. Der Hessische Verwaltungsgerichtshof in Kassel urteilte 2010 sogar, dass am Bahnhof ein Aufschlag für den Ticketverkauf von 2 Euro gerechtfertigt sei.

Eine seit einigen Jahren zu beobachtende Entwicklung ist, dass Einkaufsmöglichkeiten in Wohnnähe verschwinden und auf die grüne Wiese vor der Stadt wandern. Die großen Händler reagieren darauf mit dem Ausbau ihrer Lieferservices, doch auch die sind oft nur online nutzbar.

Da die Älteren zum einen zahlreicher werden und sie zum anderen schon jetzt über eine geschätzte Kaufkraft von etwa 640 Milliarden Euro im Jahr verfügen, ist zu erwarten, dass es in diesem Bereich künftig massive Veränderungen geben wird. Der seit Jahren festzustellende Preissturz bei den Endgeräten, wie Computern, Tablets und Mobiltelefonen, macht sie derweil auch für weniger potente, ältere Kunden erschwinglich. Niemand, der seine Waren im Netz verkaufen will, kann dauerhaft auf die Gruppe der älteren Kunden verzichten. Doch auch die Kunden brauchen diese Entwicklung.

Mit wachsendem Alter fällt es immer schwerer, längere Wege zu überwinden und Einkäufe zu transportieren. Die Infrastruktur im ländlichen Raum hat sich in den vergangenen Jahren eher verschlechtert. Wer in dörflicher Idylle lebt, ist mehr denn je auf ein Auto angewiesen. Oft ist das eine wenig ökonomische Lösung, die zudem ein nicht zu unterschätzendes Gefahrenpotential in sich birgt.

Autofahren, bis es kracht?

An einem sonnigen Mai-Samstag 2016 raste ein 84-jähriger Mann in ein Straßencafé im baden-württembergischen Bad Säckingen. Eine 63 Jahre alte Frau sowie ein 60-jähriger Mann kamen ums Leben. 27 Passanten wurden verletzt. Der Mann hatte Gas und Bremse seines Automatikautos verwechselt, und der Wagen fuhr unkontrolliert in die Menschenmenge. Ein Jahr danach verurteilte ihn das zuständige Amtsgericht wegen fahrlässiger Tötung und fahrlässiger Körperverletzung zu zwei Jahren Haft auf Bewährung. Der Führerschein wurde eingezogen.

Das tragische Ereignis heizte zum wiederholten Mal die Diskussion um eine Altersgrenze bei der Erlaubnis zum Führen eines privaten Fahrzeugs an. Erwartungsgemäß verlief sie im Sande. Kein Politiker will sich mit der mächtigen Wählerlobby der Alten anlegen.

Wie in anderen Ländern Europas auch, etwa in Belgien, Österreich, Polen, Tschechien und der Türkei, kennt das deutsche Recht keine Begrenzung der geeigneten Fahrtauglichkeit und keine entsprechenden Konsequenzen, wenn sie fehlt. Wer im Alter fährt oder nicht, entscheidet jeder eigenverantwortlich. Andere Staaten, wie Italien, Russland, Schweden und Spanien, machen es anders. Dabei gibt es die unterschiedlichsten Modelle. So wird zum Beispiel in der Schweiz die Tauglichkeit ab dem 70. Lebensjahr alle zwei Jahre überprüft. In Rumänien fällt alle fünf Jahre eine Tauglichkeitsuntersuchung an, ab dem 45. Lebensjahr sogar alle drei Jahre. In Griechenland kann mit 65 Jahren noch einmal für drei Jahre verlängert werden, und in den Niederlanden ist mit 70 Jahren grundsätzlich Schluss. Überdies sehen privatrechtliche Verträge bei Autovermietungen Altersgrenzen vor. In England bekommt niemand über 70, in Irland über 75 Jahre einen Mietwagen.

Dass im Alter manche Fähigkeiten, vom Sehen über das Hören bis zur allgemeinen Konzentration, nachlassen, ist überall bekannt. Doch wie sieht es konkret aus?

Durch sicherere Autos, eine Unmenge von Regeln und eine strikte Verkehrsüberwachung ist die Zahl der Todesopfer im Straßenverkehr trotz eines stetig wachsenden Verkehrsaufkommens und der viel stärker gewordenen Mobilität der Älteren gesunken. Gab es Mitte der 1990er Jahre pro eine Million Menschen über 65 Jahre noch 129 Opfer im Seniorenalter zu beklagen, waren es 2014 nur 59. Dennoch blieb der Rückgang in anderen Altersgruppen ausgeprägter. Bei tödlichen Verkehrsunfällen betrug 1994 der Anteil der Seniorinnen und Senioren 16 Prozent, zwanzig Jahre später war er auf 29 Prozent gestiegen. Dabei betraf fast die Hälfte (48 Prozent) tödlich verunglückte Fußgänger und mehr als die Hälfte (57 Prozent) Radfahrer über 65 Jahre. Nur gut ein Viertel hatte schwere Pkw-Unfälle. Besonders tragisch: Nur 16 Prozent der tödlich verunglückten Fußgänger und 43 Prozent der älteren Radfahrer hatten den Unfall selbst verschuldet.

Anders sah es bei den Pkw-Fahrerinnen und -fahrern aus. Bei Unfällen mit Personenschäden trugen sie zu mehr als zwei Dritteln (67 Prozent) die Hauptschuld. Bei den über 75-Jährigen wurde es noch dramatischer: Drei Viertel der betagten Verkehrsteilnehmer, die einen Unfall verursachten, hatten auch Schuld daran. Im Durchschnitt der gesamten Bevölkerung aller Altersgruppen trägt gut die Hälfte (56 Prozent) der Unfallverursacher die Hauptschuld.

Anhand solcher Zahlen berechnen die Versicherer ihre Beiträge. Dabei gilt die Faustregel: Je älter der Verkehrsteilnehmer ist, umso teurer wird es. Zur Begründung verweisen die Versicherungsunternehmen darauf, dass die Unfallquote der Seniorinnen und Senioren höher als bei den 18- bis 24-Jährigen, die als Hochrisikogruppe geführt werden, liegt.

Trotz all dieser Zahlen dürfte ein Fahrverbot ab einem bestimmten Alter nicht der richtige Weg sein, das Problem zu lösen. Besonders im ländlichen Raum sind viele ältere Menschen auf ihre Mobilität angewiesen. Ausgedünnte Bahn- und Buslinien, das Verschwinden der kleinen Läden vor Ort und die Wege zu den immer weiter entfernt liegenden Behörden sind Entwicklungen, die sich voraussichtlich in den nächsten Jahren fortsetzen werden. Überlegungen, wie ohne ein eigenes Fahrzeug die Teilhabe der älteren Mitbürger am gesellschaftlichen Leben gesichert werden könnte, gibt es bisher kaum. Hinzu kommt, dass derweil besonders die Bahn – bucht man das Ticket nicht Wochen im Voraus – so teuer geworden ist, dass sie kaum noch eine Alternative zum Auto darstellt.

All das macht vielen älteren Menschen Angst. Sie fürchten, ihre Fahrtauglichkeit könne von Amts wegen in Frage gestellt werden und sie würden damit unbeweglich. Das führt manchmal dazu, trotz ausgeprägter

Eigenverantwortung die eigenen Fahrkünste unkritisch zu sehen. Ein Beispiel dazu lieferte ein aufsehenerregender Prozess, den ein 90-jähriger Mann im Frühjahr 2014 unter dem Aktenzeichen 11 K 4325/1 vor dem Verwaltungsgericht Köln anstrengte. Im Prozessbericht hieß es: »Die Polizei hatte den Mann auf einer stark befahrenen Autobahn angehalten, weil er 30 bis 60 km/h fuhr und große Mühe hatte, die Spur zu halten. Die Führerscheinstelle forderte den Senior daraufhin auf, eine hausärztliche und augenärztliche Stellungnahme vorzulegen. Diese empfahl, die Fahrtauglichkeit des Rentners zu überprüfen. Bei der Fahrprobe stellte der Prüfer fest, dass das Fehlverhalten des Autofahrers erheblichen Einfluss auf die Verkehrssicherheit habe, der Betroffene beherrsche das Fahrzeug im Straßenverkehr nicht mehr ausreichend. Der Führerschein wurde ihm entzogen.« Das sah der Rentner als Menschenrechtsverletzung an, doch das Gericht folgte ihm nicht, und er durfte nicht wieder auf die Straße. Es blieb ein Ausnahmefall.

Gleichzeitig wurde in diesem Zusammenhang noch einmal auf Vernunft und Eigenverantwortlichkeit hingewiesen. Im konkreten Fall erlangte das Gericht in der mündlichen Verhandlung den Eindruck der mangelnden Kritikfähigkeit des Klägers. Zusammen mit seinen Leistungsschwächen sei das eine »besonders gefahrenträchtige Kombination«.

Helfen kann da eigentlich nur ein enger Zusammenhalt innerhalb der Familie, so sie denn überhaupt vorhanden ist. Doch auch dann ist das ein schwieriges Unterfangen, denn die traditionellen Familienbande – im guten wie im schlechten Sinne – existieren schon lange nicht mehr.

Familienbande

Traditionelle alte Familienfotos, oft vor mehr als hundert Jahren aufgenommen, erinnern meist an langweilige Denkmäler. Wie in Stein gemeißelt, sitzen Großvater und Großmutter auf wertvoll aussehenden Sesseln im Zentrum des Bildes, dahinter stehen mit ernsten Mienen deren Kinder und Schwiegerkinder, dazwischen die Enkel, gern nach Größe aufgereiht oder nach Geschlecht geordnet. Eine Zimmerpalme vor neutralem Hintergrund bleibt die einzige Dekoration, und natürlich sind alle Abgelichteten im Sonntagstaat verewigt. Es geht um Würde und Harmonie, um Hierarchie und Gemeinsamkeit.

Man mag an die *Buddenbrooks* denken und vergessen, dass Thomas Mann schon 1901 seinen Gesellschaftsroman mit dem Untertitel *Verfall einer Familie* versah. Die Brisanz seines Werkes lag sicher auch darin, dass er mit dem Bild der ungetrübten Familienidylle des 19. Jahrhunderts aufräumte.

Es speiste sich aus dem Klischee des »romantischen« Landlebens, in dessen Mittelpunkt die Familie als Hort von Glück und Harmonie stand. Doch das vermeintlich so freudige Hand-in-Hand-Arbeiten mehrerer Generationen im Rhythmus der Natur klappte schon damals nicht. Familien wurden hierarchisch geführt, besonders Frauen und Kinder unterdrückt. Sie waren Brennpunkt von Konflikten, in denen die Machtverteilung zwischen Jung und Alt oft mit Gewalt ausgetragen wurde. Waren die Altvorderen schließlich auf dem »Altenteil« gelandet, bedeutete das noch lange keinen glücklichen Lebensabend.

Als Mythos bezeichnet der Soziologie-Professor

und Direktor des Bundesinstituts für Bevölkerungsforschung in Wiesbaden, Norbert F. Schneider, überdies »die weitverbreitete Annahme, es hätte eine Entwicklung von einer vorindustriellen Groß- zu einer modernen Kleinfamilie gegeben. Ausgehend von der Vorstellung, die Familie in der Vergangenheit sei typischerweise die Großfamilie gewesen, in der drei Generationen zusammen unter einem Dach lebten, wird unterstellt, es hätte eine lineare Verkleinerung der Familie gegeben, die bis heute nicht zum Stillstand gekommen ist. Aus heutiger Sicht ist klar, dass die Dreigenerationenfamilie in der Vergangenheit nicht weitverbreitet, sondern eher die Ausnahme war.«

Die historische Familienforschung widerlegte inzwischen ebenfalls die Auffassung, dass Familien im Laufe der Zeit durch die verschiedene Rollenverteilung bislang ungekannte Freiräume gewann, die zu engeren Verbindungen zwischen Alt und Jung hätten führen können. Schneider: »Mit der These des Funktionswandels war die Annahme verknüpft, dass sich diese Entwicklung auch auf die Beziehungen zwischen den Mitgliedern der Familie ausgewirkt habe: Die von der unmittelbaren Subsistenzsicherung entlastete Kernfamilie schaffe Raum für Emotionalität, Intimität und Liebe zwischen den Partnern bzw. zwischen Eltern und Kindern und stelle die moderne Familie auf eine völlig neue Grundlage.« Solcherart Vermutungen bestätigten sich bei genauerer Untersuchung des Wandels in den Familien seit Beginn der industriellen Revolution nicht.

Es ist also ein weitverbreiteter Irrglaube, früher wäre der familiäre Zusammenhalt enger und somit die Beziehungen der aktiv im Arbeitsleben stehenden Generation zu ihren Eltern im Ruhestand näher und damit automatisch besser gewesen. Die wesentlich kürzere Lebenszeit, das lange Herrschen kanonischen Rechtes vor dem bürgerlichen Ehe- und Familienrecht und der sich seit Mitte des 19. Jahrhunderts auflösende Einfluss der Verwandtschaft als Kontroll- und Entscheidungsträger der Familien vernebelten den Blick auf die auch damals durchaus schon existierenden Probleme im Umgang mit den Alten. Der Volksmund sagt: »Eine Mutter kann zwar fünf Kinder ernähren, aber fünf Kinder keine Mutter.« Dabei ist sicher nicht nur die materielle Seite gemeint. Es geht um das gegenseitige Interesse aneinander, die Möglichkeiten, Grenzen und Gestaltung der lebenslangen Beziehungen und die Verantwortlichkeiten dabei. All das spielt vor dem Hintergrund einer wachsenden Unverbindlichkeit sozialer Normen. Sie führt zu einer Pluralisierung der Lebensformen und Individualisierung der Lebensführung, die von einer gesellschaftlichen Geringschätzung der in den Familien erbrachten Leistungen begleitet wird.

Wer es heute als seine Pflicht ansieht, ob im familiären Bereich oder darüber hinaus, etwas für die immer mehr werdenden Älteren in der Gesellschaft zu tun, riskiert damit eigene Entwicklungschancen und die der gesamten eigenen Familie oder Partnerschaft. Damit offenbart sich ein Problem, das gegenwärtig gerade erst erkannt wird. Lösungsmöglichkeiten innerhalb und außerhalb der Familie stehen in der Diskussion. Bereits erfolgte Reformen beeinflussen die aktuelle Situation langfristig positiv, allumfassende Perspektiven scheinen sie jedoch noch nicht zu bieten. Die heute agierenden Politiker müssten dazu die Interessen der Jüngeren und der Älteren in Einklang bringen. Dazu ist offenbar bislang noch keine tragfähige Idee gefunden.

Wer heute pflegt, ist morgen arm

Es ist kein Traumjob, trotzdem machen ihn fast 2 Millionen Menschen, vor allem Frauen. Er erfordert 24 Stunden am Tag Bereitschaft, geht über sieben Tage die Woche, und Urlaub oder Feiertage gibt es auch nicht. Überdies ist die Arbeit oft körperlich schwer, manchmal auch ekelhaft, und bezahlt wird sie kaum oder gar nicht.

Es geht um die Pflege von chronisch kranken, häufig auch schon betagten Angehörigen. Knapp 3 Millionen solcher Pflegebedürftigen gibt es in Deutschland, etwa zwei Drittel von ihnen werden in oder von den Familien versorgt.

Mit der seit dem 1. Januar 2017 in Kraft getretenen und bisher größten Pflegereform soll sich diese Lage verbessern. Statt wie zuvor drei Pflegestufen, gibt es jetzt fünf Pflegegrade. Sie werden nach einer Begutachtung durch den Medizinischen Dienst der Krankenversicherungen festgelegt. Dabei spielen verschiedene Kriterien der körperlichen und geistigen Einschränkungen eine Rolle. So wird zum Beispiel festgestellt, ob die oder der Pflegebedürftige allein aufstehen kann, ob die zeitliche und örtliche Orientierungsfähigkeit besteht, Gefahren erkannt werden oder eventuell aggressives Verhalten vorliegt. Die Reform soll zunächst einmal den Betroffenen eine Verbesserung bringen. Am meisten profitieren voraussichtlich jene, denen bislang keine Pflegestufe zugesprochen wurde, weil sie nach den bisherigen Vorschriften keine erhebliche Unterstützung benötigten. Ihnen stehen im neuen Pflegegrad 1 bei positivem Bescheid finanzielle Zuschüsse für den pflegegerechten Umbau der Wohnung, Beratungen und ein

»Entlastungsbetrag« zu, mit dem eine Unterstützung im Haushalt bezahlt werden kann. Das Gesundheitsministerium rechnet dazu in den kommenden Jahren mit zusätzlich 500.000 Anspruchsberechtigten. Etwas mehr Geld gibt es auch für die bisher in Pflegestufe 1 Eingestuften. Ein körperlich beeinträchtigter Mensch, der zu Hause lebt, erhält jetzt im Pflegegrad 2 statt 244 künftig 316 Euro Pflegegeld im Monat (alle Zahlen nach dem Stand 2017). Kommt bei Pflegebedürftigen der früheren Pflegestufe 1 eine Demenz hinzu, stehen ihnen nun im Pflegegrad 3 monatlich 545 Euro Pflegegeld zu.

Verbesserungen gibt es auch für die Frauen und Männer, die einen Familienangehörigen pflegen und deshalb nicht oder nur teilweise berufstätig sein können. Wichtige Punkte dabei sind, dass die Pflegekasse Beiträge zur Arbeitslosenversicherung übernehmen kann und die Pflegerinnen und Pfleger Ansprüche für ihre eigene gesetzliche Rente erwerben.

Das klingt erst einmal recht positiv, doch ein Blick auf die konkreten Zahlen zeigt: Wer heute pflegt, ist morgen arm. Im Gegensatz zu Kindererziehungszeiten wird für Pflege kein einheitlicher Rentenzuschlag gezahlt. Ob er überhaupt anfällt, ist an die Bedingung geknüpft, dass ein Pflegebedürftiger mit Pflegegrad 2 bis 5 daheim mindestens zehn Stunden wöchentlich, verteilt auf mindestens zwei Tage, betreut wird und der Pflegende nicht mehr als 30 Stunden pro Woche in einem anderen Job arbeitet. Die Höhe des späteren Rentenzuschlags berechnet sich nach dem konkreten Pflegeaufwand. Je höher die Pflegebelastung, desto mehr Geld gibt es.

Hier liegen die Pferdefüße der Reform. Wer schon in Rente ist und einen Angehörigen pflegt – bei älteren Paaren eine häufig anzutreffende Konstellation –, bekommt für seine Arbeit keinen Cent. Bei allen anderen, die die Bedingungen erfüllen und nur Teilzeit arbeiten, um einen Angehörigen zu pflegen, ist entscheidend, ob sie dies im Osten oder im Westen tun. Auch mehr als 25 Jahre nach der deutschen Einheit sind die finanziellen Differenzen beträchtlich.

Berechnet wird der spätere Rentenanspruch durch die Pflegekasse auf der Grundlage eines fiktiven »Gehalts« der Pflegeperson. Je nach Grad ihres Aufwands liegt es im Osten zwischen 503 und 2.660 Euro (Stand 2017), im Westen zwischen 562 und 2.975 Euro. Dieses angenommene »Gehalt« ist ausschließlich eine Rechengröße und dient dazu, für den Pflegenden den späteren Rentenanspruch zu berechnen. In konkreten Zahlen sieht es so aus: Wer ein Jahr lang einen Demenzkranken ohne körperliche Einschränkungen im Pflegegrad 2 pflegt, bekommt im Osten dafür später ein Rentenplus von 5,22 Euro im Monat auf seine Altersrente, im Westen von 7,91 Euro. Bei Pflegegrad 3 ist ein Aufschlag von 8,31 (Ost) oder 12,60 Euro (West) möglich, bei Pflegegrad 4 sind es 13,52 beziehungsweise 20,51 Euro. Der maximal mögliche Rentenzuschlag für ein Jahr Pflege eines Schwerkranken mit Grad 5 – das ist zum Beispiel ein Wachkoma oder Krebs im Endstadium – beträgt im Osten 27,60, im Westen 29,30 Euro monatlich.

Die unterschiedlichen Beträge in den alten und neuen Bundesländern begründet die Politik damit, dass die Lebenshaltungskosten im Osten angeblich noch niedriger als die im Westen sind. Das halten Experten für fragwürdig, denn diese Annahme gilt allenfalls noch für abgelegene, ländliche Bereiche, nicht jedoch für die prosperierenden Ballungsräume. Selbst bei einer Durchschnittsberechnung liegt die Differenz zwischen den Lebenshaltungskosten Ost zu denen im Westen bei 6 bis 8 Prozent geringeren Werten in den neuen Bundesländern. Die Unterschiede beim Erwerb von Rentenansprüchen für die Pflege eines Angehörigen betragen in den unteren Bereichen jedoch weit mehr.

Änderungen gibt es auch für Seniorinnen und Senioren, die bereits im Pflegeheim wohnen. Die Kosten dafür ergeben sich aus den Preisen für die Unterbringung und den Investitionen des Heimes und sind je nach Standard stark unterschiedlich. Dazu kommt ein Anteil an den Pflegekosten, der aus eigener Tasche getragen werden muss. Dabei galt bisher, je niedriger die Pflegestufe, desto geringer der Beitrag. Für ab 1. Januar 2017 ins Heim gezogene Bewohner wurde er mit der Reform vereinheitlicht. Das heißt, Menschen mit hohem Pflegegrad zahlen vergleichsweise weniger, Menschen mit niedrigem mehr. Fachleute rechnen mittelfristig mit Mehrausgaben von bis zu 500 Euro pro Person und Monat. Dahinter steckt das politische Anliegen, möglichst viele pflegebedürftige, ältere Menschen in den Familien zu belassen. Nach Angaben von Experten erbringt gegenwärtig die Pflege in der Familie eine Leistung von rund 44 Milliarden Euro pro Jahr. Die Aktivitäten der privaten und gesetzlichen Pflegekassen schaffen zusammengenommen etwa 26 Milliarden Euro.

Damit offenbaren sich die Grenzen der gesamten Pflegereform. Sie toleriert Armutsrisiken für all jene, die einen Familienangehörigen zu Hause pflegen müssen. Soziale Verantwortung der Gesellschaft, die durch eine steuerlich finanzierte Pflege wahrnehmbar wäre, verlagert sich in den privaten Bereich. Das Reden über

»mehr Gerechtigkeit«, die angeblich Politiker aller Couleur schaffen wollen, bleibt so ein diffuses Versprechen. Fachleute gingen bereits unmittelbar nach der Einführung der Pflegereform 2017 davon aus, dass die Bundesregierung mittelfristig die Verantwortung für eine eventuell später einmal nötige Pflege in den Bereich privater Zusatzversicherungen übertragen wird. Damit bliebe die wachsende Gruppe der Geringverdiener wegen Geldmangels von der Vorsorge faktisch ausgeschlossen. Überdies fehlen bereits jetzt Arbeitskräfte in der Pflege, einer Branche, in der unangemessen niedrige Löhne gezahlt werden. Der Bremer Gesundheitsökonom Heinz Rothgang errechnete eine Lücke von bis zu 500.000 Vollzeitstellen in der Langzeitpflege in den nächsten zwanzig Jahren.

Angesichts derartiger Zukunftsaussichten sind Alternativen gefragt. Sie sind bislang nicht in Sicht. Noch werden die absehbar quantitativ wachsenden und seit langem berechenbaren Pflegeanforderungen vorwiegend als individuelles Problem der Familien und – falls diese nicht vorhanden sind oder die Aufgabe nicht leisten können – der Betroffenen gesehen. Die Pflegereform von 2017 dokumentiert zwar Ansatzpunkte einer gesamtgesellschaftlichen Verantwortung, realisiert sie aber nicht. Pflegende tragen auch danach ein persönliches Risiko, das für viele unzumutbar sein dürfte. Hinzu kommen für die Pflegenden laufende Kosten für ihre Tätigkeit. Sie werden auf rund 360 Euro im Monat geschätzt – Hilfe für Betroffene gibt es bisher dabei nicht.

Alle Diskussionen darüber sind von dem wachsenden Konflikt zwischen den zahlenden jungen und den konsumierenden älteren Menschen belastet. Seine Ursachen liegen in der historischen Entwicklung des Rentensystems.

Risiko Rentenkasse – ein Rückblick

Die Erinnerung an die armen Rentner gehört ebenso
wie die Ruinen in den Städten, die riesigen Trümmer-
flächen und die ersten Aufbauerfolge in Ost und West
zu den Bildern des Deutschlands der 1950er Jahre.
Ob durch Zerstörung, Flucht oder Vertreibung – viele
Menschen hatten ihr Hab und Gut verloren und waren zu alt, noch einmal von vorn anzufangen. Die alten
Rentensysteme brachen mit dem Kriegsende zusammen. Oft halfen ein kleiner Garten und ein paar Hüh-
ner beim Überleben. Geld blieb rar, die kleinen Renten
sicherten kaum das Existenzminimum.

Das sollte sich mit der Rentenreform 1957 in der
Bundesrepublik ändern. Mit dem Koppeln der Rente
an die Entwicklung der Einkommen, »Dynamisierung« genannt, strebte man eine Alterssicherung an,
die den zuvor erworbenen Lebensstandard ermöglichte. Mitte der 1950er Jahre betrug die Rente in der
Bundesrepublik durchschnittlich 60 bis 80 Mark bei
einem mittleren Monatsgehalt von gut 350 Mark. An
der Kaufkraft gemessen, lag sie noch unter dem Niveau in der DDR.

In der Sowjetischen Besatzungszone (SBZ) wurde
mit Befehl der Sowjetischen Militäradministration
(SMAD) Nr. 2 vom 10. Juni 1945 der gewerkschaft-
liche Neuaufbau verfügt. Gleichzeitig ermächtigte
er die Gewerkschaften zur Bildung von Sozialversi-
cherungskassen. Der im Februar 1946 in Ostberlin
tagende 1. Kongress des Freien Deutschen Gewerk-
schaftsbunds (FDGB) befürwortete eine Einheitsver-
sicherung. Dementsprechend ordnete die SMAD mit
Befehl Nr. 28 vom 28. Januar 1947 die Einführung eines einheitlichen Systems der Sozialversicherung und

die Verbesserung ihrer Leistungen in der SBZ an. Die Deutsche Verwaltung für Arbeit und Sozialfürsorge, die damals die Aufsicht über die Sozialversicherung hatte, erließ dazu entsprechende Verordnungen. Erste Rentenzahlungen begannen aufgrund von Bedürftigkeitsprüfungen. Als Mindestrente legte der Befehl Nr. 28 den Betrag von 30 Mark fest. Bis 1947 waren die Zahlungen auf höchstens 90 Mark begrenzt.

Mit der Gründung der DDR 1949 wurde der Gedanke übernommen, mit der Rente eine Minimalsicherung zu gewährleisten. Dazu gab es Mindestrenten, die zunächst 55 Mark und ab 1950 dann 65 Mark betrugen. Zwischen 1953 und 1972 stiegen sie in Abständen von drei bis fünf Jahren von 75 auf 200 Mark. Im Jahr 1976 erreichten die Mindestrenten die Höhe von 230 Mark, 1979 dann 270 Mark und 1984 pro Person 300 Mark. Damit hatte sich in der DDR zwischen Renten und Löhnen eine beachtliche Differenz aufgetan.

In der Bundesrepublik wandelte sich die Rente bereits 1957 zum Lohnersatz. Dazu wurde das System der Kapitaldeckung der Rente, bis dahin mangels Masse von einer Umlage ergänzt, zu einem reinen Umlageverfahren umgebaut. Die arbeitende Generation zahlte für die Älteren und erwarb damit den Anspruch, später selbst durch die Nachwachsenden versorgt zu werden. Dieser Kreislauf funktioniert, solange genügend Kinder geboren werden. Bundeskanzler Konrad Adenauer (CDU) wischte damals jegliche Kritik mit der Bemerkung, »Kinder bekommen die Leute immer«, beiseite. Seit rund fünfzig Jahren reicht deren Zahl – in beiden Teilen Deutschlands – aber nicht mehr, um den Bestand der Bevölkerung zu sichern. Seither gibt es Zweifel – erst vereinzelt, mit Wachsen der Lücke aber lauter geworden – an der Gerechtigkeit des Systems. Sie gewannen im Laufe der Jahre an Brisanz, denn heute ist nicht mehr garantiert, dass Beitragszahler später einmal eine Rente erhalten, die dem entspricht, was sie im Arbeitsleben einzahlten.

Die Grundidee der seit der Einheit für ganz Deutschland gültigen Rentenversicherung stammt von dem deutschen Wirtschaftstheoretiker Wilfrid Schreiber (1904–1975), der das System »Solidar-Vertrag zwischen jeweils zwei Generationen« nannte. Er wollte damit an das Sozialverhalten der vorindustriellen Zeit anknüpfen, in dem die Eltern zunächst die Kinder und diese dann die nicht mehr erwerbsfähigen Familienmitglieder versorgten.

Dementsprechend sah Schreiber das Arbeitseinkommen eines Lebens als Gesamtheit, das gerecht zwischen den unter 20-Jährigen, der Generation bis 65 Jahre und den Älteren als dritter Gruppe aufgeteilt werden sollte. Daraus folgte die Idee, sowohl eine Kinder- und Jugendrente wie auch eine Altersrente einzuführen. Als »Normal-Familie« nahm er die Eltern und zwei Kinder an. Unverheiratete Kinderlose sollten deshalb den doppelten Betrag, Verheiratete ohne Kinder das 1,5-fache wie Familien zahlen.

Mit der Rentenreform von 1957 wurde der »Schreiber-Plan« nur zum Teil umgesetzt. In der nun »Generationenvertrag« genannten Rentenversicherung blieb nur die Zahlung der erwerbstätigen Generation – halb und halb auf Arbeitgeber und Arbeitnehmer aufgeteilt – für die Rentner übrig. Damit etablierte sich faktisch eine staatlich organisierte Unterhaltspflicht der Jüngeren gegenüber den Älteren als Grundlage des deutschen Rentensystems. Das führte in der Bundesrepublik schlagartig zu einer Erhöhung der Renten um mehr als 60 Prozent und sicherte der CDU/CSU die absolute Mehrheit und weitere Siege bei späteren Wahlen. Der Rentenbeitrag ab 1. Juni 1957 betrug 14 Prozent vom Bruttoarbeitsentgelt und stieg moderat. Der bisher höchste Rentenbeitrag musste 1997 mit 20,3 Prozent gezahlt werden.

In der DDR orientierte sich das seit 1956 vom Freien Deutschen Gewerkschaftsbund für Arbeiter und Angestellte und von der Staatlichen Versicherung für Genossenschaftsbauern, Handwerker und Selbständige getragene Rentensystem von Anfang an auf das Umlageverfahren. Beamte mit Pensionsberechtigung gab es nicht.

Die angestellten oder genossenschaftlich organisierten Erwerbstätigen im Osten zahlten bis zur Bemessungsgrenze von 600 Mark im Monat für Renten- und Krankenversicherung 10 Prozent, also den Höchstbetrag von 60 Mark. Die Betriebe führten bei gleicher Bemessungsgrenze 12,5 Prozent ab. Selbständige mussten 20 Prozent ihrer Einnahmen, höchstens jedoch 120 Mark, für beide Versicherungen entrichten. Das Defizit zwischen Einnahmen und Ausgaben trug der Staat. Es wuchs im Laufe der Jahre gewaltig von 2,5 Prozent im Jahr 1955 auf 48,2 Prozent der Gesamtausgaben 1989.

Mit diesem Vorgehen sicherte die DDR eine Grundversorgung mit festen Altersgrenzen. Sie lagen – neben niedrigeren Grenzen für bestimmte Berufsgruppen – für Frauen bei 60, für Männer bei 65 Jahren.

Die tatsächlich erhaltenen Entgelte spielten in der DDR nur bei geringen Verdiensten und später dann in der ab 1. März 1971 eingeführten »Freiwilligen Zusatzrentenversicherung« (FZR) eine Rolle. Bis zum 31. Dezember 1976 konnte ein begrenzter FZR-Beitrag für den über 600 Mark monatlich hinausgehenden Verdienst gezahlt werden, danach dann bis zur Höhe des tatsächlichen Verdienstes. Damit griff auch im Osten die Idee, statt einer Mindestsicherung den Erhalt des erworbenen Lebensstandards anzustreben.

Neben der Freiwilligen Zusatzrentenversicherung gab es mehrere Dutzend Sonderversorgungssysteme für bestimmte Berufsgruppen, wie zum Beispiel Mitarbeiter im Staatsapparat, Armee-, Polizei- und Staatssicherheitsangehörige, Lehrer und Ingenieure. Sie wurden durch höhere staatliche Zuschüsse finanziert und orientierten ihre Leistungen, ähnlich den Beamtenpensionen im Westen, neben den üblichen Kriterien am höchsten Einkommen, das im Arbeitsleben erreicht wurde.

Mit der Überführung des DDR-Rentensystems in bundesdeutsches Recht wurden Ansprüche, von denen angenommen wurde, sie seien durch Privilegierung der Betroffenen entstanden, gekürzt. Dieses Vorgehen rief Proteste hervor, die teilweise zu Korrekturen durch Gerichte führten.

Unabhängig davon verschärfte sich mit der Einheit das Risiko der Rentenkassen, denn auch in der vormaligen DDR lag die Zahl der Kinder – und somit die der potentiellen künftigen Beitragszahler – massiv unter der der wachsenden älteren Generation.

Beuten die Alten die Jungen aus?

Der Vorwurf, die Alten würden auf Kosten der Jungen leben und sie damit ausbeuten, wurzelt darin, dass im »Generationenvertrag« der ursprünglich von Wilfrid Schreiber geplante Familienlastenausgleich außer Acht gelassen wurde und er sich nur auf die Versorgung der Älteren durch die Jungen konzentriert. Angesichts des sinkenden Rentenniveaus in Relation zum vormaligen Verdienst, wobei die Verzögerung des Renteneintrittsalters zusätzlich die spätere Rente mindern kann, wächst die Kritik. Wer heute gut verdient und demzufolge viel Beitrag zahlt, könnte im eigenen Ruhestand erheblich benachteiligt werden. Außerdem wird die gleichberechtigte Einbeziehung von auf eigenen Wunsch kinderlosen Beitragszahlern in das System zunehmend als ungerecht empfunden.

Ökonom und Sozialphilosoph Oswald von Nell-Breuning (1890–1991) fokussierte die Kritik auf das Fehlen einer Einheit zwischen Familien- und Altersversorgung. Er sah es so: »Diejenigen, die Beiträge zahlen, empfangen ja nicht ihre Beiträge zurück, wenn sie alt geworden sind. Durch die Beiträge haben sie nicht die Rente verdient, sondern durch sie haben sie erstattet, was die Generation zuvor ihnen gegeben hat. Damit sind sie quitt. Die Rente, die sie selbst beziehen wollen, die verdienen sie sich durch die Aufzucht des Nachwuchses. Wer dazu nichts beiträgt, ist in einem ungeheuren Manko.« Auch der Soziologe Franz-Xaver Kaufmann (Jahrgang 1932) bemängelt den gravierenden »Konstruktionsfehler« des einseitig verstandenen »Generationenvertrags«: »Unsere Gesellschaft polarisiert sich in Familien (mit überwiegend zwei und mehr Kindern) und kinderlose Lebensformen – eine neue gravierende Form sozialer Ungerechtigkeit tut sich auf.«

Den Kern dieser Kritik an Beitragszahlern, die aus sozialen oder materiellen Gründen keine Kinder haben, illustriert eine einfache Überlegung: Frau A und Herr B leben zusammen, arbeiten beide, verdienen überdurchschnittlich, und sie können das auch mit viel Zeit- und Energieeinsatz, weil sie keine Kinder haben. Sie können ein paar Hundert Euro im Monat sparen und erwarten so einen allseits gesicherten Ruhestand. Frau C und Herr D ziehen gemeinsam vier Kinder groß. Deshalb kann Frau C zwölf Jahre gar nicht und Herr D vier Jahre nur in Teilzeit arbeiten. Sie beide erwerben dadurch weitaus geringere Rentenanwartschaften, und zum Sparen bleibt auch nichts übrig. Die Familie investiert in Unterhalt und Ausbildung ihrer Kinder. Am Ende stehen Frau C und Herr D mit einer kleinen Rente da, die – theoretisch gesehen – von zwei ihrer Kinder erarbeitet wird. Die Beitragszahlungen der anderen beiden Kinder fließen in die Altersbezüge von Frau A und Herrn B.

Der frühere Präsident des Bundesverfassungsgerichts und Alt-Bundespräsident Roman Herzog sah hier, wie viele andere auch, ein grundsätzliches Problem: »Es kann nicht sein, dass ein Ehepaar – bei dem nur der eine ein Leben lang ein Gehalt oder einen Lohn einsteckt – Kinder aufzieht und am Ende nur eine Rente bekommt. Auf der anderen Seite verdienen zwei Ehepartner zwei Renten. Und die Kinder des Paares, das nur eine Rente bekommt, verdienen diese beiden Renten mit. Das ist ein glatter Verfassungsverstoß.«

Er stellte sich damit in die Reihe der Kritiker, die eine »Transferausbeutung der Familien« beklagen. Sie habe sich aus ihrem Blickwinkel durch die Ausweitung des Leistungsumfangs der gesetzlichen Rentenversicherer in den 1970er Jahren verschärft. Weitere Lasten brachte die Einbeziehung der DDR mit ihren sehr ausgedehnten Erwerbsbiographien. Eine Korrektur sei bisher ausgeblieben. Dennoch wäre sie durch die alten, besonders aber die derweil neuen Probleme auf dem Arbeitsmarkt mit seinem umfangreichen Niedriglohnbereich dringend nötig.

Dieser Kritik wird entgegengehalten, dass die Beitragszahlungen der Erwerbstätigen schon lange nicht mehr die Auszahlungen an die Älteren decken. Fehlende Einnahmen schießt der Bund aus Steuermitteln in nahezu jährlich wachsenden Größenordnungen zu. Inzwischen betragen sie mehr als 80 Milliarden Euro.

Ein anderer Kritikansatz bezeichnet den »Generationenvertrag« nur als politisches Schlagwort, weil die noch ungeborenen oder kleinen Kinder, die später als Erwerbstätige für die Alten zu zahlen haben, an den Entscheidungsprozessen gar nicht teilhaben können. In dieser Sichtweise wird die »Ausbeutung« der Jungen darin gesehen, dass sich die Generation der späteren Rentenbezieher selbst Pfründe sichert, die in keinem Verhältnis zu den Ansprüchen jener stehen, die dann für ihre Zahlungen aufkommen müssen.

All diese Diskussionen gibt es seit Jahren. Bisher ließen sich die Löcher stopfen, doch langsam wird es komplizierter, weil die dramatische Veränderung im Verhältnis von Beitragszahlern und -empfängern gerade erst begonnen hat. Inzwischen erreichen geburtenstarke Jahrgänge das Rentenalter, und immer weniger Kinder wachsen nach. Es lässt sich ausrechnen, dass etwa ab 2030 der Höhepunkt dieses Problems erreicht ist und sich dann nachhaltig verfestigen wird.

Trotz aller Bemühungen um Rentenreformen steht ein nachhaltiger Lösungsansatz aus. Jeglicher Diskussionsversuch mündet in Schlagworte, die schnell zu Kampfbegriffen zwischen Parteien werden. Diese Worthülsen verbergen den eigentlichen Inhalt: Wenn es heißt, »kein weiteres Absenken des Rentenniveaus«, bedeutet das, dass mehr Geld ins System fließen muss.

Die Möglichkeiten, es zu erlangen, liegen entweder in Beitragserhöhungen oder in der Finanzierung über Steuern – beides dürfte negative Auswirkungen für die Menschen haben. Werden Forderungen wie »Rente mit 70« laut, ist das nichts anderes als ein Code dafür, dass die Rente für viele Betroffene geringer ausfallen wird, weil sie aus verschiedenen Gründen dann früher mit Abschlägen in den Ruhestand gehen müssen.

Politiker denken in Abständen von Legislaturperioden und haben ihre Wählerschaft im Auge, die sie nicht verunsichern wollen. Deshalb neigen alle Parteien dazu, ein »Weiter so« zu praktizieren. Dabei überdeckt die gute Konjunkturlage den anstehenden Handlungsbedarf. Neben der weiteren Kopplung des Rentenanspruchs an die Erwerbstätigkeit sollen private Lösungen die wachsenden Versorgungslücken schließen. Das lässt langfristig eine bisher nicht gekannte soziale Spaltung befürchten und bedrückende Zukunftsaussichten entstehen.

Noch scheint das alles in weiter Ferne. Vielen Ruheständlern geht es gut, manchen aber auch nicht. Das wachsende Gefühl strukturell benachteiligter Arbeitnehmer, aus dem Blickfeld der sozialen Verantwortung der Gesellschaft zu geraten, artikuliert sich noch nicht in politischem Handeln. Das muss nicht so bleiben.

Wie sich gefühlte und tatsächliche Realität voneinander unterscheiden können, zeigt ein Blick auf die innere Sicherheit. Er belegt die allgemeine Neigung, vorhandene Probleme zu dramatisieren, statt sie zu relativieren.

Kriminalität? Das hat's doch früher nicht gegeben!

Die Damen vom Kaffeekränzchen sind sich einig: Es wird immer verrückter, und so viel Kriminalität wie heutzutage hat es früher nicht gegeben. Man hört doch ständig vom Betrug am Telefon oder im Internet, von Handtaschenräubern, Einbrüchen und Gewalt auf der Straße. Marodierende Banden scheinen durchs Land zu ziehen, und es herrscht eine diffuse Angst vor allem Fremden.

Die aus den nüchternen Zahlen ableitbaren Tendenzen in der Kriminalitätsentwicklung seit der Jahrtausendwende zeigen ein differenzierteres Bild.

Nach den Erkenntnissen der Polizei ist etwa ein Drittel aller Delikte der Gewaltkriminalität zuzurechnen. Die Altersgruppe der über 60-Jährigen ist dabei ungefähr zu 5 bis 6 Prozent betroffen. Einen deutlichen Unterschied gibt es zwischen Frauen und Männern. Auf drei weibliche Opfer kommen nur zwei männliche. Die Gefahr für Frauen wächst noch, je älter sie werden. Das hat zum einen damit zu tun, dass es mehr ältere Frauen als Männer gibt, zum anderen aber auch mit der Zunahme »typischer« Delikte gegen Seniorinnen, wie etwa Handtaschenraub.

Am Bevölkerungsanteil gemessen, sind ältere weniger als jüngere Menschen von Übergriffen bedroht. Bei der sogenannten »Opferbelastungszahl« – das ist die Zahl der Opfer einer Altersgruppe pro 100.000 Einwohner – trägt die Gesamtbevölkerung ein rund vierfach höheres Risiko. Betrachtet man nur Jugendliche und Heranwachsende, liegt es zehnmal so hoch. Die Polizei geht davon aus, dass sich diese Struktur, trotz Anwachsens der älteren Bevölkerung und der Taten insgesamt, nicht grundsätzlich verändern wird. Allerdings werden inzwischen mehr Delikte als früher angezeigt. Das betrifft ganz besonders die häusliche Gewalt. Bei jeder fünften Gewalttat bestehen verwandtschaftliche oder bekanntschaftliche Beziehungen zwischen Opfer und Täter.

Bei Körperverletzungen bilden die Seniorinnen und Senioren eine, an der Gesamtzahl gemessen, relativ kleine Gruppe von um die 4 Prozent. Besorgniserregend ist aber die rasante Zunahme derartiger Übergriffe in den letzten Jahren. Knapp die Hälfte aller Kriminalitätsopfer über 60 Jahre war davon betroffen. Häufig handelte es sich dabei um Taten mit geringen körperlichen Auswirkungen, die jedoch trotzdem zu nachhaltigen mentalen Schäden führen.

Relativ neu ist in diesem Bereich die sogenannte »Pflegegewalt«, die von der Statistik nicht gesondert erfasst wird. Die Weltgesundheitsorganisation definiert sie so: »Unter Gewalt gegen ältere Menschen versteht man eine einmalige oder wiederholte Handlung oder das Unterlassen einer angemessenen Reaktion im Rahmen einer Vertrauensbeziehung, wodurch einer älteren Person Schaden oder Leid zugefügt wird.«

Diese Gewalt kann in verschiedenen Formen stattfinden. Die Pflegeexperten wissen: »Es gibt zum Beispiel die körperliche, psychische und finanzielle Gewalt oder auch die strukturelle Gewalt in Form von Diskriminierung. Die Definition von Gewalt hängt auch von dem persönlichen Empfinden ab, was für jeden einzelnen eine Grenzüberschreitung darstellt und was nicht. Und das wiederum hängt auch von dem kulturellen, historischen und sozialen Kontext einer Person ab.« Die Ursachen und Auslöser sind vielfältig:

»Meist haben solche Vorkommnisse eine längere Vorgeschichte, bei der viele ungünstige Faktoren zusammenkommen, damit ein Mensch am Ende gewalttätig wird. Sowohl in der häuslichen als auch professionellen Pflege liegen die Ursachen meist in Überforderung und emotionalen Konflikten, wie etwa finanzielle oder gesundheitliche Probleme der Pflegekraft oder aber eine angespannte Teamsituation am Arbeitsplatz. Auch die jeweilige Beziehung der zwei Personen ist von großer Bedeutung.« Typisch für Gewaltbeziehungen zwischen Pflegenden und Pflegebedürftigen ist deren Ambivalenz: »Das Risiko, gewalttätig zu werden, steigt zudem, wenn die Pflegekräfte selbst häufig Übergriffen durch Pflegebedürftige ausgesetzt sind, ein hohes Arbeitspensum und Alkohol im Spiel sind oder wenn die vom Pflegedienst erbrachten Leistungen als qualitativ kritisch betrachtet werden. Schreit ein Demenzkranker dann beispielsweise oder verweigert das Essen, kann das der Auslöser für verbale oder sogar körperliche Gewalt sein. Ähnliches gilt auch für gewalttätige Pflegebedürftige: Fühlt man sich als Mensch fremd bestimmt, ist in einer ungewohnten Umgebung und wird dann noch an das Bett gefesselt, so kann dies dazu führen, dass ältere Menschen aggressiv werden.«

Experten rechnen bei Gewalt gegen Pflegebedürftige mit einer hohen Dunkelziffer. Hier ist dringender Handlungsbedarf vorhanden. Das Landeskriminalamt Nordrhein-Westfalen analysierte bereits im Jahr 2003: »Es ist daher anzunehmen, dass im Bereich der Pflegegewalt mit dem Anstieg des Anteils pflegebedürftiger Menschen an der Bevölkerung bei gleichzeitig fortbestehendem Personalmangel und vielfach nur geringer Qualifikation der Pflegekräfte auch ein

Anstieg der Fälle von Gewaltanwendung gegen alte Menschen einhergeht.«

Eine wachsende Gefährdung von Seniorinnen und Senioren stellte die Polizei aber auch fest, wenn sie nicht pflegebedürftig sind und allein leben. Hierzu belegt die Statistik überdurchschnittliche Opferzahlen unter den Älteren bei Handtaschenraub und Raubüberfällen in der Wohnung. Die Opferhilfsorganisation »Weißer Ring« geht von einem Anwachsen dieser Delikte von 25 bis 30 Prozent in den letzten Jahren aus. Dabei ist eine höhere Gewaltbereitschaft festzustellen, die auch konstatiert wurde, wenn es um recht geringe Beute ging. Die Erfahrung eines Kripobeamten dazu: »Wer sich alte Menschen als Opfer auswählt, handelt nach einer perfiden Logik. Bei einem 70- oder 80-Jährigen ist kaum oder gar kein Widerstand zu erwarten. Und nur das zählt für die Täter.« Auch bei derartigen Taten sind Frauen etwa sechsmal mehr als Männer gefährdet. Zwei Drittel der Opfer waren über 60 Jahre alt, mehr als die Hälfte der Täter unter 21 Jahre. Rund 5 Prozent aller Raubstraftaten finden in Wohnungen statt, jede vierte – hier ebenfalls wieder überproportional Frauen – traf ältere Menschen.

Dass die Folgen für sie gravierender als für jüngere Menschen sind, weiß die Leiterin des Berliner Büros des »Weißen Rings«, Sabine Hartwig, aus ihrer tagtäglichen Arbeit: Wer sich aus Angst vor Kriminalität nicht mehr in die Öffentlichkeit traue, verliere speziell als Alleinlebender schnell alle sozialen Kontakte. Es drohe der Verlust jeglicher Lebensqualität bis hin zur Vereinsamung.

Die deutsche Kriminalstatistik verzeichnete für 2016 pro 100.000 Einwohnern (»Opfergefährdungszahl«) insgesamt 1.238,3 Straftaten. Mit 789,2 davon bildete Körperverletzung den Schwerpunkt, gefolgt von 275,6 Straftaten gegen die persönliche Freiheit. Bei Raubdelikten wurden 58,6 verzeichnet. Die Opfergefährdungszahl der 60- bis 70-Jährigen betrug insgesamt 404,0; bei Körperverletzung 229,2; bei Taten gegen die persönliche Freiheit 136,4 und bei Raub 25,0. Von je 100.000 70- bis 80-Jährigen wurden 209,9 Opfer, bei den über 80-Jährigen waren es noch 200,9. Dabei konzentrierten sich die meisten Delikte ebenfalls auf Körperverletzung.

Die Polizei geht mit Blick auf ihre zukünftigen Aufgaben davon aus, dass die Isolation und Bedürftigkeit älterer Menschen steigt und daraus die Gefahr wächst, von vielen Delikten gar nicht mehr zu erfahren. Hinzu kommt, dass sich besonders betagte Opfer von Kriminalität oftmals schämen und deshalb am liebsten gar nicht darüber sprechen, was ihnen angetan wurde. Deshalb setzt sie auf Aufklärungs- und Präventionsmaßnahmen. Hemmschwellen sollen reduziert und Kontaktmöglichkeiten ausgebaut werden. Inwieweit das dann mehr Sicherheit für ältere Menschen schafft, hängt vom politischen Umgang mit der Polizeiarbeit ab. Nach Jahren von Einschränkungen und Sparmaßnahmen und in Anbetracht der riesigen neuen Aufgaben zur Gewährleistung der inneren Sicherheit angesichts der latenten Terrorgefahr sind Konsequenzen nötig.

Trickbetrüger auf dem Vormarsch

»Der Anruf kam kurz nach zehn«, erzählt Irmgard M. aus Hamburg, »ich wollte gerade ins Bett gehen.« Die 84-jährige Dame regt sich immer noch darüber auf.

»Die Polizei war dran. Auf dem Telefon stand 040 für Hamburg und die 110. Sie hätten gerade bei einer Einbrecherbande eine Liste mit meiner Adresse und etlichen anderen gefunden, und zwei Mitglieder der Bande seien geflohen.«

Im Gegensatz zu vielen anderen ihrer Altersgenossinnen ist Irmgard M. sehr agil und geistig rege. »Stutzig bin ich erst geworden, als der angebliche Polizist fragte, ob ich allein wohne, und dann meinte, ich soll sofort meine Wertsachen und das Bargeld zusammenpacken. Es würde dann noch in der Nacht abgeholt und sichergestellt.«

Die Frau rief die richtige Polizei an und erfuhr, dass sie beinahe Opfer eines Trickdiebstahls geworden wäre.

Eine weitere Masche, mit der vor allem vom Ausland aus operierende Banden Millionensummen abzocken, besteht darin, alten, hilfsbereiten Menschen die Notlage eines angeblichen Verwandten vorzuspiegeln. Die Polizei beschreibt sie so: »Der sogenannte Enkeltrick ist eine besonders hinterhältige Form des Betrugs, der für die Opfer oft existentielle Folgen haben kann. Sie können dadurch hohe Geldbeträge verlieren oder sogar um ihre Lebensersparnisse gebracht werden. Mit den Worten ›Rate mal, wer hier spricht‹ oder ähnlichen Formulierungen rufen Betrüger bei meist älteren oder alleinlebenden Personen an, geben sich als Verwandte, Enkel oder gute Bekannte aus und bitten kurzfristig um Bargeld. Als Grund wird ein finanzieller Engpass oder eine Notlage vorgetäuscht, beispielsweise ein Unfall, ein Auto- oder Computerkauf. Die Lage wird immer äußerst dringlich dargestellt. Oft werden die Betroffenen durch wiederholte Anrufe unter Druck gesetzt. Sobald das Opfer zahlen will, wird ein Bote angekündigt, der das Geld abholt. Hat der Betroffene die geforderte Summe nicht parat, wird er gebeten, unverzüglich zur Bank zu gehen und dort den Betrag abzuheben. Nicht selten ruft der Täter sogar ein Taxi, wenn das Opfer den Weg nicht mehr zu Fuß bewältigen kann. Auf diese Weise haben Enkeltrick-Betrüger in der Vergangenheit bereits Beträge im fünfstelligen Eurobereich erbeutet.«

Eine zentrale Statistik zu diesem speziellen Betrug gibt es in Deutschland nicht. Den Umfang zeigt jedoch die Erfassung von 145 Fällen mit einem Schaden von 254.000 Euro allein zwischen Februar 2008 und August 2009 durch das Landeskriminalamt Hessen. Nach Angaben des Landeskriminalamts Brandenburg steigen die Fälle rasant von Jahr zu Jahr und liegen derzeit bei mehreren Hundert. Etwa nach jedem sechsten Enkeltrick-Anruf kommt es auch zur Zahlung einer größeren Summe, oft sind es mehrere Tausend Euro.

Viele weitere Vorgehensweisen bei Betrug ließen sich nennen. Sie reichen von der Bitte um ein Glas Wasser an der Wohnungstür über falsche Handwerker bis zu Geschäften von unseriösen Partnervermittlungen.

Noch schlimmer als die materiellen Schäden sind dabei oftmals die seelischen Folgen für die Betroffenen. Die Angst, Opfer einer Straftat zu werden, ist bei alten Menschen deutlich ausgeprägter als bei jüngeren.

Die tatsächliche Lage, in den Zahlen der Kriminalstatistik erfasst, zeigt aber eine Diskrepanz zwischen Furcht und Realität. Für 2016 registrierte sie insgesamt 1.017.602 Straftaten mit Opfererfassung (was nur bei bestimmten Taten, wie zum Beispiel Gewalt- und Sexualdelikten, geschieht). Zwischen 10,2 und

20,3 Prozent der Tatopfer hatten ein Alter zwischen 21 und 60 Jahren. Ältere Menschen zwischen 60 und 70 Jahren waren zu 3,8 Prozent, zwischen 70 und 80 zu 1,7 und über 80 Jahren zu 0,6 Prozent betroffen.

Fälle, bei denen Seniorinnen und Senioren zu Tatopfern werden, tauchen oft in der Presse als Beleg für eine wachsende Verunsicherung und Verrohung der Gesellschaft auf. So berichtete zum Beispiel die Tageszeitung *Die Welt* allein im September 2007 und nur für Berlin, dass die Polizei knapp zwei Dutzend derartiger Fälle registrierte. Sie reichten von einem Raubüberfall auf die 63-jährige Monika B. über einen 69-jährigen Rentner, der von Jugendlichen auf einem U-Bahnhof niedergeschlagen wurde, bis zu einer 76 Jahre alten Seniorin, die bei einem Überfall mehrere Knochenbrüche erlitt. Monika B. war am 7. September 2007 gegen 22.35 Uhr vor ihrem Haus Landsberger Allee 261 von einem Unbekannten überfallen und beraubt worden. Dabei erlitt sie einen Schädelbruch und erlag sechs Tage später ihren schweren Verletzungen, ohne das Bewusstsein wiedererlangt zu haben.

Die besondere Gefährdung alter Menschen ist der Polizei seit langem bekannt. So stellte etwa das Landeskriminalamt Nordrhein-Westfalen bereits 2003 fest: »Durch ihre Lebenssituation, das heißt häufiges Alleinleben und eine oftmals schwächere körperliche Verfassung, gelten ältere Menschen als ›bequeme Opfer‹ in bestimmten, insbesondere der Raub-, Betrugs- und Eigentumskriminalität zuzuordnenden Deliktsbereichen; ihre teils positive wirtschaftliche Situation macht sie zu ›lohnenden Opfern‹.« Auch der Blick in die Zukunft sah für die Kriminologen recht düster aus: »Die steigende Teilnahme älterer Menschen am gesellschaftlichen Leben dürfte ebenfalls veränderte

Tatgelegenheitsstrukturen, vor allem im Bereich der Betrugs- und Diebstahlskriminalität, hervorbringen. Das Ausmaß der Kriminalität wird jedoch im Wesentlichen durch die Aktivitäten der Straftäter geprägt. Hierbei ist zu berücksichtigen, dass sich die Anzahl und die Anteile jüngerer und regelmäßig kriminalitätsbelasteter Jahrgänge in Zukunft rückläufig entwickeln werden.«

Die fortschreitende Alterung in der Gesellschaft macht die Seniorinnen und Senioren jedoch nicht nur zu Opfern, sondern bringt auch neue Tätergruppen hervor.

Opa-Gangs und Drogen-Omas

Im Sommer 2005 standen Rudolf R., 74, und seine beiden Komplizen Lothar A., 64, und Wilfried A., 73, vor dem Landgericht Hagen. Der Vorwurf: Mit Schusswaffen und selbstgebastelten Handgranaten-Attrappen hätten sie bei 14 Beutezügen im Märkischen Kreis und im Kreis Ostwestfalen/Lippe zwischen 1988 und 2004 insgesamt 1,3 Millionen Euro erbeutet. »Hauptursache meiner Schandtaten war Angst«, gab Wilfried A. vor Gericht an. Nach einer vierzig Jahre währenden Knast-Karriere habe er kaum Anspruch auf Rentenzahlungen gehabt. Rudolf R. erhielt eine schmale Rente von 400 Euro, Lothar A. hatte als Selbständiger nie in die Rentenkasse eingezahlt.

Als entlastendes Element werteten die Richter die Angst vor Altersarmut nicht. Die brutalen Bankräuber wurden zu zwölf, zehn und neun Jahren verurteilt. Eine Revision wegen des fortgeschrittenen Alters der Angeklagten, die voraussichtlich das Ende ihrer Strafe kaum noch erleben würden, wies der Bundesgerichtshof am 27. April 2006 unter dem Aktenzeichen 44 KLs 600 Js 205/04 (1/05) ab.

Ortswechsel. In der Nacht vom 5. zum 6. Februar 2014 stürmte die Berliner Polizei in der Westfälischen Straße in Wilmersdorf eine Bar. Dort betrieb Besitzerin Hildegard W. (76) einen schwunghaften Handel mit Kokain. Es war kein Einzelfall. Im Februar 2010 stand die 85-jährige Hannelore M. aus Solingen in Wuppertal vor Gericht. Gemeinsam mit Sohn und Enkel hatte sie in Nordrhein-Westfalen den Drogenhandel betrieben. Die Ermittlungskommission »Rente« beschlagnahmte bei ihr drei Kilogramm Heroin im Wert von 70.000 Euro, eine kleinere Menge Kokain und scharfe Waffen.

Im August 2012 verurteilte das Landgericht Düsseldorf eine 76 Jahre alte Frau wegen Drogenschmuggels zu zweieinhalb Jahren Haft. Innerhalb von fünf Jahren hatte sie rund eine Tonne Marihuana von Holland nach Deutschland transportiert.

Das sind Ausnahmefälle, doch seit einigen Jahren stellt die Polizei einen Anstieg der Tatverdächtigen fest, die älter als 60 Jahre sind. Er liegt zwar weit unter deren Anteil an der Gesamtbevölkerung, weist aber eine kontinuierliche Zunahme aus. Zwischen 2002 und 2014 waren es rund 8 Prozent, was bundesweit einer absoluten Zahl von 153.000 Tatverdächtigen jenseits des 60. Lebensjahrs entsprach.

Am häufigsten sind Diebstahldelikte, davon zu rund 90 Prozent Ladendiebstähle. Einen bedeutsamen Zuwachs um mehr als das Doppelte gibt es jedoch auch bei Vermögens- und Fälschungsdelikten und Körperverletzung.

Polizeipraktiker, wie zum Beispiel Kriminalhauptkommissarin Bärbel Solf aus Bochum, sehen in vielen

Taten von Delinquenten im Seniorenalter eine »Notkriminalität«: »Da ist schon ein Unrechtsbewusstsein da, aber eben manchmal auch eine große Not.« Derartige Taten werden durch zerrüttete Familienbande und eine wachsende soziale Isolation gefördert.

Kriminologe Thomas Feltes von der Ruhr-Universität Bochum unterscheidet zwei Gründe für die Kriminalität im Rentenalter: »Gerade bei den älteren Menschen stellt man fest, dass es hier zwei Extreme gibt. Einmal die Gruppen, die sich zusammentun, um gemeinsam Straftaten zu begehen. Das sind aber sehr häufig Täter, die schon früh angefangen haben und die dann einfach kriminell alt geworden sind. Oder eben die einzelnen Täter, die einfach aufgrund ihrer finanziellen Situation versuchen, Straftaten zu begehen, um damit ihr Einkommen zu verbessern oder eine akute Problemlage zu bewältigen.«

Ein neues Feld krimineller Betätigung entsteht mit dem wachsenden Zugang von Senioren zu Computern und Internet. Experten erwarten hier einen weiteren Anstieg von Betrugs- und Eigentumsdelikten. Manchmal entstehen sie als Folge von Unbedarftheit und Unwissenheit. Wer sich nicht auskennt, kann sich leicht mit illegalen Downloads, dem Einkauf von Hehlerware oder Markenfälschungen strafbar machen. Es gibt aber auch jetzt schon Fälle, bei denen Sachen bestellt werden, obwohl man weiß, dass sie nicht bezahlt werden können.

Trotz all dieser Entwicklungen prognostizierte bereits 2003 das Landeskriminalamt Nordrhein-Westfalen: »Die Delinquenz von Senioren war bisher von nachrangiger Bedeutung für das Kriminalitätsgeschehen. Hinweise auf eine zukünftig grundlegende Änderung dieser Situation haben sich nicht ergeben.«

Dennoch entstehen allein durch die Zunahme der Zahl älterer Straftäter neue Probleme: Die Justizvollzugsanstalten (JVA) sind nicht darauf eingerichtet. Zwei Haftanstalten, die JVA Konstanz und die in Schwalmstadt (Hessen), haben bereits »Seniorenaußenstellen« für Häftlinge von mehr als 63 Jahren. Als wichtigsten Grund nennt der ehemalige JVA-Leiter in Hessen, Guido Neu, dass die alten Gefangenen »andere Lebensbedürfnisse« als die jungen hätten. Der ehemalige Direktor des Kriminologischen Forschungsinstituts Niedersachsen, Christian Pfeiffer, rechnet allein wegen der demographischen Entwicklung in den nächsten Jahren mit einem Anwachsen der Senioren-Häftlinge um 20 Prozent. Auf eine bisher ungekannte Besonderheit dabei weist Kriminologe Thomas Feltes hin: »Wenn es Täter sind, die über einen längeren Zeitraum im Strafvollzug bleiben, dann äußern immer mehr, wenn sie dann 70 oder 75 Jahre alt sind, den Wunsch, nicht mehr das Gefängnis verlassen zu müssen, sondern ihr Leben im Strafvollzug zu Ende bringen zu können.«

Von Problemen dieser Art sind nur wenige direkt betroffen. Trotzdem gehören auch sie zum Bild, denn Kriminalität hat immer auch mit dem gesellschaftlichen Klima zu tun. Wer sich an den Rand gedrängt fühlt, kann gefährdet sein, wer sich nicht mehr beachtet sieht, möchte manchmal auch nur Aufmerksamkeit.

Dieses »Motiv« ist nicht zu unterschätzen, auch wenn die Kriminalität sicher nicht das Feld ist, derartige Bedürfnisse zu befriedigen: Aktiv bis ins hohe Alter zu bleiben, zählt zu den ganz großen Erwartungen und Wünschen älterer Menschen. Derweil recht intensiv betriebene Forschungen zum Thema »Alter« las-

sen dabei die oft noch ungenutzten Potentiale ebenso
wie die natürlichen Grenzen erkennen.

Aktiv bleiben – Wunsch und Grenzen

Ob Kirchengemeinde oder Sportbund, Betreuung von
Altersgenossen oder Vereine jeglicher Couleur – viele
Menschen möchten auch im Ruhestand gebraucht und
nicht abgeschoben werden. In den Jahren um die Jahrtausendwende hat sich eine Enquete-Kommission des
Deutschen Bundestags mit der »Zukunft des bürger-
schaftlichen Engagements« beschäftigt und die Maßstäbe dafür gesetzt. Wer im Ruhestand aktiv bleiben
möchte, muss das freiwillig ohne einen gesetzlichen
Zwang tun, sein Engagement nicht auf materiellen
Gewinn richten, sich am Gemeinwohl orientieren, im
öffentlichen Raum tätig sein und mit anderen zusam-
menarbeiten.

Damit ist ein Rahmen gesteckt, der den Wunsch des
Einzelnen und die Akzeptanz durch die Gesellschaft
umfasst. Zu Recht stellte der Bundestag fest, dass bürgerschaftliches Engagement als »Gradmesser für die
demokratische Qualität eines Gemeinwesens« verstanden werden sollte.

Das Wissenschaftszentrum Berlin für Sozialfor-
schung (WZB) konstatierte 2009 einen Fortschritt im
Verständnis der Aufgabenverteilung zwischen Staat
und Zivilgesellschaft. Mit der wachsenden Anerkennung des Engagements älterer Menschen scheint der
Weg zur Bewältigung der neuen Herausforderungen
durch die alternde Gesellschaft in Sicht. Allerdings

gibt es auch einen unübersehbaren Widerspruch, der sich an das fortschreitende Alter knüpft. Bisherige Betrachtungen blenden oft aus, dass damit die Unterschiede zwischen den Menschen eher zu- als abnehmen. Die verschiedenen Altersverläufe zeigen dem einen mehr Grenzen und Verletzlichkeit auf, als es andere erfahren.

Wie viele Seniorinnen und Senioren sich tatsächlich aktiv im gesellschaftlichen Raum engagieren, differiert in den verschiedenen Erhebungen zwischen 30 und 50 Prozent. Entscheidend ist immer, wonach konkret gefragt und was gewertet wird. Eine deutlich positive Tendenz zeigt der von der Bundesregierung erhobene »Freiwilligensurvey«. Er beschreibt einen Zuwachs der »Engagementquote« zwischen 1999 und 2009. Danach stieg sie bei den 65- bis 69-Jährigen von 29 Prozent auf 37 Prozent, unter den 70- bis 74-Jährigen von 24 Prozent auf 30 Prozent und unter den 75-Jährigen und Älteren von 17 Prozent auf 20 Prozent.

Im Jahr 2013 stellte die Altersstudie der *Generali Versicherung* fest, dass 45 Prozent der 65- bis 85-Jährigen bürgerschaftlich engagiert sind. Dafür brachten sie durchschnittlich vier Stunden pro Woche auf. Die Aktivität stieg bei Personen mit hoher Bildung (61 Prozent), die sich doppelt so häufig wie Menschen mit einfacher Schulbildung einbrachten. Männer waren mit 50 Prozent etwas häufiger als Frauen mit 41 Prozent unter den aktiven Ruheständlern. Gesundheitliche Probleme kamen mit wachsendem Alter und führten zu Einschränkungen. Trotzdem blieb fast ein Drittel der Befragten über 80 Jahre (29 Prozent) rege.

Demgegenüber steht eine wachsende Zahl von Menschen ohne freiwillig übernommene Aufgaben, aber mit dem Wunsch, dies zu tun. Ihn in die Tat umzusetzen, scheiterte bisher an den Gelegenheiten und dem mangelnden Interesse der Gesellschaft am Nutzen der Potentiale der älteren Mitbürger. Neueste Studien des Instituts für Gerontologie der Universität Heidelberg mit Daten aus den Jahren 2012 bis 2014 belegen, dass auch Hochbetagte im Alter von mehr als 80 Jahren durchaus persönliche Motive haben, sich über den Kreis der Familie hinaus zu engagieren. Für sie fehlen oftmals Rahmenbedingungen und Entgegenkommen. Mitverantwortung wird Älteren weniger zugetraut, auf abnehmende körperliche und psychische Kräfte zu wenig Rücksicht genommen.

Gibt es dennoch das Engagement der Ruheständler, wird es schnell missbraucht, um Mängel in der Daseinsvorsorge der Kommunen zu kompensieren. Das ignoriert das fundamentale Bedürfnis der Menschen, als Teil der Gemeinschaft wahrgenommen und geachtet zu werden. Trotz aller Heterogenität im Alter nimmt dieser Wunsch nicht linear zu den wachsenden Altersproblemen ab. Alle bisherigen Untersuchungen haben jedoch gezeigt, dass dem zu wenig Rechnung getragen wird. Das Engagement »der Älteren« wird allgemein gewünscht, dabei aber vor allem auf die Gruppe der 60- bis 75-Jährigen geschaut. Unstrittig ist derweil, dass die Übernahme von Mitverantwortung für andere Menschen eine bedeutende Quelle von Lebenszufriedenheit ist. Überdies hilft sie bei der persönlichen Auseinandersetzung mit den Grenzen und Einschränkungen, die das Alter für nahezu jeden bereithält.

Es gibt kein allgemein gültiges Rezept und keinen Königsweg: Jeder muss für sich entscheiden, wie aktiv er im Alter sein kann, und dabei dann die nötige Hilfe erfahren.

Einen intellektuellen Ansatzpunkt erörterte die französische Schriftstellerin und Frauenrechtlerin Simone de Beauvoir (1908–1986) in ihrer Schrift *Das Alter*. Darin beschrieb sie das gesamte gelebte Leben als »Werk«, das sich nur dann vollendet, wenn das Erfahrene und Erarbeitete an die nachfolgende Generation weitergegeben werden kann. Für den Fall, dass dies nicht geschieht, fällte sie ein hartes Urteil: Das »Werk«, also das Leben des Einzelnen, bliebe ohne seinen letztendlichen Sinn. Dabei setzte Simone de Beauvoir mangelndes Interesse der Gesellschaft am Einzelnen mit dem Fehlen des persönlichen Motivs, seine Erfahrungen weiterzugeben, gleich. In beiden Faktoren sah sie eine Abwertung des Alters.

Das mag eine sehr rigorose und weitgehende Betrachtungsweise sein. Sie trifft sicher auch nicht das Lebensgefühl jedes Einzelnen. Aber sie hat einen universellen Grundgedanken: Dem Alter Ehre und Respekt zu erweisen, gehört zu den kulturellen Werten unserer Tradition. Manch gesellschaftliche Entwicklung läuft heute dagegen. Niemand muss sich jedoch damit einfach abfinden. Dabei sind individuelle Lösungen der Motor für gesellschaftliche Strategien. Das Einfordern von Teilhabe im sozialen Gefüge ist ebenso wichtig wie das Schaffen von Möglichkeiten dazu.

Die Mühlen der Rentenbürokratie

Monat für Monat werden in Deutschland gegenwärtig mehr als 25 Millionen Renten gezahlt. Da manche mehr als eine Rente empfangen, liegt die Zahl der Rentner um etwa ein Fünftel darunter. Jedes Jahr kommen jedoch weit über eine Million Menschen hinzu, wie viele es genau sind, lässt sich aus den Zahlenwerken des Statistischen Bundesamts entnehmen.

Außerdem gibt es eine wachsende Zahl von Pensionären aus Beamtenverhältnissen der Kommunen, Länder und des Bundes. Anfang 2016 umfasste sie rund 1,23 Millionen Frauen und Männer. Etwa ein Viertel davon ist für die Hinterbliebenenversorgung der Pensionärinnen und Pensionäre des öffentlichen Dienstes hinzuzurechnen.

Den Unterschied zwischen beiden Gruppen, von denen hier nur die Arbeiter und Angestellten betrachtet werden sollen, erklärt bereits das Wort: »Rente« kommt vom lateinischen »*rendere*«, und das bedeutet, »etwas zurückgeben«. Wer sein gesamtes Arbeitsleben Beiträge in die gesetzliche Rentenkasse abgeführt hat, bekommt im Alter daraus etwas zurück. Die Höhe richtet sich nach dem, was zuvor gezahlt wurde.

Ganz anders ist es bei der »Pension«. Der Begriff geht auf das lateinische »*pendere*« zurück, was »etwas bezahlen« bedeutet. Das tut das Gemeinwesen, wenn seine Diener, die Beamten, nicht mehr für sich selbst sorgen können. Deren Hinterbliebene sind in dieses System einbezogen. Zahlen müssen hier nicht die Ren-

tenkassen, sondern Pensionskassen, die alle Steuer-
zahler finanzieren. Damit sind Pensionen ein Teil der
Staatsausgaben für seinen Beamtenapparat. »Vater
Staat« garantiert dessen Versorgung und trägt diese
Ausgaben dafür zum Teil während der aktiven Arbeit
der Beamten, zum anderen Teil nach deren Eintritt in
den Ruhestand. Die Betroffenen selbst zahlen keinen
Beitrag. Ihr Einkommen im Alter ist so bemessen, dass
sie sich über ihr finanzielles Wohl keine Sorgen machen müssen. Im Gegenzug unterliegen Frauen und
Männer mit Beamtenstatus während ihrer aktiven
Zeit besonderen Bestimmungen und Vorschriften, die
andere Arbeitnehmer nicht betreffen.

Die konkrete Höhe dieser Ruhestandsbezüge erfolgt nach dem Grundsatz: »Versorgung aus dem
letzten Amt«. Für die Pension ist deshalb nicht das
gesamte im Leben erzielte Arbeitseinkommen, wie
bei der Rente, sondern immer das zuletzt erhaltene
Bruttogehalt ausschlaggebend. Ausnahme: Es hat in
den letzten zwei Jahren des Erwerbslebens noch eine
Beförderung gegeben. Außerdem zählen die Dienst-
jahre. Da Beamte in der Regel unkündbar sind, müssen sie kaum fürchten, nicht genügend Jahre für ein
auskömmliches Alter zusammenzubekommen.

Aus dem Unterschied zwischen »*rendere*« und »*pendere*« ergibt sich, dass Pensionen weit über den höchsten erzielbaren Renten liegen. Bereits im Januar 2012
betrugen sie im Durchschnitt 2.540 Euro. Zu bedenken
ist dabei aber, dass der Weg zu gutdotierten Beamten-
posten meist über eine langwierige und anspruchsvolle
Ausbildung führt. Im Gegensatz zu den Renten gibt es
auch eine Mindestpension. Sie belief sich zum Beispiel
2014 für einen Ledigen auf 1.499,95 Euro brutto.

Dass es sich bei der Zahlung einer Pension um ein

Privileg im Vergleich zur Altersrente von Arbeitern und Angestellten handelt, zeigt sich, wenn ein Beamter seinen Status verliert. Das ist in der Regel nur nach einem Urteil infolge einer schweren Straftat möglich. In diesem Fall wird er bei der Rentenversicherung »nachversichert«. Der bisherige Dienstherr zahlt dazu die Rentenbeiträge in voller Höhe, um den Versicherten so zu stellen, als sei er von vornherein Mitglied der gesetzlichen Rentenversicherung gewesen.

Das Bundesverwaltungsgericht urteilte in diesem Zusammenhang am 23. November 2006 (Aktenzeichen BVerG 1 D 1.06): »Ein Beamter, der das Vertrauensverhältnis zu seinem Dienstherrn endgültig zerstört hat, kann nicht verlangen, dass sein Beamtenverhältnis beibehalten wird, um soziale Härten dauerhaft zu vermeiden.«

Auf »soziale Härten« haben sich hingegen heute schon jene einzustellen, die ohnehin wenig verdienen. Darüber werden sie sogar seit einigen Jahren regelmäßig informiert.

Im Rentendschungel

Als die von der SPD und der Partei Bündnis 90/Die Grünen gebildete Bundesregierung in den Jahren 2003 bis 2005 mit der »Agenda 2010« einen bislang nicht gekannten Sozialabbau in Deutschland begann, um im Gegenzug Wirtschaftswachstum zu erzeugen und zu sichern, konnte sie davon ausgehen, dass die bereits an der Schwelle zur Rente Stehenden und deren direkte Nachfolger davon kaum betroffen sein würden. Das machte es relativ leicht, die künftigen Rentenzahlungen neu zu justieren, denn wie jede Kasse kann auch die Rentenkasse nicht mehr auszahlen, als sie einnimmt. Dazu boten sich zwei wichtige Stellschrauben an: der Beginn der Rentenzahlung und deren Höhe.

Absehbar und Teil des Konzepts war, dass mittelfristig die gesetzliche Altersrente allein nicht mehr den im Erwerbsleben erworbenen Lebensstandard für die Jahre des Ruhestands sichern würde. Deshalb orientierte die damalige rot-grüne Bundesregierung auf den freiwilligen Aufbau einer privaten, kapitalbasierten Zusatzrente, die sie – differenziert an die Familiensituation angepasst – finanziell förderte.

Um das neue Denken bei der persönlichen Altersvorsorge zu etablieren, machten sich mehr Informationen nötig. Die Leute mussten wissen, was sie später einmal aus der Rentenkasse zu erwarten hatten, und ihre künftige »Rentenlücke« erkennen, um so zum privaten Sparen angeregt zu werden. Gleichzeitig war das Entstehen von Zukunftsängsten zu vermeiden. Das Verhältnis zwischen der jedem ohne Beitragszahlung zustehenden »Grundsicherung« zu den erwartbaren Renten nach Beitragszahlung im Niedriglohnbereich sollte dabei nicht unbedingt thematisiert werden. Es hätte den Anreiz zu eigener Vorsorge mindern können.

Deshalb wurden seither Informationen zur künftigen Rente individuell erstellt und den Betroffenen persönlich übersandt.

Nach Vollendung des 27. Lebensjahrs erhält jeder gesetzlich Versicherte, der bereits fünf Jahre in die Deutsche Rentenversicherung eingezahlt hat, jährlich eine schriftliche oder elektronische Renteninformation. Nach Vollendung des 55. Lebensjahrs wird diese alle drei Jahre durch eine ausführliche Rentenauskunft ersetzt. Darin wird darüber informiert, mit welchen Leistungen der Versicherte im Alter oder bei Erwerbsminderung voraussichtlich rechnen kann. Mit dieser Information kann sich jeder ausrechnen, wie groß seine »Versorgungslücke« einmal sein wird.

Dazu enthält das teilstandardisierte Schreiben zum einen den bereits erworbenen Anspruch auf eine Altersrente auf der Grundlage der Summe der bisher gezahlten Beiträge. Würde der Betroffene künftig aus der gesetzlichen Rentenversicherungspflicht ausscheiden – beispielsweise durch eine anerkannte selbständige Tätigkeit –, bliebe ihm diese Anwartschaft erhalten. Zum anderen enthält die Renteninformation eine Hochrechnung. Sie basiert auf der Annahme, bis zum Erreichen der Regelaltersgrenze würde genau so viel Beitrag weitergezahlt wie im Durchschnitt der letzten fünf Jahre. Das heißt praktisch: Erhöht sich das Einkommen und damit der Rentenbeitrag, ist später mehr zu erwarten, sinkt er, etwa durch Zeiten von Arbeitslosigkeit, wird es weniger.

Zusätzlich weist die Renteninformation auch die Höhe einer möglichen Rente wegen voller Erwerbsminderung aus. Sie berechnet sich aus den bisher zurückgelegten rentenrechtlichen Zeiten unter der Bedingung, als hätte der Versicherte noch bis zum 62. Geburtstag mit dem Durchschnittsverdienst weitergearbeitet und Beiträge gezahlt.

Alle genannten Summen sind Bruttobeträge. Von ihnen gehen später die persönlichen Beiträge zur Kranken- und Pflegeversicherung und, wenn es um hohe Renten geht, die Einkommenssteuer ab.

Für alle Jahrgänge ab 1952 gab es zusätzliche Rechnungen, die unterstellten, die Rente würde jährlich um ein oder zwei Prozent erhöht. Das kann passieren und ist bei einer guten Lohnentwicklung, an die die Dynamisierung der Rente ja gebunden ist, auch wahrscheinlich. Garantiert ist das jedoch nicht. So gab es zum Beispiel zwischen dem 1. Juli 2003 und dem 30. Juni 2006 nur eine Erhöhung von insgesamt 1,19 Prozent im Osten und 1,04 Prozent im Westen. Da der durchschnittliche Bruttolohn durch die Wirtschaftskrise 2009 erstmals um 0,4 Prozent auf 27.648 Euro sank, hätte sogar eine Rentenminderung folgen können. Das verhinderte die Regierung 2009 mit der Festlegung, dass die Rente allenfalls »Nullrunden« verkraften müsse, jedoch nicht weniger werden dürfe. Als die Wirtschaft wieder rundlief, wurde das mit größeren Erhöhungen kompensiert. Sie kamen besonders der im Vergleich zum Westen noch niedrigeren Rente im Osten zugute und betrugen (jeweils ab dem 1. Juli) im Jahr 2014 stolze 3,29 Prozent (West 0,25 Prozent), ein Jahr darauf 2,53 Prozent (West 1,67 Prozent) und 2017 in den neuen Ländern 3,59 Prozent, in den alten 1,90 Prozent.

Keine Angaben enthält die Renteninformation zum Kaufkraftverlust, weil niemand die Entwicklung der Konjunktur genau voraussehen kann. Bei der Einführung des Euro am 1. Januar 2002 betrug der Wert eines Rentenpunkts im Osten 22,06224 Euro, im Westen 25,31406 Euro (der gesetzliche Umrechnungskurs wurde auf fünf Stellen nach dem Komma festgesetzt, 1 Euro = 1,95583 Mark, und in der Praxis kaufmännisch gerundet). Ab dem 1. Juli 2017 waren es 29,69 beziehungsweise 31,03 Euro. Wie viel davon eine echte Erhöhung ist und wie viel die Inflation aufgefressen hat, ist umstritten.

Nach den offiziellen Angaben des Statistischen Bundesamts beträgt die durchschnittliche jährliche Inflationsrate seit der Einführung des Euro 2002 rund 1,4 Prozent. Sie beschreibt den Verlust beim Wert des Geldes und ist für jeden am Steigen der Preise für Waren und Dienstleistungen zu spüren. Mit den Rentenerhöhungen der letzten Jahre wurde sie im Westen in etwa ausgeglichen, im Osten lag der Zuwachs beim Wert der Rentenpunkte gut ein Drittel über dem Wertverlust des Geldes. Ob diese Entwicklung anhält und künftige Rentenerhöhungen weiterhin die Inflation mindestens kompensieren, ist zurzeit nicht abzusehen.

Ganz genau definieren lässt sich hingegen, wer in die gesetzliche Rentenversicherung in ihrer gegenwärtig bestehenden Form einzahlen muss und wer es überdies darf.

Beitragszahler und ihr Risiko

Im Wahlkampf 1986 warb der damalige Arbeitsminister Norbert Blüm (CDU) auf 15.000 großen Plakaten überall in der Bundesrepublik: »Denn eins ist sicher: Die Rente.« Er blieb auf dem Posten, und der Spruch wurde erst zum geflügelten Wort, dann zum Witz mit sarkastischem Unterton. 28 Jahre später, zum 125-jährigen Geburtstag der Rentenversicherung 2014 und derweil für das gesamte Deutschland gültig, sah es Norbert Blüm, inzwischen längst selbst im Ruhestand, anders: »Wenn das Rentenniveau weiter so sinkt wie in den letzten Jahren, dann kommt man in die Nähe der Sozialhilfe, was die Rentenversicherung nicht nur um ihren guten Ruf bringt, sondern auch um ihre soziale Sicherungsfunktion.« Ein System, aus dem man mit Beiträgen nicht mehr bekomme als jemand, der keine Beiträge gezahlt habe, »erledigt sich von selbst«, meinte er nun.

Im Jahr 1985 betrug das Netto-Rentenniveau vor Steuern noch 57 Prozent des vormaligen Verdienstes. Seither sank es kontinuierlich, inzwischen liegt es um knapp 10 Prozent niedriger. Ein weiteres Absinken ist gesetzlich fixiert, ob es so kommt, ist politisch aber umstritten. Die Beitragszahler tragen damit ein Risiko, das sie kaum abschätzen können. Dennoch bestimmt das Gesetz, wer in die Rentenkasse einzahlen muss.

Grundsätzlich sind alle Arbeitnehmer pflichtversichert. Hinzu kommen Auszubildende, Frauen und Männer im Wehr- und Bundesfreiwilligendienst, Mütter oder Väter in Kindererziehungszeiten, nebenamtliche Pflegepersonen, Behinderte in entsprechenden Werkstätten und jene, die Unterhaltsersatzleistungen, wie Arbeitslosen- oder Krankengeld, beziehen. Mit einigen Ausnahmeregelungen sind auch jobbende Studenten einbezogen. Überdies unterliegen einige Gruppen von Selbständigen der Versicherungspflicht, wie zum Beispiel Handwerker und Hausgewerbetreibende, angestellte Lehrer und Erzieher, in der Pflege Beschäftigte, Künstler und Publizisten und Selbständige mit nur einem Auftraggeber.

Wer selbständig arbeitet, kann ansonsten innerhalb von fünf Jahren nach Aufnahme der Tätigkeit die Versicherungspflicht beantragen. Das eröffnet den Weg, eine Förderung bei der »Riester-Rente« zu erlangen. Allerdings kann die Antragsversicherungspflicht dann nicht mehr gekündigt werden, solange die Selbständigkeit besteht.

Kompliziert wird es bei »Minijobs« (Fachwort: »geringfügige Beschäftigung«) mit bis zu 450 Euro Monatsverdienst. Werden sie nur drei Monate lang ausgeübt, bleiben sie sozialversicherungsfrei – es entstehen aber auch keine Ansprüche für den Arbeitnehmer. Bei mehreren Minijobs werden die Einnahmen übers Jahr addiert, dadurch kann eine Versicherungspflicht entstehen. Sonderregelungen gelten unter anderem für Hausangestellte.

Bei einer dauerhaften Beschäftigung für 450 Euro im Monat muss der Arbeitgeber Sozialabgaben zahlen, meist als Pauschale. Der Arbeitnehmer kann durch Zahlung von 3,7 Prozent die Beitragszahlung auf 450 Euro für sein Rentenkonto wirksam machen oder diese Regelung abwählen. Was unterm Strich für die Rente herauskommt, bleibt trotzdem gering.

Bei Arbeiten, deren Lohn zwischen 450,01 und 850 Euro im Monat liegt, müssen durch den Arbeitnehmer nicht die vollen Sozialversicherungsbeiträge gezahlt werden. Allerdings sind auch hier die späteren Ansprüche geringer. Eine Aufstockung durch Eigenzahlung ist möglich.

Wie bei den Minijobs werden auch hier mehrere Beschäftigungen im Jahr zusammengerechnet und daraus der Durchschnittsverdienst des gesamten persönlichen Erwerbs ermittelt.

Eine oft unterschätzte Falle liegt in der Scheinselbständigkeit. Sie liegt immer dann vor, wenn nur oder fast vollständig für einen Auftraggeber gearbeitet wird. In dem Fall geht die Rentenversicherung von einer abhängigen Beschäftigung aus. Wer das nicht meldet – die Pflicht dazu liegt beim Erwerbstätigen –, hinterzieht Sozialabgaben und macht sich damit strafbar.

Wer mindestens 16 Jahre alt ist und in Deutschland oder als Deutscher im Ausland lebt, kann sich freiwillig in der gesetzlichen Rentenversicherung versichern. Die dazu zu zahlenden Beiträge lagen 2017 auf der Grundlage des gesetzlichen Rentenbeitrags von 18,7 Prozent des Bruttoeinkommens bei mindestens 84,15 Euro und höchstens 1.187,45 Euro im Monat. Pro Jahr sind bis zu zwölf Einzahlungen möglich. Der freiwillig Zahlende kann die Summe selbst festlegen. Ihre Höhe entscheidet über den späteren Rentenanspruch. Auf die Anzahl der Beiträge kommt es aber an, um bereits erworbene Anwartschaften und Ansprüche zu sichern.

Nach den von der SPD in Koalition mit Bündnis 90/ Die Grünen im Rahmen der »Agenda 2010« veranlassten Rentenreformen ist der Erhalt des im Erwerbsleben erarbeiteten Lebensstandards allein durch die gesetzliche Regelaltersrente nicht mehr möglich. Lücken müssen mit privater Vorsorge gefüllt werden. Dazu ist jedoch ein angemessenes Einkommen nötig: Es muss einfach etwas zum Sparen übrig bleiben.

Das können Geringverdiener von heute kaum leisten. Derweil verdient bereits jeder Vierte in Deutschland weniger als 10 Euro brutto pro Stunde. Besonders ihnen gaukelt die gesetzliche Rentenversicherung eine trügerische Sicherheit vor. Sie zahlen in die Rentenkasse ein und erwerben einen Anspruch, er ist aber so gering, dass er später kaum das Überleben sichert. Die Höhe des Betrags, der im Ruhestand für ein Jahr Arbeit pro Monat als Rente gezahlt wird, orientiert sich am Durchschnittsverdienst. Wer nur einen Bruchteil davon verdient – ein Monatseinkommen von 1.000 Euro entsprach 2017 knapp einem Drittel dieses Durchschnitts –, bekommt später auch nur einen Bruchteil bei der Altersrente.

Für die gesamte Abwicklung ist seit 2005 die »Deutsche Rentenversicherung« zuständig. In ihr gingen die vormaligen Landesversicherungsanstalten (LVA), die früher die Renten der Arbeiter auszahlte, und die Bundesversicherungsanstalt für Angestellte (BfA), bei der die Renten der Angestellten verwaltet wurden, auf. Deshalb gibt es keinen Unterschied mehr zwischen »BfA-Renten« und »LVA-Renten«. Die »Deutsche Rentenversicherung« kassiert die Rentenbeiträge aller gesetzlich versicherten Arbeitnehmer ein und verteilt sie und die Bundeszuschüsse zur Rente an die Rentenempfänger.

Dabei gibt es neben der Altersrente auch noch eine Reihe anderer Rentenformen.

Wer bekommt später was?

Nach einer Versicherungszeit von fünf Jahren besteht Anspruch auf die Regelaltersrente. Seit 2012, also dem Geburtsjahrgang 1947, steigt das bisher bei 65 Jahren gelegene Eintrittsalter an, bis es beim Geburtsjahrgang 1964 dann 67 Jahre erreicht.

Begründet wurde diese Veränderung mit dem späteren Eintritt in die Versicherung und der längeren Auszahlung durch die gestiegene Lebenserwartung. Mitte der 1950er Jahre vergingen zwischen Versicherungsbeginn und Altersgrenze rund 45 Jahre, heute sind es nur noch 35 Jahre. Um 1960 lag die Bezugszeit der Altersrente im Durchschnitt bei zehn Jahren, derweil sind es siebzehn Jahre.

Für »langjährig Versicherte« und »besonders langjährig Versicherte« ist ein früherer Eintritt als zur Regelaltersgrenze in die Rente möglich. Die genaue Altersgrenze hängt vom Geburtsjahr ab. Wer früher in Rente will oder muss, bekommt jedoch Geld abgezogen. Die 2014 eingeführte Sonderregelung »Rente mit 63« ohne Abschläge galt nur für »besonders langjährig Versicherte«, die vor dem 1. Januar 1953 geboren wurden. Sie mussten 45 Jahre mit Pflichtbeiträgen oder Berücksichtigungszeiten vorweisen können.

Neben der Beitragszeit – also der Zeit, in der eingezahlt wird – kennt die Rentenversicherung solche »Warte- und Berücksichtigungszeiten«, die gemeinsam mit der Beitragszeit darüber entscheiden, ob man zu den »langjährig Versicherten« oder den »besonders langjährig Versicherten« gehört.

Bei der Wartezeit auf die Altersrente für »langjährig Versicherte« zählen neben eigenen Beitragszeiten auch Zeiten aus einem Versorgungsausgleich nach Auflösung einer Ehe oder Lebenspartnerschaft und aus Minijobs. Hinzu kommen die Zeiten, in denen aus persönlichen Gründen keine Beiträge gezahlt werden konnten, wie Ausbildung, Arbeitslosigkeit, Krankheit oder Schwangerschaft.

Etwas anders wird bei »besonders langjährig Versicherten« gerechnet. Die Rentenversicherung sagt dazu: »Zu den Pflichtbeitragszeiten zählen auch Pflichtbeiträge aus Kindererziehung, nicht erwerbsmäßiger Pflege, Krankengeldbezug sowie Wehr- und Zivildienst. Berücksichtigungszeiten können für die Erziehung eines Kindes bis zu dessen vollendetem 10. Lebensjahr und für Zeiten der nicht erwerbsmäßigen Pflege von Januar 1992 bis März 1995 angerechnet werden. Zudem werden auch Zeiten aus Minijobs angerechnet. Nicht berücksichtigt werden Pflichtbeiträge, die wegen des Bezugs von Arbeitslosengeld II oder Arbeitslosenhilfe gezahlt wurden, und Zeiten aus einem Versorgungsausgleich sowie aus einem Rentensplitting unter Ehegatten oder eingetragenen Lebenspartnern.«

Mindestens zu 50 Prozent schwerbehinderte Menschen können nach einer Mindestversicherungszeit von 35 Jahren in Rente gehen.

Vor 1952 geborene Frauen konnten mit 60 in Rente gehen, wenn sie mindestens fünfzehn Jahre Versicherungszeit hatten und nach ihrem 40. Lebensjahr mehr als zehn Jahre Pflichtbeiträge zahlten. Allerdings mussten sie dann Rentenabschläge hinnehmen. Zu den für sie wichtigen Zeiten gehörten auch Phasen, in denen sie Sozialleistungen erhielten, nicht gewerbsmäßig eine Person pflegten oder Pflichtbeiträge aus aufgestockten Minijobs leisteten.

Eine geminderte Altersrente ab dem 63. Lebensjahr gab es auch für vor 1952 geborene Versicherte. Inzwischen haben sie das 65. Lebensjahr erreicht. Zuvor galt die Regelung, wenn sie entweder bei Beginn der Rente arbeitslos waren, nach Vollendung eines Lebensalters von 58 Jahren und sechs Monaten insgesamt 52 Wochen keine Arbeit hatten oder mindestens 24 Kalendermonate Altersteilzeitarbeit nach dem Altersteilzeitgesetz ausgeübt haben. Außerdem müssen sie eine Versicherungszeit von mindestens fünfzehn Jahren erfüllen und innerhalb der letzten zehn Jahre vor Beginn der Rente mindestens acht Jahre Pflichtbeiträge gezahlt haben.

Für Versicherte, die ab 1953 geboren wurden, steigt die Altersgrenze für »besonders langjährig Versicherte« in Sprüngen von jeweils zwei Monaten pro Geburtsjahrgang. Für die Jahrgänge ab 1964 beträgt die Altersgrenze dieser Rentenart dann 65 Jahre.

Für Witwen, Witwer und Waisen gibt es verschiedene Rentenformen, die sich an den jeweils gegebenen persönlichen Bedingungen ausrichten.

Wer vor Erreichen der Regelaltersgrenze nicht mehr oder nur noch stundenweise arbeiten kann, muss vor einer vollen oder teilweisen Erwerbsminderungsrente erst einmal alle Möglichkeiten einer medizinischen oder beruflichen Rehabilitation nutzen. Nur wenn es damit nicht möglich ist, die volle Arbeitsfähigkeit wiederherzustellen, beurteilt die Rentenversicherung das restliche Leistungsvermögen. Davon hängt ab, ob eine Rente wegen Erwerbsminderung in Frage kommt. Aus medizinischer Sicht ist das dann der Fall, wenn der Betroffene wegen Krankheit oder Behinderung weniger als sechs Stunden täglich schafft. Dabei spielt sein bis dahin ausgeübter Beruf keine Rolle.

Neben der Grundsicherung für Arbeitssuchende (Hartz IV) gibt es auch eine Grundsicherung bei niedrigen Renten. Sie wird als Sozialleistung aus Steuern finanziert. Zur Grundsicherung gehören die Ausgaben für Lebensunterhalt, Unterkunft, Heizung, Kranken- und Pflegeversicherung, Vorsorgebeiträge, Mehrbedarf für bestimmte Personengruppen und Hilfe in Sonderfällen. Ein Anspruch entsteht, wenn die Rente und eventuell andere Einkünfte nicht für den Lebensunterhalt ausreichen. Das Einkommen von Kindern oder Eltern bleibt dabei – anders als bei der Sozialhilfe – unangetastet. Die Höhe ist in drei Regelbedarfsstufen festgelegt. Alleinstehende und Alleinerziehende erhalten seit dem 1. Januar 2017 monatlich 409 Euro, wenn sie einen eigenen Haushalt führen. Erwachsene Haushaltsangehörige bekommen 327 Euro, bei zusammenlebenden Ehegatten und eingetragenen Lebenspartnern mit einem gemeinsamen Haushalt sind es je Person 368 Euro (Zahlen von Juni 2017).

Die Erfindungen der Herren Riester und Rürup

Nach Martin Luther waren es nicht mehr viele Menschen in Deutschland, die zum Entstehen bisher ungekannter Wörter beitrugen. Walter Riester (SPD), im rot-grünen Kabinett von Bundeskanzler Gerhard Schröder (SPD) von 1998 bis 2002 Arbeitsminister, hat es geschafft. Im Jahr 2016 »riesterten« rund 16,5 Millionen Deutsche. Das neue Verb bürgerte sich für eine Form der Altersvorsorge ein, die 2002 eingeführt wurde. Eine weitere Form der zusätzlichen Rentenversicherung erfand der Ökonom Bert Rürup. Sein Modell wirbt nicht mit so hohen Teilnehmerzahlen, allerdings hat bisher auch niemand das Wort »rürupen« geprägt.

Beide privat finanzierten Renten sollen die wachsende Vorsorgelücke durch das sinkende Niveau der gesetzlichen Rentenversicherung ausgleichen. Dazu wenden sie sich mit unterschiedlichen Ansparmodellen an verschiedene Zielgruppen.

Die Riester-Rente können alle rentenversicherungspflichtigen Frauen und Männer abschließen. Auch wer in Deutschland arbeitet, aber im Ausland wohnt, kann das tun. Die Rente wird durch staatliche Zulagen und Sonderausgabenabzug gefördert.

Die Rürup-Rente ist für jene gedacht, die mangels Pflichtversicherung in der gesetzlichen Rentenversicherung keine Riester-Rente in Anspruch nehmen können, etwa weil sie Selbständige oder beitragspflichtig zu einem Versorgungswerk sind. Sie wird über die Steuer gefördert und unterscheidet sich von der rein privaten Rentenversicherung und der

Riester-Rente vor allem dadurch, dass es kein Kapitalwahlrecht gibt. Die angesparte Summe kann später nur in Form einer Rente, nicht jedoch »am Stück« ausgezahlt werden.

Eine Förderung der in der Riester-Rente Versicherten und ihrer Ehe- oder Lebenspartner und Kinder erfolgt, wenn zertifizierte Altersvorsorgeverträge abgeschlossen werden. Wie diese Verträge aussehen müssen, ist gesetzlich vorgeschrieben. Die wichtigsten Bedingungen: Zu Beginn der Auszahlungsphase muss mindestens die Summe der eingezahlten Beiträge, bestehend aus den Eigenleistungen und den staatlichen Zulagen, garantiert werden. Alle Leistungen dürfen frühestens ab dem 60. Lebensjahr – bei Vertragsabschlüssen ab 2012 ab dem 62. Lebensjahr – und in der Regel als lebenslange Rentenzahlung erfolgen. Die Anbieter der Verträge sind zur Transparenz und Information verpflichtet, ihre Abschluss- und Vertriebskosten müssen sich auf mindestens fünf Jahre verteilen. Außerdem muss eine vierteljährliche Kündigungs- oder Ruhestellungsmöglichkeit vorhanden sein und die laufende Beitragszahlung stattfinden.

Um diese Bedingungen zu erfüllen, gibt es verschiedene Möglichkeiten. Sie beginnen bei den seit langem bekannten privaten Rentenversicherungen mit Ausschluss der Kapitaloption und Banksparplänen, die zu Rentenbeginn in eine Rentenversicherung umgewandelt werden, und reichen bis zu »Wohn-Riester«-Darlehen und Bausparverträgen. Grundsätzlich gilt, wie bei allen anderen Anlageformen auch: Wer mehr Rendite will, muss auch mehr Risiko eingehen. Dazu eignen sich beispielsweise fondsgebundene Rentenversicherungen oder Fondssparpläne. Im Unterschied zum normalen Sparen wirkt hier die Garantie auf das eingezahlte Kapital als untere Haltelinie. Das ist ein Vorteil, den es sonst nicht gibt.

Die Rürup-Rente ist nicht an so viele Bedingungen gebunden. Ihr Reiz liegt in den flexiblen Gestaltungsmöglichkeiten und der steuerlichen Förderung. Diese hängt jeweils vom persönlichen Einkommen ab. Freiberufler und Selbständige, die je nach Auftragslage jeden Monat unterschiedlich verdienen, können ihre Beiträge ihrer Einkommenssituation anpassen. Für rentenversicherungspflichtige, gut verdienende Arbeitnehmer kann die Rürup-Rente als zusätzliche Versicherung ebenfalls attraktiv sein. Haben sie beispielsweise keine Kinder, können sie die Höchstförderung der Riester-Rente nicht erreichen, so dass sich als Zusatz eher die Rürup-Rente anbieten kann. Überdies sind die Möglichkeiten, Beiträge zur Rürup-Rente steuerlich geltend zu machen, beträchtlich. Für Alleinstehende bis zu einer Höchstgrenze von 23.362 Euro jährlich sind die Beiträge zu 84 Prozent (Stand 2017) steuerlich absetzbar. Für Ehepaare gilt hier eine Grenze von 46.724 Euro. Pro Jahr wird der steuerlich anrechenbare Anteil der Beiträge um zwei Prozent erhöht. Das bedeutet, im Jahr 2025 werden die Beiträge bis zur Höchstgrenze komplett anrechenbar sein.

Entscheidend für die Höhe der späteren Zusatzrente bei beiden Rentenformen ist, wie viel Kapital angespart wurde und welche Rendite es brachte. Dazu kommt, wie hoch die Versicherungskosten sind und mit welchem Zeitraum einer Lebenserwartung im Ruhestand der jeweilige Versicherer rechnet. Letztere liegt in der Regel über der statistischen Lebenserwartung. Manche Versicherer kalkulieren bereits jetzt mit Lebensaltern von nahezu hundert Jahren. Das heißt, die angesparte Summe verteilt sich später auf einen

Zeitraum von rund dreißig Jahren. Ein theoretischer Überschlag ohne konkrete Berücksichtigung von Kosten, Zuschlägen, Zinsen und eventueller Steuerersparnis zeigt: Wer vierzig Jahre lang im Monat etwa 200 Euro für die Zusatzrente zusammenbekommt, kann später mit einer Auszahlung von etwa 267 Euro im Monat rechnen. (Rechenweg: 480 Monate Einzahlung mal 200 Euro ist gleich 96.000 Euro Kapital, das sich auf 360 Monate Auszahlung verteilt, macht rund 267 Euro pro Monat Zusatzrente.)

Wer gegenwärtig selbst etwas fürs Alter auf die hohe Kante legt, hat schlechte Karten, denn die Nullzinspolitik der Europäischen Zentralbank (EZB) kostet die deutschen Sparer eine riesige Menge Geld. Im Frühjahr 2017 hat die DZ Bank aus Daten der Bundesbank und anderen offiziellen Statistiken berechnet, wie stark die Zinseinbußen der Deutschen seit 2010 ausfallen. Als Vergleichszeitraum dienten die Jahre 1998 bis Ende 2008. Das Ergebnis: Bis Ende 2017 entgingen den Deutschen insgesamt 436 Milliarden Euro an Zinseinnahmen. Pro Kopf umgerechnet, machte das im Durchschnitt eine Summe von 5.317 Euro je Bundesbürger.

Demgegenüber stehen die ebenfalls niedrigen Zinsen für Kredite. Sie führten nach den Berechnungen der DZ Bank in den Jahren zwischen 2010 und 2017 zu einer Ersparnis der Kreditnehmer von etwa 188 Milliarden Euro. Unterm Strich bleibt damit immer noch eine Einbuße von 248 Milliarden Euro und damit im Schnitt 3.024 Euro je Bundesbürger.

Die miesen Zinsen führten zu einem kontinuierlichen Sinken der Garantiezinsen der deutschen Lebensversicherer. Betrugen sie im Jahr 1999 noch 4 Prozent, waren es 2016 magere 1,25 und 2017 nur noch 0,9 Prozent. Diese Entwicklung mindert erheblich den Betrag, den heutige Rentensparer später einmal erwarten dürften.

Wichtig für sie sind weiterhin die Kosten der Verträge. Sie schwanken stark nach Anbieter und liegen oft im Bereich von ein bis zwei kompletten Jahresbeiträgen. Sparmodelle, die besonders hohe Renditen versprechen, zeichnen sich in aller Regel auch durch hohe Kosten aus. Auch der Unterschied zwischen Banksparplänen und Versicherungen kann erheblich sein. Bei Beratungen wird das gern verschwiegen, denn davon hängt meist die Höhe der Provision des Vermittlers ab.

All das sind für Verkäufer derartiger Vorsorgeprodukte keine sonderlich guten Verkaufsargumente. Deshalb bauen sie ihre Angebote gern auf Beispielrechnungen auf, die so eintreten können, es beileibe aber nicht müssen. Keine Bank und keine Versicherung ist eine Wohlfahrtsorganisation, die etwas verschenken will. Vor- und Nachteile muss jeder Kunde selbst sorgfältig abwägen.

Die Lockmittel

Wenn ein Sparer beim Füttern seines Sparschweins vom Staat eine Hilfe bekommt, sei es durch Zuschüsse oder durch Steuerersparnis, ist das zunächst erst einmal eine gute Sache. Das gilt für die Riester-Rente ebenso wie für die Rürup-Rente.

Ein großer Teil der privaten Altersvorsorge wird inzwischen »geriestert«. Mit Stand 2016 hatten rund 16.542.000 Frauen und Männer einen Vertrag dazu abgeschlossen. Am häufigsten, nämlich von 10.903.000

Personen, wurden Versicherungen genutzt. Weitere rund 3.174.000 Sparerinnen und Sparer legten ihr Geld in Investmentfonds an, 1.691.000 steckten es in »Wohn-Riester«. Nur 774.000 Menschen schlossen Banksparpläne ab.

Unabhängig von der Sparform gibt es bei der Riester-Rente einen Mindesteigenbeitrag. Er muss eingezahlt werden, um die vollen staatlichen Zulagen zu erhalten. Seit 2008 beträgt dieser Mindesteigenbeitrag 4 Prozent der rentenversicherungspflichtigen Einnahmen des Vorjahrs, die im darauffolgenden Jahr gezahlt werden müssen. Beispiel: Wer im Jahr x rentenversicherungspflichtige Einnahmen von 36.000 Euro erzielt, muss im Jahr x plus 1 mindestens 1.440 Euro »riestern«, wenn er die individuell mögliche Höchstförderung kassieren möchte.

Vom Mindesteigenbeitrag wird der Zulagenanspruch, bestehend aus Grundzulage und eventueller Kinderzulage, abgezogen. Die maximale Höhe der Gesamtsumme beträgt 2.100 Euro im Jahr. Für die jährliche Anpassung seines Mindesteigenbeitrags ist der Sparer selbst verantwortlich. Tut er es nicht, kann es zum einen passieren, dass er zu wenig selbst zahlt und so nicht die vollen Zulagen bekommt, zum anderen, dass er mehr zahlt, als er eigentlich müsste, um in deren Genuss zu kommen.

Neben der Höchstgrenze gibt es auch eine Mindestgrenze. Sie heißt »Sockelbeitrag« und beläuft sich seit 2005 auf 60 Euro im Jahr. Diese Summe muss mindestens eingezahlt werden, um überhaupt Zulagen zu erhalten.

Bei einem Ehepaar ist es nötig, dass jeder Ehegatte einen eigenen Vertrag abschließt, um die Grundzulage zu erhalten. Anspruch auf die Kinderzulage besteht für jedes Kind, das im Kalenderjahr mindestens einen Monat lang Kindergeld bekam. Der Empfänger des Kindergelds bekommt auch die Riester-Zulage. Bei verheirateten Eltern ist das die Mutter, auf Antrag kann es aber auch der Vater sein.

Wer diese Bedingungen erfüllt, genießt eine Reihe von Vorteilen. Die wichtigsten sind, dass ab dem Renteneintrittsalter eine lebenslange, zusätzliche Rente oder Altersvorsorge garantiert ist. Ihre Gesamthöhe entspricht mindestens der Summe der angesparten Beiträge, es kann also kein Verlust gemacht werden. Im Todesfall kann der Ehepartner die Rente des Riester-Sparers weiter erhalten. In der Ansparphase ist die Riester-Rente pfändungssicher. Sie wirkt sich nicht auf die Berechnung des Arbeitslosengelds II – volkstümlich »Hartz IV« genannt – aus. Das Sparen mit Zulagen ist auch bei Transfer-Einkommen, also zum Beispiel für Arbeitslose, möglich. Berufseinsteiger, die das 25. Lebensjahr noch nicht vollendet haben, bekommen einen Bonus von 200 Euro. Die staatliche Förderung beläuft sich bis zum 31. Dezember 2017 auf 154 Euro pro Person und Jahr, die Kinderzulage 185 Euro pro Kind, für nach 2008 geborene Kinder 300 Euro. Mit dem Betriebsrentenstärkungsgesetz vom 1. Juni 2017 wurde festgelegt, dass die Grundzulage ab 1. Januar 2018 auf 175 Euro steigt.

Ein Rechenbeispiel auf der Grundlage der Zahlen von 2017 macht den Riester-Vorteil deutlich: Eine alleinstehende Arbeitnehmerin mit einem achtjährigen Kind hat einen Bruttolohn von 2.000 Euro im Monat verdient. Zusätzlich bekam sie 300 Euro Urlaubsgeld und 200 Euro Weihnachtsgeld. Insgesamt betrug ihr Brutto-Jahreseinkommen also 24.500 Euro. Im Jahr 2017 belief sich ihr Beitrag zur Riester-Rente auf 4 Prozent davon, also 980 Euro minus 154 Euro Grundzulage und minus 300 Euro Kinderzulage. Das macht 526 Euro, die die Frau zahlen muss, auf den Monat gerechnet also 43,83 Euro. Für ihre Riester-Rente gutgeschrieben wurde ihr jedoch die Jahressumme von 980 Euro. Nach angenommenen zwanzig Jahren unter gleichen Bedingungen hat die Sparerin eine garantierte zusätzliche Altersvorsorge in Höhe von 19.600 Euro beisammen. Durch eventuelle Steuerersparnis und die Rendite der gewählten Vorsorgeform kann sich diese Summe beträchtlich erhöhen – an selbstgezahltem Geld stecken jedoch nur 10.520 Euro drin.

Wichtige Verbesserungen gibt es seit 2014 beim »Wohn-Riester«. Seither ist es möglich, ohne Nachteile bei der Förderung, den altersgerechten Ausbau der eigenen Wohnung zu finanzieren. Geblieben ist allerdings die Regel, dass die durch »Wohn-Riester« geförderte Immobilie selbst genutzt werden muss. Ein Weitervermieten, etwa einer geförderten Wohnung oder eines Ferienhauses, um so Einnahmen zu generieren, sieht das Gesetz nicht vor. Probleme bekommt auch derjenige, der seinen Immobilienkredit bis zum Rentenalter nicht getilgt hat. Er muss erhaltene Förderungen zurückzahlen.

Das größte Lockmittel bei der Rürup-Rente besteht darin, dass sie im Unterschied zur Riester-Rente keine Bedingungen kennt. Jeder kann sie abschließen, es gibt keinen Mindestbeitrag, und man kann die Höhe der Einzahlung selbst bestimmen. Höhere Einmalzahlungen oder monatliche Raten sind möglich. Die Rürup-Rente kann vorübergehend oder dauerhaft beitragsfrei gestellt werden, wenn das Geld einmal zu knapp ist. Dadurch lassen sich hohe Kündigungskosten des Vertrags – wie bei anderen Altersvorsorgeprodukten, die nicht mehr bedient werden können, erforderlich – umgehen.

All diesen Vorteilen bei Riester und Rürup stehen jedoch auch einige Nachteile gegenüber. Darüber wird öffentlich nicht so gern gesprochen, die Sparer müssen sie aber kennen, um sich für die eine oder andere Variante zu entscheiden oder gleich eine selbstgewählte Altersvorsorge zu betreiben.

Die Fallstricke

Kurz vor der parlamentarischen Sommerpause 2017 schreckte die Antwort der Bundesregierung auf eine Frage der Abgeordneten Sabine Zimmermann (DIE LINKE) die Riester-Sparer auf. Jeder Fünfte der rund 16,5 Millionen Einzahler ließ seine Beiträge ruhen. Die Abgeordnete bewertete das so: »Grundsätzlich hat nur knapp die Hälfte der Förderberechtigten überhaupt einen Riester-Vertrag abgeschlossen ... Viele, die einen Vertrag haben, können irgendwann die Beiträge nicht mehr aufbringen.« Sie schlussfolgerte: »Die Riester-Rente ist gescheitert.«

Letzteres war eine parteipolitische Aussage, die sich aus anderen politischen Blickwinkeln anders darstellt. Dennoch birgt »riestern« einige Fallstricke.

Als die private Zusatzrente eingeführt wurde, gab es viele recht undurchsichtige »Finanzprodukte«, an denen vor allem die Banken und Versicherungen verdienten. Das wirkt bis heute nach, denn Vertrag ist Vertrag und ein vorzeitiges Auflösen eines Riester-Vertrags bringt erhebliche Nachteile mit sich. Ihn ruhend zu stellen, ist die bessere Alternative, auch wenn in dieser Zeit keine staatlichen Zulagen fließen. Im Laufe der Jahre wurde jedoch einiges getan, um die Sache transparenter zu machen.

Fallstricke lauern nach wie vor bei den Bedingungen für die Förderung. Sie führen dazu, dass sich für manche Geringverdiener – also jene, die besonders auf ein Zubrot im Alter angewiesen wären – die Riester-Rente einfach nicht lohnt. Das liegt an der »Grundsicherung«. Wer mit seinen gesamten Einkünften im Alter dieses von den persönlichen Umständen abhängige Existenzminimum nicht erreicht, hat darauf Anspruch. Um die Bedürftigkeit zu berechnen, werden alle anderen Einkünfte addiert, erst dann gibt es den entsprechenden Betrag zum Auffüllen der Lücke. Im Klartext heißt das: Geringverdiener, die eine Rente unter der Grundsicherung zu erwarten haben und mit der Riester-Rente diese Summe erreichen, haben faktisch nicht für sich, sondern nur für »Vater Staat« gespart. Eine Verbesserung gibt es ab 1. Januar 2018 mit Inkrafttreten des Betriebsrentenstärkungsgesetzes. Darin wird festgelegt, dass Betriebs- und Riester-Renten in Höhe bis zu 200 Euro monatlich nicht mehr bei der Grundsicherung angerechnet werden. Das soll die Attraktivität der Riester-Rente für Geringverdiener bis 2.200 Euro brutto im Monat stärken.

Kompliziert wird es in jedem Fall beim Vererben von Riester-Vermögen. Es gibt keine pauschale Regelung; Todeszeitpunkt, Verwandtschaftsgrad und Art der Anlage entscheiden. Außer gemeinsam lebende Ehegatten und Kinder müssen alle anderen Erben mit Abschlägen rechnen.

Besondere Aufmerksamkeit ist bei Versicherungsverträgen geboten, mit denen die Riester-Rente angespart wird. Wer keine Zusatzvereinbarung trifft, die in der Regel mit einer Minderung der späteren Auszahlung einhergeht, kann als Zahler beim Tod alles an die Versicherung verlieren. Dagegen hilft die Festlegung einer Rentengarantiezeit. Üblich sind fünf oder zehn Jahre. Stirbt der Riester-Sparer noch beim Einzahlen, können die bereits angesparten Beträge an den Ehegatten übertragen werden. Der darf die Förderung aber nur dann behalten, wenn die Erbschaft anschließend in einen eigenen Riester-Vertrag fließt. Andere Erben müssen sie in jedem Fall zurückzahlen. Gibt es eine Garantiezeit und der Tod ereilt den Sparer in der Auszahlphase, wird über die gesamte vereinbarte Zeit gezahlt.

Wer statt in eine Versicherung sein »Riester« in Bank- oder Fondssparen investiert, kann das verbleibende Vermögen vererben, wenn noch etwas da ist und er vor dem 85. Lebensjahr stirbt. Allerdings gehen staatliche Zulagen und Steuervergünstigungen dadurch verloren. Bei einem Tod nach dem 85. Geburtstag gibt es keinen Erbanspruch mehr.

Bei Fonds kommt das Risiko der Wertminderung hinzu. Je höher die Renditeversprechen sind, umso größer wird es, denn dann befinden sich mehr Aktien im Fonds. Auf die Anlagepolitik des Fonds hat der Sparer keinen Einfluss. Die Anbieter von Fondssparplänen und fondsgebundenen Rentenversicherungen müssen jedoch den Kapitalerhalt garantieren. Das, was eingezahlt wurde, bekommt man also auch nach der schlimmsten Krise wieder heraus.

Ein weiterer Nachteil ist, dass – je nach Vertrag – zu Rentenbeginn maximal 30 Prozent des gesparten Gesamtkapitals ausgezahlt werden darf. Den Rest gibt es in monatlichen Raten. Das gilt selbst dann, wenn man aufgrund einer Krankheit nur noch eine kurze Lebensdauer zu erwarten hat.

Und auch ein Ruhestand unter Thailands Sonne ist mit »Riester« nicht drin. Wer seinen Ruhesitz in ein Land außerhalb der EU verlegt, muss die komplette Förderung und alle Steuervergünstigungen an den Staat zurückzahlen. Überdies ist es möglich, dass das jeweilige Gastland zusätzlich Steuern auf das verbliebene Renteneinkommen erhebt.

Viel Ärger machen die Auszahlzeiten. Bei bis Ende 2011 abgeschlossenen Verträgen fließt die Riester-Rente frühestens nach Vollendung des 60. Lebensjahrs, danach ab dem 62. Lebensjahr. Eine vorherige Beleihung ist ausgeschlossen. Das Geld ist faktisch bis zur Rente nicht verfügbar.

Will man nicht warten und kündigt den Vertrag, verlangt der Staat die Zulagen und die Steuervergünstigungen zurück. Der Anbieter berechnet Extra-Gebühren, die Kosten für den Abschluss und auch die laufenden Kosten werden nicht erstattet. Alles in allem entsteht so ein erklecklicher Verlust. Auch der Wechsel des Vertrages kann teuer werden. Nur für jene, die nach 2014 abgeschlossen haben, begrenzt der Gesetzgeber die Wechselkosten. Der alte Anbieter darf nur noch maximal 150 Euro in Rechnung stellen, der neue Anbieter nur 50 Prozent des übertragenen Kapitals für die Berechnung der Vertriebs- und Abschlusskosten heranziehen.

Die Kritik bei der Rürup-Rente dreht sich vor allem um die Besteuerung, denn Steuervorteile sind ja die wesentliche Förderung. In der Auszahlphase kassiert das Finanzamt auf der Grundlage des persönlichen Steuersatzes mit. Allerdings fällt die volle Versteuerung erst ab 2040 an, bis dahin gelten von Jahr zu Jahr – ab Auszahlung gerechnet – steigende Teilbeträge.

Zur Falle kann diese Sache für Rürup-Sparer mit weniger hohem Verdienst werden. Es kann passieren, dass sie später für ihre Rente mehr Steuern zahlen müssen, als sie zuvor für gezahlte Beiträge einsparten. Hier wirkt der Hebel: Wer wenig verdient, zahlt auch wenig Steuern und kann demzufolge wenig daran sparen.

Trotz der 2013 eingeführten Verpflichtung der Banken, die »Effektivkostenquote« bei fondsgebundenen Produkten zu nennen, wird in dem Bereich weiter getrickst. Das gilt bei Riester wie bei Rürup. Manche Anbieter rechnen mit Pauschalen und lassen Handels- und Transaktionskosten unter den Tisch fallen. So sind dann die realen Kosten höher als die zuvor genannten. Banksparpläne sind in der Regel eine gebühren- und risikofreie Anlageform. Tests haben gezeigt, dass sie von den Sparkassen weniger gern angeboten werden als Lebensversicherungen verschiedener Vertragspartner. Letztere bringen nämlich dem Berater häufig höhere Provisionen, während der Kunde höhere Gebühren und ein größeres Risiko trägt.

Ohne zusätzlichen (und Geld kostenden) Hinterbliebenenschutz fällt das Kapital bei Tod des Rürup-Sparers der Versicherung zu. Außerdem ist die Rürup-Rente unkündbar und kann daher nur beitragsfrei gestellt oder auf einen anderen Vertrag übertragen werden.

Dass diese private Vorsorge die Bäume nicht in den Himmel wachsen lässt, wissen auch die Politiker. Deshalb haben sie mit der Verabschiedung des Betriebsrentenstärkungsgesetzes am 1. Juni 2017 versucht, ein weiteres Standbein der Altersvorsorge wichtiger zu machen. Auch bisher gibt es für manche – vor allem in großen Unternehmen – Betriebsrenten. Durch weitere Vorteile für Arbeitgeber sollen mehr Firmen animiert werden, gemeinsam mit ihren Arbeitnehmern vorzusorgen. Das erfordert aber auch Kompromisse.

Zukunftsmodell Betriebsrente?

Betriebliche Altersrenten gibt es bislang in fünf verschiedenen Formen: Direktzusage, Pensionskassen, Direktversicherungen, Pensionsfonds und Unterstützungskassen. Ab 1. Juni 2017 kam mit dem Betriebsrentenstärkungsgesetz eine weitere Form hinzu, die ab dem 1. Januar 2018 für neu abgeschlossene Verträge zur Entgeltumwandlung gilt.

Entgeltumwandlung bedeutet, dass vom Bruttolohn ein Teil für Altersvorsorge verwendet wird und somit nicht der Einkommensteuer und den Sozialabgaben unterliegt. Auch für Arbeitgeber fallen in der Einzahlphase die Sozialbeiträge weg. Dafür muss auf die spätere Rentenzahlung der vormalige Arbeitnehmer, der dann Rentner ist, neben Kranken- und Pflegeversicherung auch Einkommensteuer zahlen. Kritiker bemängelten schon vor Einführung des neuen Gesetzes an diesem System, dass dadurch das allgemeine Rentenniveau sinkt, denn es geht ja weniger Geld in die Rentenkasse ein. Von diesem Effekt sind alle betroffen, auch diejenigen, die keine Entgeltumwandlung betreiben oder nicht die Möglichkeit dazu haben.

Ob sich diese Form der Altersvorsorge überhaupt lohnt, hängt wesentlich von deren Rentierlichkeit und dem Alter der Versicherten bei Beginn der Umwandlung ab. Außerdem sind die Steuer- und Sozialabgabesätze während der Beitragsphase ins Verhältnis zur Auszahlungsphase zu setzen. Da Letztere in der Regel in weiter Zukunft liegt, kann niemand verbindlich sagen, was eigentlich herauskommt.

Ungeachtet dieser Einwände wird diese neue Förderform ab 2022 auch bereits bestehende Altverträge umfassen. Sie beinhaltet für Tarifpartner eine Beitragszusage des Arbeitgebers.

Dieses sogenannte Tarifpartnermodell soll Arbeitnehmern, die durch Entgeltumwandlung für ihr Alter vorsorgen, einen Zuschuss ihres Arbeitgebers dazu verschaffen. Das Gesetz verpflichtet die Unternehmen dabei zu 15 Prozent. Als Anreiz gibt es für sie verschiedene Steuervergünstigungen. Wichtig und neu beim Tarifpartnermodell ist, dass Arbeitgeber einen direkten Steuerzuschuss von 30 Prozent der Lohnsteuer des Arbeitnehmers erhalten, wenn sie Beschäftigten mit weniger als 2.200 Euro brutto eine Betriebsrente anbieten. Sie müssen dazu Beiträge zahlen, die zwischen 240 Euro bis 480 Euro jährlich liegen. Im Kalenderjahr beträgt der Förderbetrag somit 72 Euro bis maximal 144 Euro.

Der Haken bei der ganzen Sache: Der Arbeitgeber gibt weder Mindest- oder Garantiezusagen, noch ist der Insolvenzfall abzusichern. Es ist also eine reine Beitragszusage ohne Haftung.

Arbeitgeber und Beschäftigte, die nicht tarifgebunden sind, können vereinbaren, dass die einschlägigen Tarifverträge auch für sie gelten. Arbeitnehmer werden das gern tun wollen, Arbeitgeber haben dazu aber keine gesetzliche Pflicht. Dadurch ist bereits jetzt klar, dass nicht alle Arbeitnehmer in den Genuss dieser Tarifrente kommen werden.

Rentenexperten bemängeln überdies, dass das neue

Gesetz vor allem auf den westdeutschen Arbeitsmarkt zugeschnitten ist. Dort sind Berufsrenten wesentlich weiter verbreitet, als dies im Osten der Fall ist. So verfügte zum Beispiel 2017 in Rheinland-Pfalz fast jeder zweite Berufstätige über eine Berufsrente (47 Prozent), in Sachsen-Anhalt war es nicht einmal jeder vierte (24 Prozent). In Mecklenburg-Vorpommern genossen 25 Prozent diesen Vorteil, in Sachsen 28 Prozent und in Berlin 29 Prozent. Etwas besser sah es in Brandenburg mit 35 und Thüringen mit 37 Prozent aus.

Der Grund für die geringe Zahl von Betriebsrenten in den neuen Bundesländern liegt in einer wesentlich geringeren Tarifbindung als im Westen. Nicht einmal jedes fünfte ostdeutsche Unternehmen (18 Prozent) unterliegt einem Branchentarifvertrag. Firmen- und Haustarifverträge können nach Recherchen des Instituts für Arbeitsmarkt- und Berufsforschung (IAB) gerade 3 Prozent aufweisen. Die Unternehmen haben zwar die Möglichkeit, sich freiwillig den Versorgungswerken anzuschließen, sie müssen es aber nicht tun. Betriebsrenten gehören im Osten noch zu den Ausnahmen.

Weiter schlägt für die ostdeutschen Arbeitnehmer negativ zu Buche, dass Betriebsrenten vor allem in größeren Unternehmen üblich sind. In den neuen Bundesländern bildete und verfestigte sich seit der Jahrtausendwende eine kleinteilige Wirtschaftsstruktur. So erfasste das Statistische Bundesamt beispielsweise für 2002 im Bundesgebiet West 668 Industriebetriebe mit mehr als tausend Beschäftigten, im Bundesgebiet Ost 32. Dieses Verhältnis hat sich in den vergangenen Jahren nicht wesentlich verändert. Zum Erfassungszeitpunkt arbeiteten 44,7 Prozent der ostdeutschen Industrie-Beschäftigten in Kleinstbetrieben mit unter zehn Angestellten oder Kleinbetrieben mit mehr als fünfzig Personen an Belegschaft und nur 16,8 Prozent in Firmen mit mehr als fünfhundert Leuten. Im Westen war die Relation nahezu umgekehrt: 42 Prozent der Arbeitnehmer waren in größeren, nur 24,8 Prozent in kleinen Firmen tätig.

Die beabsichtigten Wohltaten der neu strukturierten Betriebsrente dürften also im Osten keine durchschlagende Wirkung entfalten. Das widerspräche jedoch dem Anliegen, die drohende Altersarmut von Geringverdienern zu mildern. Im Jahr 2017 zählten in den neuen Bundesländern 35 Prozent der Arbeitnehmer dazu, in den alten Ländern waren es nur 19 Prozent.

Für alle zusätzlichen Versicherungen, ob durch Riester, Rürup oder den Betrieb, hat Alt-Bundeskanzler Helmut Kohl (CDU) unbeabsichtigt schon 1984 (und natürlich in anderem Zusammenhang) den wichtigsten Tipp gegeben: »Entscheidend ist, was hinten rauskommt.«

Am besten ist dabei augenscheinlich der geheimnisvolle »Eckrentner« mit seiner Masse magischer Rentenpunkte dran. Aber wer ist das eigentlich?

Der »Eckrentner« und seine Super-Rente

Immer wenn der »Eckrentner« aus der Statistik auftaucht, ruft er beim Leser meist Staunen hervor. Das liegt an seiner Super-Rente. Ab dem 1. Juli 2017 betrug sie im Osten 1.336,05 und im Westen 1.396,35 Euro brutto im Monat.

Diese hohen Summen entstehen, weil der »Eckrentner« nur eine fiktive Musterperson als Kenn- und Orientierungsgröße der Rentenversicherung ist. Bei der Berechnung seiner Rente wird unterstellt, dass er 45 Jahre lang ununterbrochen in die gesetzliche Rentenversicherung eingezahlt hat. Dabei verdiente er vom ersten bis zum letzten Tag genau den jeweiligen Durchschnittsverdienst in Deutschland. Im Jahr 1972, also zu Beginn der Arbeit des »Eckrentners«, betrug er 16.335 DM (entspricht 8.351,95 Euro), bis 2017 stieg er auf (vorläufig festgelegte) 37.103 Euro im Westen und 33.148 Euro im Osten. Für seine Beiträge auf der Grundlage des Durchschnittsverdienstes bekam er jedes Jahr einen Rentenpunkt. Unterm Strich kamen so 45 Rentenpunkte zusammen. Seit dem 1. Juli 2017 hat ein Rentenpunkt im Westen einen Wert (»Rentenwert«) von 31,03 Euro, im Osten von 29,69 Euro.

Als Altersrentner hat Herr Mustermann den Rentenfaktor 1. Er legt die Höhe der Rentenleistung fest und ist vom Sicherungsziel der Rentenart abhängig. Hat sie eine Lohnersatzfunktion, wie es bei der Altersrente der Fall ist, liegt er immer bei 1. Dient die Rente jedoch dem Lohnzuschuss, wie etwa bei teilweiser Erwerbsminderung, oder dem Unterhaltsersatz, wie bei Witwenrenten, liegt er darunter und mindert so trotz gleicher zugrundeliegender Beitragsleistung die Rente.

Nun müssen einfach nur noch Rentenwert, Rentenfaktor und Entgeltpunkte miteinander multipliziert werden, also bei einem West-Rentner 31,03 (Ost: 29,69) mal 1 mal 45, und schon steht eine kapitale Rente auf dem Papier.

Im wahren Leben sieht es ein wenig anders aus, denn wer kassiert schon immer genau den Durchschnittslohn und bleibt von Arbeitslosigkeit verschont. Gegenwärtig bewegt sich die tatsächlich gezahlte Rente um die 800 Euro. Die Statistik braucht immer ihre Zeit, deshalb liegen die genauen Zahlen erst bis 2014 vor. Damals belief sich der durchschnittliche Zahlbetrag, den die Deutsche Rentenversicherung an 25,33 Millionen Rentner jeden Monat überwies, auf 805 Euro. Zum Vergleich: Bis zum 30. Juni 2014 betrug die »Eckrente«-Ost 1.158,30 Euro, ab dem 1. Juli waren es 1.187,55 Euro. Im Westen belief sie sich auf 1.266,30 Euro und stieg dann auf 1.287,45 Euro brutto.

Hintergrund des kräftigen Rentenanstiegs 2014 war neben der neuen Mütterrente (für vor 1992 geborene Kinder) die Rentenanpassung zum 1. Juli. Dabei gab es im Westen ein Plus von 1,67 und im Osten von 2,53 Prozent. Bei den Männern erhöhte sich die Durchschnittsaltersrente dadurch bundesweit von 1.020 auf 1.037 Euro, bei den Frauen von 562 auf 618 Euro.

Unterm Strich ist der »Eckrentner« ein Phantom, das schöne Zahlen hervorbringt, aber kaum den Weg ins Portemonnaie der Seniorinnen und Senioren schafft. Für sie ist letztlich entscheidend, wie viel ein Rentenpunkt wert ist und wie viele sie persönlich davon im Laufe ihres Arbeitslebens bekommen haben.

Eigentlich ist es ein recht einfaches Prinzip: Wer als rentenversicherungspflichtiger Arbeitnehmer genau das deutsche Durchschnittseinkommen erzielt, bekommt einen Rentenpunkt. Hat er mehr, bekommt er auch mehr als einen Punkt, ist es weniger, schlägt sich das nach unten nieder. Nach oben setzt die sogenannte »Beitragsbemessungsgrenze« eine Schranke. Im Jahr 2017 betrug sie in der Renten- und Arbeitslosenversicherung im Westen 76.200 Euro im Jahr (pro

Monat 6.350 Euro), im Osten 68.400 Euro (5.700 Euro im Monat). Für über diese Grenzen verdientes Geld werden keine Beiträge nach dem 2017 gültigen Beitragssatz von 18,7 Prozent (Hälfte Arbeitnehmer, andere Hälfte Arbeitgeber) erhoben. Das bedeutet aber auch, dass die Höhe der erreichbaren gesetzlichen Rente einen Deckel hat.

Am 22. November 2017 beschloss die Bundesregierung, ab 1. Januar 2018 den Beitragssatz für die Rentenversicherung von bisher 18,7 auf nun 18,6 Prozent zu senken. Arbeitnehmer und Arbeitgeber zahlen nicht mehr jeweils 9,35, sondern nur noch 9,3 Prozent des Bruttolohns in die Rentenkasse. Bei einem Einkommen von 3.000 Euro brutto beträgt die Ersparnis für jeden der beiden dadurch 1,50 Euro im Monat (Beispiel für Arbeitnehmer: statt 280,50 Euro nun 279,00 Euro Monatsbeitrag). Die Beitragsbemessungsgrenze steigt 2018 im Westen auf 78.000 Euro, im Osten auf 69.600 Euro im Jahr.

Das durchschnittliche Bruttoarbeitsentgelt aller Versicherten stellt die Bundesregierung auf der Grundlage der Daten des Statistischen Bundesamts fest. Der Bundesrat muss dem zustimmen. Für das Jahr 2015 wurde das Durchschnittsentgelt auf 35.363 Euro im Westen und 30.744 Euro im Osten festgelegt. Für 2016 und 2017 wurden vorläufige Durchschnittsentgelte veranschlagt, die nach Vorliegen der konkreten Zahlen dann endgültig festgeschrieben werden. Sie betragen für 2016 im Westen 36.267, im Osten 31.594 Euro. Für 2017 sind es 37.103 und 33.148 Euro.

Die Berechnung des Rentenpunkts in Ostdeutschland ist etwas komplizierter, weil das Einkommen durch einen jährlich festgelegten »Umrechnungsfaktor« aufgewertet wird. Er soll die noch bestehenden

Lohnunterschiede in Ost und West ausgleichen. Da sie sich verkleinern, sinkt er von Jahr zu Jahr. Im Jahr 2015 betrug dieser Faktor 1,1502, ein Jahr später (vorläufig) 1,1479 und 2017 nur noch 1,1193. Mit ihm wird das durchschnittliche Arbeitsentgelt Ost multipliziert, wodurch es sich erhöht. Erst dann erfolgt die Berechnung des Verhältnisses zum Durchschnittseinkommen West. Rechenbeispiel: Ein ostdeutscher Arbeitnehmer verdient 2.600 Euro im Monat. Das macht aufs Jahr gerechnet 31.200 Euro. Diese Summe wird 2017 mit dem Umrechnungsfaktor 1,1193 multipliziert, so dass für die Rentenberechnung 34.922,16 Euro herangezogen werden. Sie steht in Relation zum Durchschnittseinkommen West von 37.103 Euro. So bekommt der Arbeitnehmer Ost 0,94 Rentenpunkte gutgeschrieben. Ohne den Umrechnungsfaktor wären es nur 0,84. In Euro und Cent bedeutet das, für seine spätere Rente hat er statt 24,94 Euro im Monat einen Anspruch auf 27,91 Euro erworben.

Mit der von 2018 bis 2025 geplanten schrittweisen Angleichung der Renten in Ost und West wird auch der »Umrechnungsfaktor« Stück für Stück wegfallen. Das heißt, die bereits ihre Rente Empfangenden bekommen mehr, weil der Rentenpunkt West mehr wert ist, aber die noch Einzahlenden zahlen drauf. Sie bekommen ihre Rentenpunkte dann nach dem tatsächlichen Verdienst, eine Aufwertung findet dann nicht mehr statt. Das Schlagwort von »Rentenangleichung zwischen Ost und West« ist noch lange keine Garantie für gleich hohe Renten, denn entscheidend bleibt immer die Summe des im ganzen Leben erarbeiteten Einkommens. Das liegt 28 Jahre nach der Einheit im Osten noch spürbar unter dem des Westens. Diese Entwicklung setzt sich zeitversetzt in der Rente fort.

Die häufigsten Rentner-Irrtümer

Sprechen ältere Menschen über ihre Rentenansprüche, ist oft zu hören, sie hätten so und so lange »geklebt«. Das nimmt auf das für einige Gruppen von Versicherten bis 1976 übliche Verfahren Bezug, den Nachweis der Rentenzahlung mit einer Beitragsmarke zu erbringen. Seither »klebt« niemand mehr – aber die Altersrente kommt auch nicht automatisch.

Wer in Rente gehen kann und will, muss dazu einen Antrag bei der Deutschen Rentenversicherung stellen. Das sollte mindestens drei Monate zuvor erfolgen, damit es einen nahtlosen Übergang gibt. Verspätete Anträge, also nach dem möglichen Renteneintrittsalter gestellt, können zu einem späteren Beginn der Rentenzahlung führen.

Falsch ist auch die Annahme, man müsse wenigstens fünfzehn Jahre versichert sein, um einen Rentenanspruch zu haben, und die letzten fünfzehn Jahre seien für die Höhe der Rente besonders wichtig.

Die Mindestversicherungszeit für eine Regelaltersrente beträgt fünf Jahre. Das heißt nicht, dass man diese Zeit gearbeitet haben muss, sondern nur, dass sie als Beitragszeiten gelten. Dazu zählen zum Beispiel auch Kindererziehungs- oder Wehrdienstzeiten. Die Rentenhöhe berechnet sich aus dem gesamten Versicherungsverlauf. Ein höherer Verdienst in den letzten Jahren vor dem Ruhestand wirkt sich darauf positiv aus, entscheidet allein aber nicht über die Rente.

Wer Beitragszeiten von mindestens fünfzehn Jahren zusammenbekommt, kann früher in Altersrente gehen. Wann genau, hängt vom Geburtsjahrgang ab. Jeder Monat vorzeitiger Rente bedeutet aber einen

Abzug von 0,3 Prozent der Brutto-Rente. Der höchstmögliche Abschlag bei der Altersrente beträgt 10,8 Prozent, für »langjährig Versicherte« 14,4 Prozent. Diese Abschläge sind dauerhaft und fallen auch nicht weg, wenn das »richtige« Renteneintrittsalter erreicht ist. Entsteht aus der Rente ein Anspruch für Hinterbliebene, wirken die Abschläge über den Tod hinaus und mindern die Hinterbliebenenrente.

Will man diese Abzüge verhindern, muss das Regelrentenalter abgewartet werden. Ab dem Geburtsjahrgang 1964 liegt es für Frauen und Männer bei 67 Jahren. Bis dahin steigt es kontinuierlich an. Der Jahrgang 1946 war der letzte, der noch mit 65 Jahren ohne Abschläge die Altersgrenze erreichte. Seither geht es in Monatsschritten höher. Für die 1958 Geborenen wird dadurch das Renteneinstiegsalter von 66 Jahren erreicht. Danach folgen dann Erhöhungen von zwei Monaten pro Geburtsjahrgang.

Viele glauben, wer 45 Jahre in die Rentenkasse eingezahlt hat, kann unabhängig vom Lebensalter ohne Abzüge in Rente gehen. Das ist falsch, denn dabei handelte es sich um einen Vorteil, der lediglich bestimmten Jahrgängen zugutekam. Hinter der Kampagne »Rente mit 63« stand politisch der Versuch der SPD, Härten der von ihr ab 2003 angeschobenen Rentenreform zu mildern. Sie hatte als Teil der »Agenda 2010« die Sozialdemokraten nachhaltig die Hälfte ihrer Wählerstimmen gekostet. Ab 1. Juli 2014 konnten deshalb »besonders langjährig Versicherte«, die mindestens 45 Jahre in der gesetzlichen Rentenversicherung versichert waren, schon ab 63 Jahren ohne Abschläge in Rente gehen. Ab Jahrgang 1953 stieg auch die Altersgrenze für »besonders langjährig Versicherte« wieder schrittweise um zwei Monate pro Jahrgang an. Beim

Jahrgang 1954 lag sie bei 63 Jahren und vier Monaten, beim Jahrgang 1955 bei 63 Jahren und sechs Monaten und so weiter. Alle 1964 oder später Geborenen müssen auf die vorzeitige Rente nach 45 Arbeitsjahren bis zum 65. Lebensjahr warten.

Keine Sorgen muss man sich über die Höhe der Rente des Ehe- oder Partners bei eingetragenen Lebenspartnerschaften machen. Sie spielt für die eigenen Bezüge keine Rolle.

Ein weiterer oft zu hörender Irrtum ist, dass eine Rehabilitation die spätere Rente mindern würde. Auch wenn es während der »Reha« weniger Geld gibt, werden normalerweise die Pflichtbeiträge zur Rentenversicherung entrichtet, so dass sich der Rentenanspruch dadurch sogar erhöhen kann.

Ganz umsonst machen sich manche Männer Sorgen, die glauben, es würde nur Witwenrente, aber keine Witwerrente geben. Seit Mitte der 1980er Jahre sind Hinterbliebene gleichgestellt. Stirbt ein Ehepartner, wird zunächst seine volle Rente für das sogenannte »Sterbevierteljahr«, also drei Monate, weitergezahlt. Der Anspruch auf Witwen- oder Witwerrenten besteht, wenn der verstorbene Ehegatte bereits Rente bekam oder bis zu seinem Tod mindestens fünf Jahre Rentenbeiträge entrichtet hat. Gezahlt wird sie ab dem vierten Monat, und ab dann erfolgt auch die Anrechnung des eigenen Einkommens auf die Hinterbliebenenleistung. Unterschieden wird die »Große -« und »Kleine Witwen- und Witwerrente«. Die große Rente fällt nach Vollendung des 45. Lebensjahrs an. Außerdem muss die Ehe mindestens ein Jahr bestehen.

Eine Steuerpflicht auf Renten besteht seit 2005. Im Gegenzug wurden die Rentenversicherungsbeiträge nach und nach steuerfrei gestellt. Da davon die Neurentner allenfalls teilweise profitieren konnten, steigt auch der Steueranteil auf die Rente nur schrittweise an. Das geschah zunächst in Sprüngen von zwei Prozent im Jahr. Ab 2020 wird es noch ein Prozent sein, so dass ab dem Renteneintrittsalter 2040 eine volle Besteuerung anfällt.

Grundsätzlich steuerfrei bleibt das Existenzminimum, in der Finanzamt-Sprache »Grundfreibetrag« genannt. Im Jahr 2018 beträgt er für Ledige 9.000 Euro, für Verheiratete bei gemeinsamer Steuerveranlagung 18.000 Euro. Der Grundfreibetrag wird vom steuerpflichtigen Einkommen abgezogen. Zusätzlich kann der Altersentlastungsbetrag die Steuer mindern. Das ist ein Steuerfreibetrag, der einem Steuerpflichtigen gewährt wird, wenn er vor dem Beginn des Kalenderjahrs, für das das zu versteuernde Einkommen ermittelt wird, das 64. Lebensjahr vollendet hat.

Wie hoch der steuerpflichtige Teil der eventuell darüber liegenden Rente ist, hängt von dem Jahr ab, in dem die Rentenzahlung begann. Wer 2017 in Rente ging, musste 74 Prozent versteuern, für Neurentner 2018 sind es bereits 76 Prozent. Durch die jährliche »Dynamisierung« der Rente, in der Regel also eine Erhöhung, kann es passieren, dass jemand, der bislang keine Steuer zahlte, über die Grenze rutscht und somit steuerpflichtig ist. Das muss jeder selbst prüfen, denn Steuerschulden bleiben zehn Jahre lang bestehen und der Rentenversicherer meldet dem Finanzamt automatisch die Rentenhöhe. Wer sich darum also nicht kümmert, könnte eines Tages in die Lage geraten, eine Nachzahlung leisten zu müssen. Ganz im Gegensatz zu den Minizinsen bei der Bank verlangt das Finanzamt einen gepfefferten Aufschlag.

Der Anteil der zu versteuernden Rente wird zu Beginn der Rentenzahlung festgelegt und ändert sich dann nicht mehr. Sämtliche Rentenerhöhungen wirken sich voll auf das zu versteuernde Einkommen aus. Das heißt, durch Rentenerhöhungen können Rentner in die Steuerpflicht »hineinwachsen«. Wer genau zur Abgabe einer Steuererklärung verpflichtet ist, steht im Paragraphen 46 des Einkommenssteuergesetzes. Faustregel: Rentner, deren Einkünfte über dem Grundfreibetrag liegen, sollten genau nachrechnen. 2016 betrug er 8.652 Euro, 2017 waren es 8.820 Euro pro Person; 102 Euro Werbungskostenpauschale oder höhere nachweisbare Kosten erhöhen diesen Betrag.

Neben der Rente zählen auch andere Einnahmen, zum Beispiel aus Vermietungen, Betriebsrenten oder Kapitalanlagen, zu den steuerpflichtigen Einkünften.

Die Regeln klingen kompliziert, und manchem machen sie Angst. Dennoch gilt: »Unwissenheit schützt vor Strafe nicht«, und für das Finanzamt gibt es längst den gläsernen Bürger. Der wiederum muss sich selbst informieren, wenn er die Pfade im Rentendschungel erkunden will. Sie sind besonders schwer zu finden, wenn es um den komplizierten Prozess der Eingliederung von Rentenansprüchen aus der früheren DDR in die Deutsche Rentenversicherung geht.

Der Eintritt der DDR ins deutsche Rentensystem

Am 3. Oktober 1990 trat die DDR der Bundesrepublik Deutschland bei. Damit wurden alle die Rente betreffenden und bis dahin nur dort geltenden gesetzlichen

Regelungen zur Rente übernommen. Überdies mussten Lösungen gefunden werden, die die Besonderheiten der DDR-Altersversorgung betrafen und demzufolge nur für vormalige DDR-Bürger galten.

Da die DDR, ebenso wie die Bundesrepublik, ihre Rentenzahlungen im Umlageverfahren finanzierte, brachte sie keinen Topf voller Geld mit, aus dem nun gezahlt werden würde. Alle Kosten mussten die Rentenversicherungen und der Bund tragen.

Bei den zu regelnden Problemen ging es um die Zusatz- und Sonderversorgungssysteme, die vormals ausgeübte Beschäftigung und den Rentenbeginn. Bei Letzterem gab es Übergangsregelungen, die »Bestandsrentner« per 31. Dezember 1991, »Zugangsrentner« zwischen dem 1. Januar 1992 und dem 30. Juni 1995 und »Neurentner« unterschieden.

Inhaltlich mussten drei unterschiedliche Komplexe bewältigt werden: die Sozialversicherung mit der Möglichkeit der freiwilligen Zusatzrentenversicherung für alle, die verschiedenen, auf bestimmte Personengruppen zugeschnittenen Zusatzversorgungssysteme und die Sonderversorgungen der einstigen »bewaffneten Organe«.

Die Sozialversicherung der DDR bot allen Bürgerinnen und Bürgern Schutz bei Alter, Invalidität und Tod. Seit 1971 ergänzte sie die Freiwillige Zusatzrentenversicherung (FZR), die in zwei Ausbaustufen Bruttoentgelte von mehr als 600 Mark rentenwirksam werden ließ. Etwa 85 Prozent der Berechtigten schlossen die FZR ab. Sie sicherten sich so nach damaligem DDR-Recht eine spätere Rente von bis zu 90 Prozent ihres jemals erreichten, günstigsten Nettoeinkommens. Diese Rentenzusage wurde nicht in das neue Rentensystem übernommen.

Insgesamt 27 Zusatzversorgungssysteme betrafen unter anderem Angehörige der Intelligenz, Beschäftigte in staatlichen Organen, Parteien und gesellschaftlichen Organisationen. Rund 4 Millionen Menschen hatten dadurch die Aussicht, später eine Rente in Höhe von 60 Prozent des Bruttoverdienstes bis zu 90 Prozent des Nettoverdienstes der fünf oder zehn einkommensstärksten Jahre zu kassieren.

Sonderversorgungssysteme gab es für Angehörige der Nationalen Volksarmee, der Deutschen Volkspolizei, der Zollverwaltung und des Ministeriums für Staatssicherheit. Ihr Versorgungsziel im Ruhestand war die Zahlung von 90 Prozent des Nettoeinkommens der besten Arbeitsjahre als Rente.

Mit dem Vertrag über die Währungs-, Wirtschafts- und Sozialunion vom 18. Mai 1990 wurde die Angleichung an bundesdeutsches Rentenrecht nach der Einheit festgelegt. Zu den Zusatz- und Sonderversorgungssystemen hieß es: »Die bestehenden Zusatz- und Sonderversorgungssysteme werden grundsätzlich zum 1. Juli 1990 geschlossen. Bisher erworbene Ansprüche und Anwartschaften werden in die Rentenversicherung überführt, wobei Leistungen auf Grund von Sonderregelungen mit dem Ziel überprüft werden, ungerechtfertigte Leistungen abzuschaffen und überhöhte Leistungen abzubauen.«

Dazu erließ die letzte DDR-Regierung am 28. Juni 1990 ein Rentenangleichungsgesetz. Es beinhaltete unter anderem für bestehende und neu zugehende Renten eine Zahlbetragsgarantie. Der Vertrauensschutz für »Zugangsrentner« war zeitlich nicht befristet.

Der Einigungsvertrag vom 31. August 1990 eröffnete die Möglichkeit, die Einzelheiten der Rentenversicherung in einem späteren Bundesgesetz zu regeln. Er schrieb als Datum für den Vertrauensschutz der »Zugangsrentner« den 30. Juni 1995 fest und bekräftigte das Ziel, die Renten, ebenso wie die Löhne, in Ost und West anzugleichen. Ein zeitlicher Rahmen dazu wurde nicht gesetzt. Der Einigungsvertrag bestätigte ebenfalls die Schließung der Zusatz- und Sonderversorgungssysteme und die Absicht, ungerechtfertigte Leistungen abzuschaffen und überhöhte Leistungen abzubauen. Ein Kürzungsgrund bestand, »wenn der Berechtigte oder die Person, von der sich die Berechtigung ableitet, gegen die Grundsätze der Menschlichkeit oder Rechtsstaatlichkeit verstoßen oder in schwerwiegendem Maße ihre Stellung zum eigenen Vorteil oder zum Nachteil anderer missbraucht hat«.

Mit Herstellung der Einheit verschwand die DDR als Vertragspartnerin des Einigungsvertrags. Anfang der 1990er Jahre herrschten unterschiedliche Auffassungen darüber, ob er dadurch wie ein einfaches Bundesgesetz behandelt werden dürfe, das der Gesetzgeber jederzeit verändern kann, oder nicht. Auch über den Zeitpunkt des Inkrafttretens der Eigentumsgarantie für vormalige DDR-Bürger, die im Grundgesetz verankert ist, wurde debattiert.

Vor diesem Hintergrund entstand das Rentenüberleitungsgesetz vom 25. Juli 1991. Es begrenzte den Zahlbetrag der Renten auf maximal 2.010 DM im Monat, wenn das vormalige DDR-Versorgungssystem nicht als »systemnah« eingestuft wurde. Bei der Definition dessen, was als »systemnah« galt, ging der Gesetzgeber davon aus, dass davon Betroffene in der DDR automatisch besser als der »Normalbürger« verdienten. Deshalb legte er fest, dass bei früherer Ausübung leitender Funktionen, einer Tätigkeit als

Richter oder Staatsanwalt oder in einer Berufungs- oder Wahlfunktion im Staatsapparat eine Begrenzung des für die Rentenhöhe zu berücksichtigen Arbeitsentgelts von maximal des 1,4-fachen des DDR-Durchschnitts angerechnet würde. Somit gab es pro Berufsjahr für Betroffene dieser Regelung bei 1,4-fachem DDR-Durchschnittsverdienst nur einen Rentenpunkt. Das heißt mit Blick auf den früheren Verdienst: Wer beispielsweise im Jahr 1980, für das das *Statistische Jahrbuch* der DDR einen Durchschnittsverdienst von 1.006,67 Mark auswies, in einer als »systemnah« ausgewiesenen Funktion 1.409,33 Mark verdiente, wurde denen gleichgestellt, die, ohne Staat oder SED besonders verbunden gewesen zu sein, genau den Durchschnitt von 1.006,67 Mark verdienten. Beide bekamen je einen Rentenpunkt.

Für den Zahlbetrag aus dem MfS-Sonderversorgungssystem wurde die Anerkennung von 0,7 Prozent des DDR-Durchschnittsverdienstes festgelegt. Daraus entstand für alle MfS-Angehörigen, unabhängig von ihren Einzahlungen und von der vormaligen Gehaltshöhe, eine Einheitsrente von 802 DM.

Dieser Umgang mit Zusatz- und Sonderversorgungssystemen der vormaligen DDR wurde von Betroffenen vor Gericht angefochten. Das führte zu zahlreichen Veränderungen. 1999 urteilte das Bundesverfassungsgericht endgültig dazu.

Der Streit vor den Gerichten

Mit den Übergangsregelungen entstanden zwei Formen der Rentenbegrenzung. Zum einen wurde – wie im Westen auch üblich – eine Beitragsbemessungsgrenze beim anrechenbaren Jahreshöchstverdienst festgelegt. Dadurch waren maximal noch 1,8 Rentenpunkte pro Arbeitsjahr erreichbar. Zum anderen wurden aus politischen Gründen Ansprüche aus Zusatzversorgungssystemen auf den DDR-Durchschnitt gekürzt, wenn die Betroffenen leitende (»systemnahe«) Funktionen in der DDR ausgeübt hatten.

Gegen dieses Verfahren gab es zahlreiche Klagen vor Gericht. Der Knackpunkt bestand dabei in der Unterstellung durch den Gesetzgeber, dass die höheren DDR-Gehälter nicht wegen der erbrachten Leistung, sondern aufgrund von – nicht näher definierten – Privilegien gezahlt wurden.

Im Januar 1993 entschied das Bundessozialgericht dazu zugunsten der Kläger. Das Rentenüberleitungsgesetz musste geändert werden. Deshalb entstand nun das Rentenüberleitungs-Ergänzungsgesetz (Rü-ErgG) vom 24. Juni 1993.

Die neue Regelung nahm verschiedene Rentenkürzungen zurück. Die bisherige generelle Kappungsgrenze der Rente wurde von 2.010 DM auf 2.700 DM erhöht. Davon profitierten DDR-Besserverdiener, wenn sie nicht den Einkommensgrenzen der »staatsnahen« Funktionen unterlagen. Auch dafür galt nun eine neue Rechnung. Betrug das persönliche Arbeitsentgelt nicht mehr als das 1,6-fache des DDR-Durchschnitts, wurden jetzt 1,4 Rentenpunkte angerechnet.

Auch diese Regelung wurde von Betroffenen vor Gericht angefochten. Nach weiteren Prozessen erfolgte mit dem »Gesetz zur Änderung und Ergänzung des Anspruchs- und Anwartschaftsüberführungsgesetzes« vom 11. November 1996 eine wesentliche Einschränkung des Personenkreises, von dem angenommen wurde, er habe aus politischen Gründen in der DDR ein überhöhtes Gehalt bezogen. Ab 1. Januar 1997 galt nun, dass nur noch DDR-Funktionäre, die im Jahr 1988 mehr als 31.800 Mark – das entsprach 2.650 Mark im Monat – verdienten, auf einen Rentenpunkt pro Arbeitsjahr zurückgestuft wurden. Bis zum Verdienst von 31.799 Mark im Jahr gab es hingegen 1,8 Rentenpunkte.

Damit blieben nicht mehr viele Menschen übrig, die sich durch die Rentenregelungen benachteiligt fühlten. Dennoch ging der Streit weiter. Am 28. April 1999 fällte das Bundesverfassungsgericht dazu drei Urteile. Am wichtigsten dabei war die Verpflichtung des Gesetzgebers, auch für Neu-Bundesbürger den Eigentumsschutz des Artikels 14 Grundgesetz einzuhalten. Weiterhin kritisierte es die typisierende und schematische Vorgehensweise bei den als »systemnah« eingestuften Funktionen und die unterschiedliche Rentenberechnung bei »Bestandsrentnern« mit und ohne Zusatz- oder Sonderversorgungssystem.

All das führte zu einer erneuten Gesetzesänderung. Dieses Mal hieß es »Zweites Gesetz zur Änderung und Ergänzung des Anspruchs- und Anwartschaftsüberleitungsgesetzes« vom 27. Juli 2001.

Zu den wichtigsten Neuregelungen gehörten unter anderem: die Ausdehnung des Vertrauensschutzes für rentennahe Jahrgänge bis zum 30. Juni 1995, die Aufhebung der Kappungsgrenze für »nicht systemnahe« Zusatzversorgungssysteme und eine günstigere Neuberechnung bei Bestandsrenten.

Damit schmolz die Gruppe derer, die sich benachteiligt fühlten, erneut zusammen. Dennoch musste sich das Bundesverfassungsgericht auf Initiative der Betroffenen mit drei weiteren Normenkontrollverfahren beschäftigen. Wieder ging es um die Begrenzung anrechenbarer Arbeitseinkommen aus DDR-Zeiten. Am 23. Juni 2004 rügten die Richter, dass es nach wie vor seitens der Bundesregierung keine belastbaren Erkenntnisse darüber gab, ob und in welchen Bereichen der früheren DDR »politische Gehälter« gezahlt wurden. Deshalb entstand in der Folge wieder einmal ein neues Gesetz mit kompliziertem Namen: das »Erste Gesetz zur Änderung des Anspruchs- und Anwartschaftsüberführungsgesetzes« vom 21. Juni 2005. Es begrenzte erneut den Kreis derer, die wegen »Systemnähe« gekürzte Renten erhielten. Davon betroffen blieben nun nur noch jene in genau den Zeiten, in denen sie Funktionen im SED-Parteiapparat, der Regierung oder dem DDR-Staatsapparat ausübten, die auch eine Weisungsbefugnis gegenüber dem Ministerium für Staatssicherheit beinhalteten. Außerdem wurden die höchsten Ebenen der DDR-Kadernomenklatur einbezogen.

Alle anderen Rentner mit Zusatzversorgungen aus DDR-Zeiten konnten nun pro Arbeitsjahr bis zu 1,8 Rentenpunkte, abhängig vom vormaligen persönlichen Verdienst, erreichen.

Dieser jahrelange Streit um die Rente aus DDR-Zeiten war von heftigen und kontroversen Diskussionen begleitet. Vor allem Menschen, die in der DDR aus politischen Gründen in ihrer Entwicklung behindert wurden, dadurch nur wenig verdienten und in der Folge auch nur kleine Renten erhielten, fühlten sich unverstanden und ungerecht behandelt. Ihnen stand die schrumpfende, aber sich lautstark artikulierende Gruppe jener gegenüber, die mehr Rente verlangten, weil sie früher schon Spitzenverdiener waren. Sie gerierten sich gern als »Opfer des DDR-Anschlusses an die Bundesrepublik« und nennen ihre gekürzten Altersbezüge bis heute »Strafrente«.

Völlig vergessen scheint, wie nach dem Krieg in der Sowjetischen Besatzungszone Repräsentanten des vorangegangenen NS-Regimes behandelt wurden. Allein die bloße Mitgliedschaft in der NSDAP reichte eine Zeitlang, sie von jeglicher Rentenzahlung und dem Bezug von Lebensmittelkarten auszuschließen.

Trotz der sehr emotional geführten Auseinandersetzungen wurden mit der Herstellung der deutschen Einheit für die weitaus überwiegende Zahl der Rentner, die durch die wirtschaftlichen Umbrüche manchmal ungewollten vorzeitigen Ruheständler und die in jenen Jahren die Altersgrenze erreichenden Frauen und Männer zufriedenstellende Lösungen gefunden. Dabei spielten auch Bestandsschutzregelungen eine wichtige Rolle. Die Umstellung der DDR-Rente auf das System der alten Bundesrepublik ermöglichte der älteren DDR-Generation eine umfangreiche Teilhabe an den neuen Freiheiten und Konsummöglichkeiten.

Die Zufriedenen

Das Geld spielte in der DDR eine weitaus geringere Rolle, als dies heutzutage der Fall ist. Das hatte weniger mit den begrenzten Nutzungsmöglichkeiten der DDR-Mark zum Kauf von Waren und Dienstleistungen, sondern mehr mit dem Gefühl einer sozialen Ausgewogenheit zu tun. Wer zwischen 1.000 und 1.200 Mark im Monat verdiente, was etwa dem Durchschnitt entsprach, war in aller Regel zufrieden. Meist verdienten die Frau und der Mann in der Familie. Gleicher Lohn für gleiche Arbeit war Gesetz, die im Westen verbreitete Hausfrauentätigkeit eher die Ausnahme. Grundbedürfnisse, wie Mieten, Strom, Heizung und Verkehr, wurden ebenso vom Staat stark subventioniert wie Kinderbetreuung und -kleidung, Lebensmittel des Grundbedarfs und Kultur. Dadurch existierte eine sogenannte »zweite Lohntüte«, die den großen Abstand zwischen Ost- und West-Löhnen und -Renten etwas relativierte. Mit der Einführung der DM in der DDR fiel sie – in manchen Bereichen schrittweise, in anderen schlagartig – weg.

Diese absehbare Entwicklung sollte für damals vor oder bereits im Rentenalter stehende DDR-Bürger kompensiert werden. Dazu wurde allen über 60 Jahre alten Frauen und Männern mit der Währungsunion ein erhöhter Vermögensanteil von 6.000 DDR-Mark eins zu eins in DM umgetauscht, während jüngere Erwachsene 4.000 und Kinder 2.000 Mark zu diesem Kurs wechseln durften.

Auch bei der Rentenberechnung versuchte man, keine gravierenden Nachteile aus den in der DDR vergleichsweise niedrigeren Arbeitsentgelten entstehen zu lassen. Deshalb wurde das in der DDR bezogene Entgelt durch einen Umrechnungsfaktor so weit erhöht, dass es etwa dem damaligen bundesdeutschen Durchschnitt entsprach.

Für das Jahr 1989 lag der Umrechnungsfaktor bei 3,2330. Wie er wirkte, machte die Rentenversicherung an einem Rechenbeispiel deutlich: »Für einen Durchschnittsverdiener in der DDR, der im Jahr 1989 für ein Jahresentgelt von 12.392 M Beiträge gezahlt hat, wird dieser Wert mit dem Umrechnungsfaktor 3,2330 erhöht. Für die Berechnung der Entgeltpunkte wird also ein Entgelt von 40.063 DM (12.392 M × 3,2330) zugrunde gelegt. Dieses Entgelt wird dann ins Verhältnis zum Durchschnittsentgelt (1989: 40.063 DM) gesetzt. Der Durchschnittsverdiener bekommt so für das Jahr 1989 einen Entgeltpunkt zugeordnet.«

Damit bekam ein Ost-Rentner ebenso wie ein West-Durchschnittsverdiener einen Rentenpunkt pro Arbeitsjahr. Der Wert dieser Punkte lag jedoch weit auseinander. Im Jahr 1990 betrug er in den neuen Bundesländern 15,95 DM, in den alten 39,58 DM. Durch größere Steigerungen im Osten, ab 1. Juli 1992 um 12,73 Prozent und ein Jahr darauf um weitere 14,12 Prozent, verringerte sich die Lücke. Per 31. Dezember 1995 war der Rentenpunkt Ost 36,33 DM, der Rentenpunkt West 46,23 DM wert. Weitere höhere Steigerungen im Osten als im Westen verkleinerten systematisch den Unterschied.

Um Brüche bei der Rentenanpassung zu vermeiden, wurden durch Übergangsregeln eine Zahlbetragsgarantie und ein Vertrauensschutz eingeführt.

Bereits bestehende DDR-Renten stellte die Rentenversicherung auf der Grundlage der Arbeitsjahre und des persönlichen Durchschnittseinkommens der letzten zwanzig Arbeitsjahre in der DDR zum 1. Januar 1992 um. Die Vertrauensschutzregelung galt für Versicherte, deren Rentenbeginn zwischen dem 1. Januar 1992 und dem 31. Dezember 1996 lag. Für sie wurde eine vom DDR-Rentenrecht ausgehende Vergleichsrente gezahlt.

Durch beide Maßnahmen konnte es passieren, dass die auszuzahlende Rente nun höher als die nach den bereits geltenden Regeln der bundesdeutschen Sozialversicherung lag. In diesen Fällen bekamen die Rentnerinnen und Rentner die höhere Summe. Die Differenz (»Auffüllbeträge« genannt) wurde mit den folgenden Rentenerhöhungen »abgeschmolzen«.

Diese Regelungen wurden damals offenbar nur schwer verstanden, was sich in der Diskussion darüber widerspiegelte. Insbesondere sahen die Betroffenen meist nicht, dass sie bereits höhere Renten bekamen, als sie ihnen nach der Gesetzeslage eigentlich zustanden. Vor diesem Hintergrund fühlten sich manche durch das »Abschmelzen« bei Rentenerhöhungen benachteiligt. Die Korrektur von Unstimmigkeiten ließ die Gruppe der mit ihrer Rente Unzufriedenen jedoch stetig kleiner werden. Dabei war vor allem auch die Entscheidung des Bundesverfassungsgerichts vom 28. April 1999 von Bedeutung. Sie kippte die damals geltende Zahlbetragsbegrenzung der Rente auf 2.700 DM, weil sie einen Eingriff in das vom Grundgesetz geschützte Eigentum darstellte.

Nach der kräftigen Rentenerhöhung zum 1. Juli 2016 erreichte das Rentenniveau Ost 94,1 Prozent des West-Niveaus. Mit der Erhöhung von 1,90 Prozent im Westen und 3,59 Prozent im Osten per 1. Juli 2017 verringerte sich die Lücke auf noch verbleibende 4,3 Prozent.

Für Bestandsrentner in den neuen Bundesländern wirken nach wie vor die langen und ungebrochenen Arbeitsbiographien in der DDR als gewichtige Faktoren. Sie stellen besonders Frauen, die ihr Leben lang oder einen großen Teil davon ein eigenes Einkommen erzielten, besser als West-Frauen gleicher Jahrgänge. Auch für Neurentner der Geburtsjahrgänge Anfang der 1950er Jahre, die in der DDR je nach Ausbildung Ende der 1960er, Anfang der 1970er Jahre ins Arbeitsleben traten, sind diese Zeiten noch ein stabiles Polster.

Die Unzufriedenen

Unter den Angehörigen der DDR-Elite, die nach dem Zusammenbruch ihres Staates eine gekürzte Rente bekamen, bildeten die ehemaligen rund 100.000 Mitarbeiter des Ministeriums für Staatssicherheit (MfS) eine besondere Gruppe. Ihre Rentenbezüge wurden so gekürzt, dass sie einem Ruhestandbezug auf der Basis von 0,7 Prozent des DDR-Durchschnittseinkommens glichen. Hinzu kam, wie bereits berichtet, eine Einheitsrente ohne Berücksichtigung des vormaligen Verdienstes für alle MfS-Angehörige. Susanne Becker, Sprecherin des Berliner Sozialgerichts, bekräftigte das im April 2004: »Bisher erhalten alle Ex-MfS-Mitarbeiter die gleiche Rente vom Arbeiter bis zum Hochschulabsolventen. Qualifizierte sind also von der Pauschal-Kürzung besonders betroffen, denn normale DDR-Bürger wurden in fünf Gruppen unterteilt, mit hohen Ansprüchen für Akademiker, niedrigeren für Arbeiter.«

Gegen diese Einheitsrente von 802 DM nach dem Ende der DDR erfolgten etwa 30.000 Einsprüche. Sie führten bis vor das Bundesverfassungsgericht.

Die Karlsruher Richter entschieden mit Urteil vom 28. April 1999, dass die Kürzung auf 0,7 Prozent DDR-Durchschnitt als Grundlage der Rentenberechnung ebenso wie die »Begrenzung von Zahlbeträgen der Leistungen des Sonderversorgungssystems des Ministeriums für Staatssicherheit/Amtes für Nationale Sicherheit auf 802 DM monatlich« dem Artikel 14 des Grundgesetz, Schutz des Eigentums, widersprach.

Das führte zu einer Gesetzesänderung. Danach galt nun das DDR-Durchschnittseinkommen als Basis einer einheitlichen Rente für die vormaligen MfS-Mitarbeiter.

Gegen die damit zwar erhöhte, aber weiter bestehende Begrenzung der berücksichtigungsfähigen Arbeitsentgelte und Arbeitseinkommen wurde eine Verfassungsbeschwerde am 22. Juni 2004 nicht zur Entscheidung angenommen. Das Bundesverfassungsgericht hatte die verfassungsrechtliche Zulässigkeit der Berücksichtigung von Arbeitsentgelten im MfS lediglich bis zur Höhe der jeweiligen Durchschnittsentgelte bestätigt. Weiter stellte es fest, dass der Gesetzgeber zu einer weitergehenden Berücksichtigung der Arbeitsentgelte laut Grundgesetz nicht verpflichtet sei.

Allerdings ließen die Verfassungsrichter 1999 und 2004 die Möglichkeit offen, die Angelegenheit nochmals zu überprüfen, wenn »neue Tatsachen« über die Einkommensstruktur des MfS vorlägen.

Das führte dazu, dass die Renten für vormalige MfS-Mitarbeiter auch fast zwanzig Jahre nach der Einheit noch Gerichte beschäftigten. Auf der Grundlage eines neuen Gutachtens, das beweisen sollte, dass Mitarbeiter des DDR-Ministeriums für Staatssicherheit kein überhöhtes Einkommen hatten, klagte Ende 2008 die Witwe eines früheren »Offiziers im besonderen Einsatz« (OibE) auf eine Rentennachzahlung von rund 45.000 Euro.

Der Fall: Reinhard L. (†73) kam als Physiker 1958 zur »Hauptverwaltung Aufklärung« und war als Major für das MfS bei der Akademie der Wissenschaften tätig. Er bezog zu DDR-Zeiten ein Jahresgehalt von 29.000 Mark. Davon bekam er 25.000 Mark für seine Arbeit als Wissenschaftler und 4.000 Mark zusätzlich vom MfS. Das führte zuletzt zu einer monatlichen Rente von 1.001 Euro. Richter Michael Kanert stützte sich auf das von der Klägerin vorgelegte Gutachten und stellte fest: »1988 lag das durchschnittliche Jahresgehalt beim MfS bei 19.416 DDR-Mark, in der Volkswirtschaft waren es 12.180. Damit verdiente man bei der Stasi knapp 60 Prozent mehr.« Daraus schlussfolgerte er: »Keine zivile Branche kam an das MfS-Einkommen heran.« Die Anwälte der Klägerin hielten ihm entgegen: »Aber die Einkommen für frühere Angehörige der NVA und des Ministeriums des Innern wurden nicht gekürzt.« Dafür sah der Richter folgenden Grund: »Bei der Armee verdiente man nach dem Gutachten rund 20 Prozent weniger als bei der Stasi.« Kanert wies die Klage ab und ließ wegen der grundsätzlichen Bedeutung des Prozesses lediglich die Sprungrevision zum Bundessozialgericht zu.

Mit ihrer Rente unzufrieden waren auch Wissenschaftler der früheren DDR, die nach dem 30. Juni 1995 in den Ruhestand gingen. Bei diesen »Neurentnern« wirkte die Begrenzung des anrechnungsfähigen Arbeitsentgelts durch die derweil mit den Überführungsgesetzen entstandene Beitragsbemessungsgrenze. Ihre Vorgänger genossen als »Bestandsrentner« hingegen die Zahlbetragsgarantie und den Vertrauensschutz. In Einzelfällen führten die neuen Regeln dazu, dass die Rente nun etwa nur noch ein Drittel der vormaligen Leistungsbezüge umfasste.

Eine Analyse der Wissenschaftlichen Dienste des Deutschen Bundestags unter der Registriernummer WF VI–91/02, 4/03 zum Thema »Die rentenrechtliche Situation der Wissenschaftler aus der ehemaligen DDR« lässt vermuten, dass die Rentenkürzung im politischen Konsens erfolgte. Unter Verweis auf das Anspruchs- und Anwartschaftsüberführungsgesetz heißt es dort: »Damit war auch über die Altersversorgung der Dozenten, Professoren und Wissenschaftler der ehemaligen DDR entschieden: Aus dem ersten Staatsvertrag und dem Einigungsvertrag ergibt sich, dass die Angehörigen dieser Berufsgruppen das Versorgungsniveau ihrer beamteten Kollegen in den alten Bundesländern nicht erreichen sollten. Diese Vereinbarung lässt sich keineswegs auf ein Missverständnis, eine ungewollte Regelungslücke o. ä. zurückführen.«

Unstrittig dürfte sein, dass bei allen Rentenkürzungen der politische Wille vorhanden war, Angehörige der vormaligen DDR-Elite durch die Übernahme ins bundesdeutsche Rentenrecht nicht zu bevorzugen, weil sie früher mehr als »Normalbürger« verdienten und so höhere Ansprüche erwarben. Dabei aufgetretene Überspitzungen wurden durch die auf Gerichtsentscheidungen folgenden Gesetzesänderungen korrigiert. Rentenrecht ist kein Strafrecht. Wird dennoch bis heute von »Strafrente« gesprochen, sei daran erinnert, dass die DDR nach einem demokratischen Prozess der Bundesrepublik beitrat und sich damit auch der dort herrschenden Gesetzgebung unterwarf. Wenn nun jene, die ihren Beitrag zum Zusammenbruch der DDR geleistet haben, beklagen, dass damit auch die früheren DDR-Eliten verschwanden, ist das wohl ein recht eingeschränkter Blick auf den Lauf der Geschichte.

Unbeschadet davon, gibt es aber auch bei der Rente einige ungelöste Probleme, die bis heute andauern.

Die Benachteiligten

Einen manchmal recht herben Verlust bei der Rente beklagen jene, die während der Existenz der DDR durch Flucht, Freikauf oder Ausreise in die Bundesrepublik gelangten. Betroffen sind die nach 1936 Geborenen, die vor dem 19. Mai 1990 übersiedelten.

Bei ihrer Ankunft im Notaufnahmelager Gießen erhielten sie den »Wegweiser« des Bundesinnenministeriums, der unter Punkt 17 mitteilte: »Flüchtlinge und Übersiedler aus der DDR und Berlin (Ost) werden in der gesetzlichen Rentenversicherung grundsätzlich so behandelt, als ob sie ihr gesamtes Arbeitsleben in der Bundesrepublik Deutschland zurückgelegt hätten.« Die gesetzliche Grundlage dazu bildete das Fremdrentengesetz von 1960. Es regelte Ansprüche von Deutschen, die »vor ihrem gewöhnlichen Aufenthalt in der Bundesrepublik aufgrund von Kriegsfolgen außerhalb des Geltungsbereichs des Grundgesetzes gelebt und gearbeitet haben«. Ihre spätere Rente wurde auf der Grundlage des Durchschnittseinkommens ihres Berufs in Deutschland berechnet. Dadurch bekam beispielsweise ein deutschstämmiger »Spätaussiedler« aus Polen, der dort Bankangestellter war, die gleiche Rente wie sein Kollege in der Bundesrepublik oder ein Busfahrer aus Rumänien so viel wie ein Busfahrer in seiner neuen Heimat Bayern.

Im Jahr 1991 beschloss der Bundestag das Rentenüberleitungsgesetz. Damit wurden die in der DDR erworbenen Rentenansprüche anerkannt, jedoch nicht den westdeutschen Renten gleichgestellt. Die folgenden Ergänzungsgesetze bestimmten, dass für Übersiedler aus DDR-Zeiten nur noch die Versicherungsbiographie Ost galt. Der Hintergrund lag bei den Finanzen. Nach der Grenzöffnung 1989 in Ungarn kamen knapp 400.000 DDR-Bürger in den Westen. Sie sollten bei der künftigen Rente dem Rest der vormaligen DDR-Bevölkerung gleichgestellt werden, die nun ebenfalls zum Rentensystem West gehörte. Überdies wollte man eine zusätzliche finanzielle Belastung der Rentenversicherung verhindern, denn die Zahlungen nach dem »Fremdrentengesetz« wären wesentlich höher als die nach der DDR-Rentenbiographie gewesen. An die Übersiedler aus der Zeit vor dem Mauerfall dachte dabei niemand. Nun führte die neue Gesetzeslage dazu, dass auch diese Gruppe von etwa 317.000 Menschen so behandelt wurde, als seien sie stets DDR-Bürger geblieben.

Viele der Betroffenen erfuhren davon erst, als sie ihre Rentenanträge stellten. Unerwartet fielen ihre zu erwartenden Bezüge – je nach vorherigem Verdienst – um zwischen 15 und 600 Euro geringer aus, als erwartet.

Die Gleichstellung der »Altübersiedler« mit den Neu-Bundesbürgern empfanden Erstere als ungerecht. Oft waren sie unter Lebensgefahr durch Flucht, nach Gefängnisaufenthalten in der DDR mittels Freikauf und in fast jedem Fall unter Verlust ihres Eigentums in den Westen gelangt. Seit Jahren versuchen sie, auf den offensichtlich nicht beabsichtigten Fehler im System aufmerksam zu machen. Im Jahr 2011 fand im Petitionsausschuss des Bundestags ein Antrag der damals in der Opposition stehenden SPD breite Zustimmung: Wer die DDR vor dem Mauerfall verlassen hatte, sollte Rente nach dem Fremdrentengesetz bekommen. Der Vorstoß scheiterte aber am Widerstand der damaligen Sozialministerin Ursula von der Leyen (CDU) und der regierenden CDU/CSU in Koalition mit der FDP. In der nachfolgenden Großen Koalition aus CDU/CSU und SPD blockierte die SPD-Arbeits- und Sozialministerin Andrea Nahles eine Lösung und verwies auf »verfassungsrechtliche Bedenken«. 2016 schmetterte die Regierung einen Antrag von Grünen und Linken ab. Eine Verfassungsbeschwerde der Altübersiedler nahm das Bundesverfassungsgericht Anfang 2017 wegen formaler Mängel nicht an.

Eine weitere Gruppe, die sich ungerecht behandelt fühlt, sind Frauen aus der früheren DDR, die bis zum 31. Dezember 1991 geschieden wurden.

Anders als im Westen wurden in der DDR bei Scheidungen Rentenansprüche nicht geteilt, denn im Osten glichen sich die Arbeitsbiographien der meisten Frauen und Männer. Geschiedene Frauen in den alten Bundesländern werden hingegen seit 1977 durch einen »Versorgungsausgleich« vor Altersarmut geschützt. Seine Notwendigkeit beruht auf dem dort weitgehend üblichen Familienmodell, in dem der Mann als »Versorger« fungierte und die Frau ohne eigenes Einkommen den Haushalt versah und die Kinder erzog. Familienrechtler Christopher Prüfer erklärt den Umfang des Ausgleichs nach einer Scheidung: »In den Versorgungsausgleich fließen alle Versorgungen ein, die die Ehepartner durch Berufstätigkeit während der Ehe erworben haben. Nicht ausgleichsfähig sind hingegen Leistungen, die Entschädigungscharakter haben. Dazu zählen Renten aus gesetzlichen und privaten Unfallversicherungen oder Renten nach dem Bundesversorgungs-, Lastenausgleichs- oder Bundesentschädigungsgesetz. Auch Lebensversicherungen bleiben außen vor, werden allerdings bei der Aufteilung des ehelichen Zugewinns berücksichtigt.«

Mit diesem Vorgehen sollte vor allem dann ein Ausgleich getroffen werden, wenn es wegen Kindererziehung oder Minderarbeit während der Ehe erhebliche Einkommensdifferenzen gab.

Zum Zeitpunkt der Einheit waren davon auch rund 900.000 DDR-Frauen betroffen. Inzwischen leben noch etwa 300.000 bis 400.000 von ihnen. Sie bekommen aufgrund ihrer DDR-Rentenbiographie Mini-Renten und sind oft auf Grundsicherung angewiesen.

Seit 1992 haben viele Frauen zunächst im Alleingang versucht, eine bessere Lösung zu erlangen. Das blieb erfolglos. Deshalb gründeten einige von ihnen 1999 den »Verein der in der DDR geschiedenen Frauen«, der sich für dieses Ziel einsetzt.

Ein Vorstoß beim für Frauen-Diskriminierung zuständigen UN-Menschenrechtsausschuss (CEDAW) Anfang 2016 mit dem Ziel, ein Untersuchungsverfahren gegen Deutschland zu eröffnen, blieb ohne Erfolg. Die Parlamentarische Staatssekretärin im Bundesfamilienministerium, Elke Ferner (SPD), teilte dazu mit: »Eine Diskriminierung der nach DDR-Recht geschiedenen Frauen wurde nicht festgestellt.« Außerdem betonte die Politikerin, dass die Bundesregierung die Angelegenheit mehrfach untersucht habe. Ergebnis: »Alle Prüfungen haben gezeigt, dass diese Thematik nicht lösbar ist, ohne an anderer Stelle neue Ungerechtigkeiten zu schaffen.«

Das sehen die betroffenen Frauen anders. Dorothea Seefeld erklärt für den »Verein der in der DDR geschiedenen Frauen«, worin ihrer Meinung nach die Ungerechtigkeit besteht: »Im DDR-Rentensystem gab es ... einige frauenspezifische Elemente wie Zurechnungsjahre für Kinder, weitere für Erwerbsarbeit, eine großzügigere Berechnung der Arbeitsjahre überhaupt: Ausbildung und Teilzeitjahre wurden voll mitgezählt. All diese Jahre wurden mit dem Durchschnittslohn der letzten zwanzig Jahre zur Rente berechnet ... Großzügigerweise bekamen die Frauen auf Grundlage der Arbeitsjahre, einschließlich der Zurechnungszeiten, einen Festbetrag dazu. Dazu gab es die Möglichkeit, bei familienbedingten Ausfallzeiten durch den Beitrag von 3 Mark die Rentenanwartschaften zu erhalten. Allein dadurch konnte eine Frau schon eine Mindestrente erreichen ... Und eine Mindestrente ist wesentlich mehr als die heutige Grundsicherung. Mühsam Erspartes bleibt unangetastet. Die Mindestrente wird wie jede Rente regelmäßig angepasst ... Man darf nicht vergessen, dass zur Rente in der DDR weitere ›geldwerte‹ Leistungen kamen. Rentner/innen konnten fast überall mit ermäßigten Eintrittspreisen rechnen, brauchten keine Kranken- und Pflegeversicherungsbeiträge zu zahlen, Wohnungen von Rentnern waren unkündbar, Zuverdienst war unbegrenzt möglich, die Lebenshaltungskosten waren allgemein niedrig usw. So war ein Versorgungsausgleich in der Rente nicht nötig ... die Alterssicherung der Frau war unabhängig von ihrem geschiedenen Partner und der Dauer der Ehe.«

Dennoch ist eine Änderung der bestehenden Gesetzeslage nicht zu erwarten. Für die betroffenen Frauen bleibt damit oft nur die Alternative, zu arbeiten, wenn sie vielleicht ein wenig mehr als die magere Grundsicherung im Alter haben möchten. Dabei sind ganz genau die Zuverdienstgrenzen zu beachten. Wer das nicht tut, schwebt in der Gefahr, dass die verschiedenen Bezüge gegeneinander aufgerechnet werden. Besonders zu warnen ist vor dem Versuch, die gesetzlichen Regelungen mit »Schwarzarbeit« zu umgehen.

Alt auf Arbeit

Als der Deutsche Bundestag 2007 beschloss, ab 2012 die Altersgrenze schrittweise auf 67 anzuheben, stimmten in namentlicher Abstimmung von 581 anwesenden Politikern 408 Abgeordnete für das Gesetz von CDU/CSU und SPD. Dagegen waren 169 Parlamentarier. Es gab vier Enthaltungen.

Der damalige SPD-Sozialminister Franz Müntefering erklärte unumwunden, dass diese Maßnahme nötig sei, um den Erhalt des Rentensystems zu sichern: »Wir haben die Verantwortung für morgen und für kommende Generationen, wir müssen handeln.«

Das war eine bislang beispiellose Kehrtwende in der Arbeitsmarktpolitik. Seit Mitte der 1980er Jahre wurde die hohe Arbeitslosigkeit älterer Arbeitnehmer systematisch durch verschiedene Frühverrentungswellen gedrückt. Der damalige CDU-Arbeitsminister Norbert Blüm hoffte, die Älteren würden so Platz machen und damit den Jüngeren den Einstieg in den Job erleichtern.

Dazu ermöglichte das zwischen 1984 und 1988 angewandte Vorruhestandsgesetz mit 58 Jahren einen staatlich geförderten und somit komfortablen Ausstieg aus dem Arbeitsleben. Rund 160.000 Menschen nahmen das Angebot an. Im Jahr 1995 war von fünf 60- bis 64-Jährigen im Schnitt nur noch knapp einer erwerbstätig. Es folgte das ebenfalls geförderte Altersteilzeitgesetz, dass zwischen 1996 und 2009 mehr als 670.000 Ältere als Pfad in den vorzeitigen Ruhestand nutzten.

Wer bereits arbeitslos war, wurde mit der sogenannten 58er-Regelung aus der Arbeitsmarkt-Statistik manipuliert. Der Deal: Seit dem 20. Dezember 1985 mussten sich Arbeitslose ab 58 Jahren nicht mehr um einen neuen Job bemühen und erhielten dennoch bis zur Rente Arbeitslosengeld beziehungsweise -hilfe. Die Höhe der Arbeitslosenhilfe hing damals vom vormaligen Verdienst ab und konnte mit einem Nebenjob aufgestockt werden. Mit der Zusammenfassung von Arbeitslosen- und Sozialhilfe zum »Arbeitslosengeld II«, auch »Hartz IV« genannt, entstanden wesentlich schlechtere Rahmenbedingungen. Dennoch wurde die 58er-Regelung 2008 durch eine Entsprechung ersetzt, nun aus dem ALG II vorzeitig mit Abschlägen mit 63 Jahren in Rente zu gehen. Dabei ist es sogar möglich, dass das Amt den Antrag gegen den Willen des Betroffenen stellen kann. Zu berücksichtigen sind jedoch definierte »Härtefälle«.

Die Einführung von ALG II hatte für viele Betroffenen eine bittere Konsequenz. Ließ sich früher die Zeit bis zur abschlagsfreien Rente ohne wesentlichen Vermögensverlust überbrücken, müssen jetzt erst einmal die gesamten Lebensersparnisse – bis auf ein lächerlich geringes »Schonvermögen« – aufgebraucht werden. Die in der Regel folgende Zwangsverrentung arbeitsloser Hartz-IV-Empfänger mit 63 Jahren macht sich zwar gut in der Statistik, führt aber für diese »Frührentner« nahtlos von der Arbeitslosigkeit in die Altersarmut.

Als diese drastischen Folgen 2007 bei der Kehrtwende in der Arbeitsmarkt- und Rentenpolitik verkündet wurden, tröstete der SPD-Politiker Franz Müntefering: »Es gibt keinen Grund, den Menschen in Deutschland Angst zu machen.«

Das musste auch niemand tun, denn die Angst kam ganz von allein. Durch die Talkshows geisterten nun die imaginäre Krankenschwester, die mit 65 noch ihre Nachtschichten schob, oder der Dachdecker, der mit 66 Jahren irgendwo auf dem First saß. Die klugen Diskutanten – allesamt im besten arbeitsfähigen Alter – verwiesen auf die ohnehin bestehende Notwendigkeit, ein Leben lang zu lernen, und meinten, die Älteren könnten dann ja einen Job im Büro finden. Viele Betroffene empfanden das als reinen Hohn.

Der SPD liefen die Wähler in Scharen davon. Manfred Güllner, Chef des Markt- und Meinungsforschungsinstituts *Forsa*, zur Dimension dieser Wählerwanderung: »Als 1998 der SPD-Kandidat Gerhard Schröder gegen Helmut Kohl antrat, um nach dessen 16-jähriger Kanzlerschaft das Land aus dem Reformstau zu führen und zu modernisieren, erhielt seine Partei über 20 Millionen Stimmen. Bei der Bundestagswahl 2009 entschieden sich nur noch knapp zehn Millionen Wähler für die SPD.« Der Abwärtstrend der SPD hielt auch bei den Bundestagswahlen 2017 an. Ein zwar lauthals deklariertes, aber inhaltlich vage gehaltenes »Zeit für mehr Gerechtigkeit« überzeugte nur 20.5 Prozent der Wähler. Damit lag das Wahlergebnis weit unter dem bisher schlechtesten Resultat der SPD von 28,8 Prozent im Jahr 1953.

Inzwischen wird die Arbeitsmarktpolitik trotz um die 2,5 Millionen gemeldeter arbeitsloser Frauen und Männer als Erfolg gefeiert und die Arbeitslosenquote von 5,4 Prozent (Oktober 2017) als »nahezu Vollbeschäftigung« interpretiert. Demzufolge gilt nun auch die steigende Erwerbstätigkeit von Frauen und Männern über 60 Jahre als Ergebnis der angeblich so guten Arbeitsmarktpolitik. Roderich Egeler, der Präsident des Statistischen Bundesamts, nannte dazu Zahlen: Waren 2005 noch 28 Prozent der Altersgruppe der 60- bis 64-Jährigen in Arbeit, stieg ihr Anteil bis 2014 auf über die Hälfte (52 Prozent). Auch bei vielen 65- bis 69-Jährigen klingelte am Morgen weiter der Wecker. Ihr Anteil an der Erwerbstätigkeit erhöhte sich im gleichen Zeitraum von 6 auf 14 Prozent. Die Zahlen steigen weiter. Zwei Jahre später waren es bei den Frauen und Männern bis 65 Jahre bereits 56,2 Prozent. Damit hat sich in den vergangenen zwanzig Jahren die Beschäftigungsquote in dieser Altersgruppe nahezu verdreifacht. Damit liegt sie nicht mehr weit unter dem Durchschnitt aller Altersgruppen.

Sollte sich also der Traum vom ruhigen Ausklang des Arbeitslebens im warmen und trockenen Büro tatsächlich bewahrheitet haben? Ein interessante Zahl aus der Statistik widerspricht dem. Egeler: »Rund 39 Prozent der 65- bis 69-Jährigen waren 2014 selbständig oder mithelfende Familienangehörige. Bei den 60- bis 64-Jährigen lag der Anteil lediglich bei 16 Prozent. Umgekehrt war der Anteil der abhängig Beschäftigten mit 84 Prozent bei den 60- bis 64-Jährigen deutlich größer als bei den 65- bis 69-Jährigen. Dort lag er nur bei 61 Prozent.«

Es scheint also doch nicht ganz so einfach zu sein, mit grauen Haaren auf den regulären Arbeitsmarkt zurückzukehren oder sich dort in einer Firma zu halten.

Zwischen Last und Lust

Geschichten über die Arbeit im Alter sind wie Märchen. Immer beginnen sie mit dem »Es war einmal ...« und enden mit dem »Und wenn sie nicht gestorben sind ...«. Dazwischen liegt eine klare Grenze zwischen

»gut« und »böse«. Die guten Arbeitsmärchen gehen so: »Es macht mir einfach noch Spaß. Ich brauche den Kontakt mit den Kollegen, die Herausforderung. Nicht mehr fit? Alles Unsinn, 70 ist das neue 50, und bis dahin habe ich ja noch drei Jahre Zeit.« Und dann geht es mit Aktentasche auf dem Fahrrad zur Arbeit. Bei den bösen Geschichten sieht es etwas anders aus: »Natürlich fällt mir das schwer. Das Kreuz, die Füße – aber was soll ich machen? Die Rente reicht vorn und hinten nicht. Ein Eis für den Enkel ist auch nicht drin. Würde ich aufhören, kämen die Kürzungen. Dann müsste ich wohl in eine andere Wohnung ziehen.« Zu diesen Märchen gehört dann oft eine schwere Tasche mit Werbezeitungen oder ein Eimer mit Schrubber.

Wenn manche Ökonomen bereits heute von der »Rente mit 70« oder noch höher sprechen, beeilen sich Politiker aller Parteien mit der Versicherung, dass das nie, nie, nie beabsichtigt sei. Sie wissen, dass allein der Gedanke daran manche hilflos wütend macht. Es sind meist jene, die körperlich belastende Arbeiten versehen und oft nicht wissen, wie sie das noch ein paar Jahre schaffen sollen. Die unerwartet große Resonanz auf das SPD-Wahlgeschenk von 2014 »Abschlagsfreie Rente mit 63 nach 45 Renten-Beitragsjahren« erwies sich als Warnsignal. Bis Ende 2017 nahmen sie rund 700.000 Menschen in Anspruch. Dabei zeigte sich eine klar umrissenen Gruppe, die das konnte: Qualifizierte Facharbeiter aus dem verarbeitenden Gewerbe, überwiegend männlich. Die ursprünglich von der SPD errechneten Mehrkosten von etwa 0,9 Milliarden Euro bei rund 240.000 erwarteten Anträgen erhöhten sich auf 3 Milliarden Euro Kosten pro Jahr, die von allen Beitragszahlern zu tragen sind.

Da das grundsätzliche Problem – immer weniger

Arbeitnehmer müssen für immer mehr Rentenbezieher das Geld erarbeiten – bestehen bleibt, ist für die Zukunft ein neues Code-Wort für zu erwartende Einschnitte gefragt. Es könnte irgendeine Wortverbindung mit »flexibel« sein. Das klingt ebenso gut, wie es Inhalte verbirgt. Hinzu kommt, dass es natürlich auch Menschen gibt, die das im Arbeitsvertrag stehende Ende der Erwerbstätigkeit bedrückt. Sie möchten weiter arbeiten und später in die Rente gehen.

Beide Gruppen machen zurzeit überwiegend die Erfahrung, dass sich viele Unternehmen gern ihrer älteren Arbeitnehmer entledigen. Ist dies nicht der Fall, wird darüber so laut und so viel gesprochen, dass kritisches Nachfragen angebracht scheint.

Monat für Monat vermeldet die Agentur für Arbeit seit Jahren neue Beschäftigungsrekorde. Es ist von wachsendem Fachkräftemangel die Rede und die Wirtschaft boomt seit Jahren. Wo liegen da die Chancen für ältere Beschäftigte?

Seit 2012 liegt die offizielle Arbeitslosigkeit Älterer unter dem Durchschnitt aller Altersgruppen. Der Trend bleibt sogar, wenn man die verdeckte Arbeitslosigkeit hinzu rechnet. Das waren vor allem jene, die unter die 58er-Regelung fielen und danach aus Hartz IV mit 63 in die Rente abgeschoben wurden. Zwischen 2010 und 2012 hat sich deren Zahl von rund 300.000 auf nur noch 160.000 etwa halbiert. Der Duisburger Arbeitsmarktforscher Martin Brussig stellte 2015 in einer Analyse für die CDU-nahe Konrad-Adenauer-Stiftung fest: »Ältere haben im Vergleich zur Gesamtbevölkerung ein geringeres Risiko, arbeitslos zu werden.« Das ist für alle, die einen Job haben, eine gute Nachricht. Ganz anders sieht es aus, wenn aus der Arbeitslosigkeit heraus eine neue Arbeit gesucht wird. Der Forscher: »Es gibt deutliche Hinweise, dass ältere Bewerber unter sonst gleichen Bedingungen schlechtere Einstellungschancen haben.«

Es scheint, als verfestige sich hier der Graben zwischen Arbeitenden und Arbeitssuchenden. Wer Arbeit hat – und das ist die weitaus größere Gruppe der Älteren – sitzt in aller Regel fest im Sattel. Wer jedoch Arbeit sucht, hat schlechte Chancen. Die Statistik sagt, dass die Wahrscheinlichkeit, im Alter zwischen 55 und 59 Jahren einen neuen sozialversicherungspflichtigen Job zu finden, nur halb so hoch ist, wie im Schnitt aller Arbeitslosen. Bei den 60- bis 64-Jährigen sinkt sie auf ein Drittel.

Da bleibt dann oft nur noch die Flucht in die »Selbständigkeit«, deren Inhalt inflationär geworden ist. Ob Boten oder Reinigungskräfte, Haushandwerker oder andere Dienstleister, viele von ihnen sind ihre eigenen »Unternehmer«. Der gesetzlich garantierte Mindestlohn bleibt da meist auf der Strecke, und die Last der Arbeit im Alter überwiegt.

Hinzu kommt, dass ältere Arbeitnehmer diverse Regeln zu beachten haben, die für jüngere nicht greifen.

Das Auge des Gesetzes

Auch wenn viele meinen, der Staat bestimme, wie lange Leute arbeiten können und dürfen, ist das ein Irrtum. Das deutsche Arbeitsrecht kennt keine allgemeine Altersgrenze. Es wirken aber Grenzen anderer Rechtsbereiche. Für die meisten Menschen ist dabei das Rentenversicherungsrecht wichtig. Es legt fest, ab wann in welcher Höhe Rentenzahlungen möglich sind. Im Tarifrecht beeinflussen Altersgrenzen vor allen den Kündigungsschutz und die Arbeitszeit. Insgesamt gibt es mehr als 400 Vorschriften, die in verschiedenen Bereichen, und oft in den Bundesländern unterschiedlich, Altersgrenzen setzen, So kann zum Beispiel jemand mit über 70 Bundespräsident werden, eine Bürgermeisterin oder ein Bürgermeister in Brandenburg darf bei der Wahl jedoch nicht älter als 62 sein, in Schleswig-Holstein geht es schon ab 60 Jahren nicht. Auch einige Berufe habe ihre eigenen Grenzen. Nach dem vollendeten 60. Lebensjahr darf kein Notar erstmals seine Tätigkeit beginnen, Hebammen verlieren mit 70 Jahren ihre Niederlassungserlaubnis und Prüfingenieure ab dem 68. Lebensjahr ihre Zulassung.

Für einen Nebenjob im Alter sind diese Limitierungen eher von geringer Bedeutung. Dort entscheidet alles, ob die Regelaltersgrenze von 65plus bereits erreicht wurde oder noch nicht. Überdies spielt nach wie vor eine Rolle, wo gearbeitet wird. Im Osten gibt es andere Regeln als im Westen. In ganz Deutschland gilt: Wer die Regelaltersgrenze erreicht hat, ist »Altersrentner« und kann nebenbei verdienen so viel er will. Ist dies jedoch noch nicht der Fall, sind für »Altersfrührentner« Grenzen zu beachten. Werden sie überschritten, folgt eine Rentenkürzung. Diese »Hinzuverdienstgrenze« wird jährlich entsprechend der allgemeinen Lohnentwicklung neu festgelegt.

Generell ist der Hinzuverdienst für Altersfrührentner bundesweit einheitlich geregelt. Seine Höhe lag bis zum 30. Juni 2017 bei 450 Euro im Monat. Diese Summe durfte zweimal im Jahr um bis zu 900 Euro überschritten werden. Bei einem gesamten Zuverdienst von 6.300 Euro im Jahr fiel keine Rentenkürzung an. Theoretisch, denn hier lauerte eine Falle: Die Hinzuverdienstgrenze wurde für jeden Altersfrührentner individuell berechnet. Bei Überschreitung schrumpfte die Rente um ein Drittel, die Hälfte oder zwei Drittel. Dabei reicht schon 1 Euro über der Grenze, um – im günstigsten Fall – 33,3 Prozent seiner Rente zu verlieren. Bei einem sehr hohen Zuverdienst konnte es sogar passieren, dass die Rentenzahlung komplett eingestellt wurde.

Die Höhe der Hinzuverdienstgrenze hing davon ab, wie viele Entgeltpunkte in den letzten drei Jahren vor der Rente gesammelt wurden. Daraus ergibt sich, dass sie umso höher ausfiel, je höher das zuvor verdiente Arbeitsentgelt lag. Mindestens wurden jedoch immer 1,5 Rentenpunkte angerechnet, auch wenn das tatsächliche Einkommen darunter lag. Daraus folgte, dass nach der bis 30. Juni 2017 geltenden Gesetzeslage sogenannte »Mindest-Hinzuverdienstgrenzen« ausgerechnet werden konnten. Sie unterschieden sich in Ost und West. Die Hinzuverdienstgrenzen von Januar bis Juni 2017 betrugen im Osten für eine monatliche Teilrente in Höhe von 2/3 der Vollrente: 546,02 Euro (West: 580,13 Euro), für eine Teilrente in Höhe von 1/2 der Vollrente: 798,03 Euro (West: 847,88 Euro) und für eine Teilrente in Höhe von 1/3 der Vollrente: 1.050,04 Euro (West: 1115,36 Euro). Bei diesen Mindest-Hinzuverdienstgrenzen galt ebenso wie bei den individuell errechneten Hinzuverdienstgrenzen, dass sie zweimal jährlich bis zum Doppelten überschritten werden durften, ohne dass es zu einer weiteren Rentenkürzung käme.

Vorsicht Mathe! – Chancen und Fallen der Flexirente

Wem jetzt bereits der Kopf raucht, der sollte ganz schnell weiterblättern, denn mit der Flexirente ab 1. Juli 2017 wurde es richtig kompliziert und undurchsichtig.

Um älteren Beschäftigten mehr Anreize zu bieten, über das Rentenalter hinaus zu arbeiten, und Arbeitgebern, sie weiter in der Firma zu halten, hat der Bundestag am 21. Oktober 2016 das »Gesetz zur Flexibilisierung des Übergangs vom Erwerbsleben in den Ruhestand und zur Stärkung von Prävention und Rehabilitation im Erwerbsleben« beschlossen. Dieses »Flexirentengesetz« ermöglichte ab dem 1. Juli 2017 den Arbeitnehmern bessere Möglichkeiten eines Hinzuverdienstes. Auch für Arbeitgeber gab es Vorteile. Sie können Fachkräfte halten und sparen durch den Wegfall der Arbeitslosenversicherung für die bereits rentenberechtigten, aber weiter beschäftigten Mitarbeiter Kosten.

Ein bisher nicht vorhandener Vorteil des Flexirentengesetzes ist, dass Arbeitnehmer nach Erreichen der Regelaltersgrenze auch weiterarbeiten können. Wer dabei so viel verdient, dass er auf die Auszahlung der Rente vorerst verzichten kann, bekommt dafür später für jeden Monat Arbeit über die Regelaltersgrenze hinaus ein Rentenplus von 0,5 Prozent, also insgesamt bis zu 6 Prozent pro Jahr. Außerdem wächst die Rente während dieser Zeit, weil die Zahlung des Rentenbeitrags und damit das Sammeln der Rentenpunkte ja weitergeht.

Ob sich das allerdings persönlich lohnt, muss man sehr genau ausrechnen. Ein Beispiel mit den 2017 im

Westen geltenden Zahlen: Ein 1953 Geborener hat mit 65 Jahren und sieben Monaten alle Bedingungen erfüllt und geht nach vierzig Arbeitsjahren mit 37 Rentenpunkten in Rente. Sie beträgt dann 1.148,11 Euro brutto (37 Rentenpunkte mal 31,03 Euro Punktwert West). Er arbeitet aber ein Jahr weiter und nimmt diese Rente nicht in Anspruch. Dabei verdient er genau das Durchschnittseinkommen von (für 2017 vorläufig festlegten) 37.103 Euro, das entspricht im Monat 3.091,92 Euro. Dafür erwirbt er einen weiteren Rentenpunkt im Wert von 31,03 Euro. Seine Rente nach einem Jahr Zusatzarbeit beträgt nun 1.148,11 Euro plus 31,03 Euro (gleich 1.179,14 Euro) plus 6 Prozent »Weiterarbeitsprämie« (macht 70,75 Euro), also insgesamt 1.249,89 Euro. In dem Jahr Weiterarbeit verzichtet er aber auf eine Rentenzahlung von 12 mal 1.148,11 Euro, was 13.777,32 Euro ergibt. Um diese Summe durch das erworbene Rentenplus von 101,78 Euro auszugleichen, braucht er 135 Monate und ein paar Tage (13.777,32 geteilt durch 101,78). Der Beispiel-Weiterarbeiter würde also erst nach gut elf Jahren und somit ab dem Alter oberhalb von 76 Jahren von seiner verlängerten Arbeit profitieren.

Bei einem Ost-Rentner sieht es zurzeit noch ein wenig schlechter aus. Angenommen, er hat genau das gleiche Alter und auch 37 Rentenpunkte. Seine Rente würde damit ab dem 1. Juli 2017 nur 1.098,53 betragen, denn ein Rentenpunkt Ost ist 29,69 Euro wert (Rechnung: 37 mal 29,69). Auch er arbeitet weiter, verzichtet auf die Rente, verdient aber 15 Prozent weniger als sein West-Kollege, also nur 2.628,13 Euro im Monat. Das macht 31.537,56 Euro im Jahr. Diese Summe wird für die Rentenberechnung mit dem (für 2017 vorläufig festgelegtem) Umrechnungsfaktor von

1,1193 aufgewertet. Seine Rente wird deshalb auf der Grundlage von 35.299,99 Euro, gerundet 35.300 Euro, festgelegt. Aus dieser Summe ergibt sich, dass er in dem Jahr Zusatzarbeit 0,95 Rentenpunkte (Durchschnittsgehalt von 37.103 Euro geteilt durch erzieltes Einkommen von 35.300 Euro), im Wert von 28,21 Euro mehr Rente pro Monat, dazugewonnen hat. Seine Rente beträgt nun 1.098,53 plus 28,21 Euro (macht 1.126,74 Euro) plus 6 Prozent darauf (67,60 Euro), was insgesamt 1.194,34 Euro ergibt. Sein Rentenverzicht für ein Jahr beläuft sich auf 13.182,36 Euro (12 mal 1.098,53). Zum Ausgleich des Rentenplus von 95,81 Euro im Monat benötigt er mehr als 137 Monate und würde somit auch erst nach dem 76. Geburtstag etwas davon haben. Diese Zahlen können sich durch die Angleichung von Ost- und West-Rente noch etwas zugunsten der Ost-Rentner verschieben.

Genaues Nachrechnen – das man bei einer Rentenberatung machen lassen kann – ist also für alle geraten, die etwas länger arbeiten wollen und dafür zunächst auf die ihnen zustehende Rente verzichten.

Die Flexirente erlaubt es aber auch, Arbeit und Rente zu kombinieren.

Geblieben ist dabei die Hinzuverdienstgrenze von 6.300 Euro im Jahr für Rentner vor Erreichen der Regelaltersgrenze ohne Einfluss auf die Rente. Liegt der Verdienst höher, wird er nun aber stufenlos bei der Altersrente berücksichtigt. Die frühere Reduzierung auf zwei Drittel, die Hälfte beziehungsweise ein Drittel der Altersvollrente entfällt. Kommt es zu einer Überschreitung der Summe, werden 40 Prozent des übersteigenden Betrages auf die Altersrente angerechnet.

Nun wird es noch einmal kompliziert, denn der Gesetzgeber will nicht, dass der Altersfrührentner mit der Rente und dem Hinzuverdienst mehr im Portemonnaie hat, als es bislang ohne Rentenbezug im Erwerbsleben der Fall war. Dazu erfand er den bisher ungekannten »Hinzuverdienstdeckel«.

Dieser »Hinzuverdienstdeckel« ist vom durchschnittlichen persönlichen Einkommen der letzten fünfzehn Arbeitsjahre abhängig. Nur wenn die »bereinigte«, sprich die wegen Hinzuverdienst gekürzte, Rente plus der Hinzuverdienst unter dem individuellen »Deckel« bleiben, wird eine Teilrente neben dem zusätzlichen monatlichen Einkommen ausgezahlt. Liegt beides zusammen darüber, wird der Hinzuverdienst zu 100 Prozent angerechnet und die Rente ist gleich null.

Reine Schikane ist das nicht, denn im Regelfall werden die neuen Teilrenten nach der Einkommensanrechnung höher ausfallen, als dies bei dem alten Rechenmodell der Fall war. In den nächsten Jahren kann sich aus Arbeit plus Teilrente auch ein Steuervorteil ergeben, denn der steuerpflichtige Teil der Rente steigt jedes Jahr an. 2018 beträgt er 76 Prozent vom Brutto. Der zu Renteneintritt geltende Steuersatz bleibt bestehen. Das gilt auch, wenn zunächst nur ein geringer Prozentsatz der bewilligten Rente – oder sogar 0 Prozent – gezahlt wird. Wer nun also 2018 in Teilrente geht und 2020 in Vollrente wechselt, muss nicht die dann üblichen 80 Prozent, sondern nur 76 Prozent versteuern. Außerdem steigert das freiwillige Weiterzahlen der Rentenbeiträge auch als Rentner die spätere Rentenhöhe. All das muss im Einzelfall genau geprüft werden.

Ob die Flexirente die spätere Rente erhöht, hängt neben der Fähigkeit und dem Willen des Arbeitnehmers, noch eine Weile weiterzuarbeiten, wesentlich natürlich auch davon ab, ob ihm sein Arbeitgeber diese Möglichkeit einräumt. Dazu gibt es erste Erkenntnisse.

Licht und Schatten am Arbeitsmarkt

Das Nürnberger Institut für Arbeitsmarkt- und Berufsforschung, das eine Dienststelle der Bundesagentur für Arbeit ist, befragte seit 2015 rund 650.000 Arbeitnehmer, die in jenem Jahr die Rentenberechtigung erreichten oder bereits rentenberechtigt waren, nach einer eventuellen Weiterarbeit. In die repräsentative Studie waren etwa 13.000 Firmen einbezogen.

Die Arbeitsmarktforscher stellten fest, dass jeder dritte Betrieb versuchte, seine Fachkräfte noch eine Weile zu halten. Von den rund 170.000 Arbeitnehmern, die dieses Angebot bekamen, stimmten 145.000 zu. Diese hohe Erfolgsquote relativiert sich jedoch etwas, weil Mitarbeiterinnen und Mitarbeiter, deren Entschluss, in die Rente zu gehen, bereits feststand, von ihren Firmen offenbar gar nicht erst angesprochen wurden.

Trotzdem stellten sich die wichtigsten Bedingungen heraus, unter denen die Arbeitnehmer gern blieben. Die Arbeitsmarktforscher dazu: »Danach gefragt, welche Maßnahmen in den erfolgreichen Fällen eingesetzt wurden, gab die überwiegende Mehrheit der Betriebe (60 Prozent) kürzere Arbeitszeiten an, gefolgt von 49 Prozent der Betriebe, die rentenberechtigte Mitarbeiter mit einer Flexibilisierung der Arbeitszeit halten konnten.« Dabei zeigten sich größere Betriebe mit mehr als 250 Arbeitnehmern nahezu genauso beweglich, wie die kleinen unter 50 Leuten. Etwa 60

Prozent von ihnen lockten mit kürzeren Arbeitszeiten, bei den großen Betrieben waren es 65 Prozent. Bei der Flexibilisierung der Arbeitszeit waren sie mit 62 Prozent beweglicher als die Firmen mit weniger als 50 Mitarbeitern, von denen das nur knapp die Hälfte (49 Prozent) bieten konnte.

Mit mehr Geld durch eine Lohnerhöhung, Prämienzahlungen oder eine Beförderung lockten 14 Prozent der kleinen Firmen, aber nur 10 Prozent der größeren. Eine Veränderung des Tätigkeitsprofils spielte im Schnitt bei fast jedem fünften Betrieb (17 Prozent) eine Rolle.

Bemerkenswerte Unterschiede zeigten sich zwischen den verschiedenen Wirtschaftszweigen. Viele Angebote zur Weiterarbeit und einen hohen Erfolg bei der Werbung älterer Mitarbeiter zeigten sich im verarbeitenden Gewerbe. So boten in der Branche »Maschinen, Elektrotechnik, Fahrzeuge« fast die Hälfte der Betriebe (43 Prozent) den bereits rentenberechtigten Arbeitnehmern eine Weiterbeschäftigung an, 86 Prozent von ihnen sagten zu.

Völlig anders stellte es sich im Bereich der Öffentlichen Verwaltung dar. Dort unternahmen nur 18 Prozent der Arbeitgeber überhaupt den Versuch, die Älteren zu halten, nur gut zwei Drittel (67 Prozent) von ihnen stimmten zu.

Die Arbeitsmarktforscher zogen daraus die Schlussfolgerung: »Der Wunsch, Mitarbeiter zu halten, wird maßgeblich durch Fachkräfteengpässe bestimmt, welche insbesondere im verarbeitenden Gewerbe eine Rolle spielen: Liegen Fachkräfteengpässe vor, so steigt die Wahrscheinlichkeit, rentenberechtigte Mitarbeiter halten zu wollen, statistisch hochsignifikant um 21 Prozentpunkte.«

Besonders günstig sah es dabei in den kleinen Firmen mit weniger als fünfzig Mitarbeitern aus. Fast jede dritte von ihnen (32 Prozent) wollte gern die erfahrenen Mitarbeiter noch eine Weile halten. Für sie ist es besonders schwer, wenn Fachkräfte mit jahrelanger Erfahrung in die Rente gehen. Bei Neueinstellungen sparen sie zwar zunächst am Lohn, doch das wiegt den Verlust in den meisten Fällen nicht auf. Hinzu kommt eine oft eher familiäre Atmosphäre im Betrieb, in die sich »der Neue« dann erst einfügen muss, was nicht immer gelingt.

Für größere Betriebe sind die Chancen, Ersatz für die in die Rente abwandernden Mitarbeiter zu finden, größer. Oft bilden sie selbst aus, bieten bessere Weiterbildungsmöglichkeiten und manchmal Sondervergünstigungen. Trotzdem bemühten sich 11 Prozent von ihnen, die erfahrenen Kräfte zu halten. Mit 19 Prozent hatten sie auch überdurchschnittlich die Möglichkeit, ein geändertes Tätigkeitsprofil anzubieten.

All diese Maßnahmen bieten vor allem denen Chancen, die einen sicheren Arbeitsplatz haben. Aufgrund ihrer Qualifizierung und Erfahrung verdienen sie gut, der beginnende Fachkräftemangel und die gute Konjunktur machen ihre Position sicher. Man könnte darüber nachdenken, ob dies die Möglichkeit gut ausgebildeter Langzeitarbeitsloser zur Rückkehr auf den Arbeitsmarkt einschränkt. Jahrelang verfolgten Gewerkschafter und Politiker das Ziel, durch Verkürzung der Arbeitszeit und vorzeitiges Ausscheiden Platz für die Nachrückenden zu schaffen. Der Kampf um die 35-Stunden-Woche und die früheren Altersteilzeitregelungen standen dafür. Das hat sich geändert. Es ist zu fragen, ob sich daraus so etwas wie ein dauerhafter »Zwei-Klassen-Arbeitsmarkt« entwickelt.

In diesem Zusammenhang tauchte in jüngster Zeit bei der Betrachtung der gesellschaftlichen Entwicklung in Deutschland der soziologische Begriff des »Prekariats« auf. Er bezeichnet eine ungleiche soziale Gruppierung, die durch Unsicherheiten in der Erwerbstätigkeit über einen gemeinsamen Nenner verfügt. Das macht ihre Lebensverhältnisse schwierig, bedroht sie und kann zum sozialen Abstieg führen. Beispiele finden sich besonders in Ostdeutschland, ergänzt durch westdeutsche Problemzonen, wie etwa des Ruhrgebiets oder in den Außenbezirken großer Städte. Rolf-Peter Löhr, wissenschaftlicher Leiter des Deutschen Instituts für Urbanistik in Berlin, fasst zusammen: »In den Problemgebieten spürt man, welche Kultur der Abhängigkeit der Sozialstaat geschaffen hat.«

Eine Studie der SPD-nahen Friedrich-Ebert-Stiftung rechnete im Herbst 2006 etwa 8 Prozent der Bevölkerung dieser Gruppe zu. Ihre Gemeinsamkeit: »Meist haben sie keine Arbeit mehr, häufig hatten sie noch nie eine Arbeit, und besonders häufig leben sie in Ostdeutschland. Sie haben den gesellschaftlichen Abstieg erfahren, fühlen sich sozial ausgeschlossen und haben die Hoffnung aufgegeben, es könnte in ihrem Leben noch einmal besser werden.«

Der Jenaer Sozialforscher Karl August Chassé verweist darauf, dass es dabei nicht vordergründig ums Geld gehe: »Der Prolet von heute besitzt mehr Geld als der Arbeiter vergangener Generationen, und wenn er im Anzapfen des Sozialstaats eine gewisse Fertigkeit entwickelt hat, verfügt er über ein Haushaltseinkommen, das mit dem von Streifenpolizisten, Lagerarbeitern und Taxifahrern allemal mithalten kann. Es ist nicht die materielle Armut, die ihn von anderen unterscheidet. Auffällig sind die Symptome der geistigen Verwahrlosung ...«

Der Hamburger Soziologe Heinz Bude vermutet nach Feldforschungen in Wittenberge eine fehlende »soziale Mobilität«. Seine Meinung deckt sich mit Ergebnissen aus Untersuchungen des Deutschen Instituts für Wirtschaftsforschung, wonach mehr als die Hälfte jener Menschen, die schon 1995 zur »Unterschicht« zählten, auch heute noch darin verharrt. Der Wissenschaftler schlussfolgert: »Wer zwar in günstigen Verhältnissen lebt, dies aber nicht auch so sieht und von Zukunftsängsten geplagt wird, empfindet sich trotz günstiger Gegenwartslage eher als sozial ausgeschlossen.«

Mit Flaschenpfand zur Suppenküche

Das Dickschiff Deutschland steuert auf einen Eisberg zu, mit dem es um die Mitte unseres Jahrhunderts eine Kollision geben wird. Sein Name: Altersarmut. Wie in der Natur auch, ist die Spitze dieses Eisbergs bereits zu sehen, doch ein Mehrfaches davon liegt unter Wasser. Und wie bei einem Schiff reicht der Bremsweg schon jetzt nicht mehr, um den Zusammenstoß zu verhindern. Wie viele Opfer er einmal treffen wird, kann niemand sagen. Gegenwärtig sind zwischen 2 und 3 Millionen Menschen akut gefährdet, manche Schätzungen sprechen von bis zu 6 Millionen.

Noch geht es der großen Masse der Rentner gut. Das erlaubt es, das Problem zu verdrängen und manchmal auch ein wenig Neid der Jungen auf die Alten zu schüren. Ausrechnen kann man alles, es kommt nur auf die Fragen an. So stellte das von den Arbeitgebern und der Industrie finanzierte Institut der Deutschen Wirtschaft (IW) in Köln im Frühsommer 2017 fest, dass die Einkommen der älteren Menschen in den vergangenen drei Jahrzehnten deutlich schneller als die der Jüngeren, stiegen. Seit Mitte der 1980er Jahre legte im Westen das verfügbare Einkommen der 65- bis 74-Jährigen um durchschnittlich 52 Prozent zu. Bei den Menschen unter 45 Jahren waren es nur 21 bis 31 Prozent. Seit der deutschen Einheit wuchsen die Einkommen der Ruheständler um ein Viertel, die der Jüngeren nur um ein Zehntel. Obwohl das Rentenniveau von 55,2 Prozent des durchschnittlichen Bruttogehaltes im Jahr 1970 auf 47,7 Prozent im Jahr 2015 sank, gehören nur noch 19 Prozent der Rentner zur unteren Einkommensgruppe. 1984 waren es ein Drittel. Ein Wermutstropfen kommt aus dem Osten. Die 65- bis 74-Jährigen dort haben für »einen leichten Anstieg« des Armutsrisikos gesorgt.

Recht gut sieht auf den ersten Blick auch die Statistik des deutschen Nettovermögens – das ist der Wert allen Geldes und aller Besitztümer abzüglich der Schulden – aus. Auf den zweiten nicht, denn das Besitztum ist höchst unterschiedlich verteilt. Gut ein Fünftel aller Erwachsenen hat gar nichts. Bei rund 7 Prozent von ihnen sind die Schulden sogar größer als der Besitz. Damit ist Deutschland in der Eurozone der Spitzenreiter bei der Ungleichheit. Das Deutsche Institut für Wirtschaftsforschung (DIW Berlin) hat bereits für 2012 ein durchschnittliches Nettovermögen eines jeden deutschen Erwachsenen von 83.000 Euro errechnet. Der Höhepunkt wird mit dem Eintritt in den Ruhestand erreicht und liegt bei 135.500 Euro.

Das waren bei den 65- bis 74-Jährigen 19.000 Euro mehr als im Jahr 2002. Sie schlachten auch gern ihr Sparschwein, um das Leben noch einmal so richtig zu genießen. Dennoch verfügten die über 74-Jährigen immer noch über durchschnittlich 108.900 Euro.

Klingt toll, wenn das Wort »Durchschnitt« nicht wäre. Beim Blick auf Ost und West treten die deutlichsten Unterschiede zu Tage. Erwachsene West besitzen rund 94.000 Euro Vermögen, Erwachsene Ost gut 41.000 Euro. Bei selbst genutzten Immobilien liegt deren Durchschnittswert zwischen Nordsee und Alpen bei 151.000 Euro, zwischen Ostsee und Erzgebirge bei 88.000 Euro. Das ist eine Folge der in der DDR geringer gewesenen Möglichkeiten, materiellen Wohlstand zu erwerben. Sie wird noch einige Zeit wirken. Heute zeigt sich die Differenz beispielsweise darin, dass in Ostdeutschland Personen mit einem Vermögen von 110.000 Euro bereits zu den reichsten zehn Prozent gehören, im Westen sind dazu mindestens 240.000 Euro nötig.

Noch weiter geht die Schere bei Älteren auf. DIW-Forscher Markus M. Grabka: »Der Unterschied zwischen Ost und West zeigt sich erst mit fortschreitendem Alter.« Mit rund 50.000 Euro bleiben Ruheständler im Osten deutlich hinter ihren westlichen Altersgenossinnen und -genossen zurück. Das wird sich fortsetzen, denn wenn nicht viel oder gar nichts da ist, kann auch nicht viel vererbt werden.

Die Hartz-IV-Reformen sorgten für einen neuen Aspekt bei der Vermögensbildung in Ost und West. Grabka: »Deutliche Vermögensverluste mussten die Arbeitslosen hinnehmen. Sie verfügten im Jahr 2002 noch über ein durchschnittliches Vermögen von rund 30.000 Euro, zehn Jahre später waren es nur noch etwa 18.000 Euro.« Mit dem Zusammenlegen von Arbeitslosen- und Sozialhilfe wurde festgelegt, dass jeder, der Hilfe aus Steuermitteln braucht, zunächst erst einmal seine eigenen Ressourcen mobilisieren muss. Das ist nötig, um gesellschaftliches Vermögen gerecht einzusetzen.

Für Betroffene stellt sich das meist anders dar, und für manche haben Jahre in »Hartz IV« dramatische Folgen. Zum Beispiel die, dass zwischen 2013 und 2016 die Zahl der Schuldner im Rentenalter um 57,7 Prozent stieg. Oder die, dass gegenwärtig bis zu 1,5 Millionen Menschen auf kostenlose Lebensmittelspenden der rund 930 in Deutschland existierenden Tafeln angewiesen sind.

Auch die Daten des Europäischen Statistikamts zur Armutsbedrohung klingen beunruhigend. Waren 2010 in Deutschland noch 4,9 Millionen Menschen im Alter von 55 und älter betroffen, stieg deren Zahl auf 5,7 Millionen im Jahr 2017. Dabei ist zu beachten, dass Armut immer ein relativer Begriff ist. Mit der Ost-Erweiterung der Europäischen Union hat er sich selbst in diesem geschlossenen Wirtschaftsraum ausdifferenziert. Armut in Deutschland sieht grundsätzlich anders aus als beispielsweise in Italien oder Spanien und erst recht als in Bulgarien oder Rumänien. Dennoch ist eine Folge der wachsenden Vermögensunterschiede, dass immer mehr Ruheständler im Rentenalter arbeiten gehen, um sich etwas mehr leisten zu können. Das Bundesarbeitsministerium zählte 2017 bereits fast eine Million Menschen ab 65 Jahren mit Minijob. Das Statistische Bundesamt nannte am 12. Juli 2017 für 2016 die Zahl von 942.000 Arbeitnehmern zwischen 65 und 74 Jahren. Das entsprach 11 Prozent der gesamten Altersgruppe. Für 346.000

von ihnen (37 Prozent) war ihre Arbeit die einzige Erwerbsquelle. Unter den Arbeitenden im Ruhestandsalter waren 15 Prozent Männer und 8 Prozent Frauen. Im Jahr 2005 lagen die Zahlen noch bei 7 und 4 Prozent. Bei Menschen über 75 Jahren hat sich die Zahl der Hinzuverdiener in den vergangenen zehn Jahren, wie bereits berichtet, auf 176.000 mehr als verdoppelt.

Diese Entwicklung wird sich fortsetzen, denn bis zum Jahr 2030 sinkt das Rentenniveau wahrscheinlich weiter. Wie weit ist umstritten. Nach aktueller Gesetzeslage läge es schon 2030 bei 43 Prozent. Darüber, wie das zu verhindern wäre, wird debattiert. Es hakt vor allem an den unterschiedlichen Vorstellungen der Parteien über die Finanzierungsmöglichkeiten.

Wie es auch immer kommt, ein Faktor wird noch gar nicht thematisiert und das ist die sinkende Kaufkraft bei privater Vorsorge.

Mit Blick auf die Riester-Rente meinen das Berliner Deutsche Institut für Wirtschaftsforschung und der Bund der Versicherten (BdV), dass die meisten Verträge Verluste für die Versicherten erbringen werden, weil die Kaufkraft der garantierten Leistungen unterhalb der zuvor entrichteten Beiträge liegen wird. Der Gesamtverband der Deutschen Versicherungswirtschaft (GDV) versucht, das mit Musterrechnungen zu entkräften. Doch auch er weiß nicht, ob und wie sich die Zinsen künftig entwickeln werden. Für die aktuell herrschenden Verhältnisse haben das DIW und die SPD-nahe Friedrich-Ebert-Stiftung ausgerechnet, dass ein 35-Jähriger, der 2012 einen Riester-Vertrag abschloss und mit 67 in Rente geht, bei einigen Verträgen »90 Jahre alt« werden müsse, um in den Genuss von Zinsen oder erwirtschafteter Rendite zu kommen.

Selbst wenn die derzeit üblichen Überschusszahlungen in die Rechnung einbezogen würden, bekomme der 35-jährige Herr Mustersparer »erst im Alter von 85 sein Geld zurück«.

Wie sieht es also tatsächlich mit der Gefahr der Altersarmut aus? Einiges spricht dafür, dass sie zum Massenphänomen werden kann. Nicht zu vergessen ist dabei, dass Armut immer ein relatives Verhältnis bleibt, das sich am ihr gegenüber stehendem Reichtum misst. Der ist in Deutschland groß und er wird noch größer werden. Mehr Geringverdiener auf der einen Seite lassen die Schere zwischen Arm und Reich ebenso wachsen wie mehr Gutverdiener auf der anderen Seite.

Heute erwerbsarm – morgen altersarm

»Einen Armen ärmer zu machen, ist nicht einfach«, sagt ein bretonisches Sprichwort. Auf den ersten Blick scheint es, als habe es die deutsche Politik dennoch geschafft. Darauf baut die vorwiegend aus linken Ansichten stammende Kritik auf. Der wirtschaftsliberalere Blick sieht es anders. Die Regulierungsmaßnahmen der letzten Jahre haben die Wirtschaft kräftig angekurbelt und den Grundstein für wachsenden Wohlstand gelegt. Deutschland wandelte sich vom »kranken Mann Europas« Anfang des Jahrtausends zu dessen wirtschaftlicher Lokomotive. Das machte die wachsenden sozialen Transferleistungen überhaupt erst möglich.

Für den Einzelnen bleibt trotzdem entscheidend, was er im Portemonnaie hat. Wer heute in einem Haushalt lebt, dessen durchschnittliches Netto-Einkommen weniger als 60 Prozent der Einkommen der gesamten Bevölkerung Deutschlands beträgt, gilt als arm. Diesen Maßstab empfiehlt das Statistische Amt der Europäischen Union (*Eurostat*). Damit unterstreicht es die Relativität der Armut, denn das Einkommen eines Armen in Deutschland entspricht dem eines Vermögenden in anderen EU-Staaten.

Dass sich das Armutsrisiko hierzulande für bestimmte Bevölkerungsgruppen seit der Jahrtausendwende erhöht hat, ist nicht zu übersehen. Auch die Zahlen weisen diesen Anstieg aus. Für die Zeit zwischen den Jahren 2000 bis 2014 wuchs es für ganz Deutschland von 11 auf 13 Prozent, im Osten von 14 auf 19 Prozent.

Überdies tickt hier eine Zeitbombe. Sie wird bei einem Blick auf die Arbeitslosen deutlich. Sie sind mit 62 Prozent in Gesamtdeutschland und 72 Prozent in Ostdeutschland die Bevölkerungsgruppe mit der höchsten Armutsbetroffenheit.

Dennoch geht es der Mehrzahl der Ruheständler gut, was die Zahlen zum Armutsrisiko ebenfalls belegen. In Ostdeutschland ist die niedrigste Armutsquote – also die Zahl der Menschen, die bereits unter Armut leiden – bei Menschen über 70 Jahren zu finden. Sie profitieren in der Regel von den langjährigen und ungebrochenen Beschäftigungsverhältnissen vor der deutschen Einheit in der DDR. Doch schon bei den heute 61- bis 70-Jährigen stieg das Armutsrisiko kräftig an. Im Jahr 2014 lag es über dem gesamtdeutschen und knapp unter dem ostdeutschen Durchschnitt.

Inzwischen ist wachsende Armut beim Eintritt in den Ruhestand zu beobachten, die mit dem Alter steigt. Spitzenreiter bilden dabei Singlehaushalte der Altersgruppe zwischen 55 und 74 Jahren.

Über dieses Problem wird zurzeit noch nicht sehr viel geredet, denn noch ist die Zahl jener, die im Alter auf Grundsicherung angewiesen sind, gering. Bei den über 65-Jährigen lag sie 2015 bei lediglich 3 Prozent, bei den Hartz-IV-Empfängern unter 65 Jahren bei 9,3 Prozent. Eines, bereits jetzt absehbaren, Tages, sind aber auch die Arbeitslosen von heute Rentner. Die Bezüge vieler dürften dann so gering sein, dass sie auf Grundsicherung angewiesen sind. Außerdem meinen die deutschen Sozialverbände, dass sich viele ältere Menschen einfach schämen, die ihnen zustehende Grundsicherung in Anspruch zu nehmen und somit die Zahlen niedriger als die tatsächliche Armut sind. Das halten die einen für übertrieben, die anderen für eine Tatsache.

Der Wissenschaftliche Beirat des Bundeswirtschaftsministeriums schätzt, dass die Zahl der Grundsicherungsempfänger im Jahr 2030 mit rund 5,4 Prozent immer noch unter der der Bezieher von Hartz IV liegen wird. Unabhängige Wirtschaftsforscher sehen das nicht so optimistisch. Auch die Gewerkschaft *ver.di* geht in einer im Juni 2017 veröffentlichen Studie von einem Ansteigen der Altersarmut auf 5 bis 7,5 Millionen Menschen aus.

Wie es auch immer sein wird: Das Armutsrisiko der bereits jetzt erwerbsarmen Bevölkerung dürfte steigen. Das wird sicher eine Weile ohne gravierende Auswirkungen auf die Gesellschaft bleiben. Ältere Menschen brauchen nicht mehr so viel wie junge. Sie kommen in aller Regel aus materiell bescheideneren Verhältnissen und verstehen es, sich einzuschränken, um über die Runden zu kommen.

Kritisch kann es dann mit den Geburtsjahrgängen etwa ab Mitte bis Ende der 1960er Jahre werden. Auf ihren Ruhestand schlagen die seit über zwanzig Jahren zu beobachtenden gesellschaftlichen Trends durch. Sie bestehen in der ständigen Zunahme unsteter Erwerbsbiographien und prekärer Beschäftigungsverhältnisse und dem Wachsen des Niedriglohnsektors. Hinzu kommt die Abschaffung der Zahlung von Rentenbeiträgen für Langzeitarbeitslose. Werden bei Arbeitslosengeld I noch 80 Prozent der Rentenbeiträge auf der Bemessungsgrundlage gezahlt, bringt ALG II nichts für die Rente.

In einer Ende Juni 2017 veröffentlichten Studie stellten das Deutsche Institut für Wirtschaftsforschung und das in Mannheim ansässige Zentrum für Europäische Wirtschaftsforschung (ZEW) Simulationsberechnungen von zukünftigen Haushaltseinkommen aus gesetzlicher, privater und betrieblicher Altersvorsorge vor. Daraus ergab sich ein Ansteigen der Armutsrisikoquote in der Altersgruppe der dann 67-Jährigen bis zum Jahr 2036 auf 20 Prozent. Der Anteil der Frauen, die von staatlichen Leistungen abhängig werden, erhöht sich danach bis dahin auf 27,8 Prozent.

Die Weichen für diesen Weg sind gestellt. Mehr als 7 Prozent der deutschen Vollzeitbeschäftigten verdienen heute schon so wenig, dass sie unter der Armutsrisikoschwelle liegen. Dementsprechend niedrig sind ihre Rentenbeiträge. Dadurch kann es später auch nur eine Mini-Rente geben. Ihnen zu raten, einfach mehr zu sparen und so private Vorsorge zu betreiben, ist kaum eine realistische Option. Auch noch so schöne Pläne über Betriebsrenten oder Zahlen über mögliche staatliche Förderungen nützen ihnen nichts.

Es geht eigentlich um neue politische Kompromisse. Sie sind schwierig zu finden, denn die verschiedenen Interessen stehen sich diametral gegenüber. Arbeitgeber wollen keine Erhöhung der Arbeitskosten durch steigende Sozialbeiträge. Auch Arbeitnehmer sind daran nicht sonderlich interessiert, denn das sind die Jüngeren, deren laufende Zahlungen ja von den Älteren verbraucht werden. In welcher Höhe sie selbst jemals von ihrem »Vorschuss« profitieren, steht in den Sternen. Andererseits brauchen die Rentenkassen mehr Geld, denn ihre Kundschaft wächst. Hinzu kommen zahlreiche »rentenfremde Leistungen«, die sie finanzieren. Das sind Zeiten, für die später einmal Rente gezahlt wird, aber zuvor kein Beitrag anfiel. Ausgezahlt werden kann aber nur, was vorher auch einkommt. Nahezu die Hälfte der Sozialausgaben des Bundes fließt bereits jetzt in die Rentenkassen. Experten schätzen, dass dieser Zuschuss bis 2020 die Grenze von 100 Milliarden Euro im Jahr übersteigen wird. Das wiederum ist nur bei einer gut laufenden Wirtschaft zu leisten.

Es erinnert also etwas an die Quadratur des Kreises, wenn man hier Lösungen finden will. Das Leben hat aber auch in der Vergangenheit gezeigt, dass sich immer wieder neue Wege auftun. Wie sie verlaufen werden, ist heute noch nicht absehbar. Bereits jetzt darüber zu klagen, dass alles nur schlechter werden könne, scheint ebenso verfehlt, wie zu glauben, alles löse sich von selbst.

Volk und Volksgesundheit

Professor Brinkmann mit samt seiner Familie im schönen Schwarzwald wäre längst verhungert und die Sachsenklinik »In aller Freundschaft« pleite, stünde es um die tatsächliche Gesundheit der Deutschen wirklich so gut wie um die gefühlte.

Rund drei Viertel aller Deutschen halten sich für fit und schätzen ihren Gesundheitszustand »gut« oder sogar »sehr gut« ein. 77 Prozent sind es bei den Männern, 73 Prozent bei den Frauen. Doch der Schein trügt. Unabhängig vom Gefühl nehmen die sogenannten Zivilisationskrankheiten, wie Bluthochdruck, Herz- und Gefäßkrankheiten, Fettleibigkeit, Rückenschmerzen, Diabetes, und auch psychische Probleme zu.

Nach wie vor macht das Herz-Kreislauf-System die größten Sorgen. Bei den Frauen sind 13, bei den Männern 19 Prozent betroffen. Zwischen 40 und 79 Jahren haben 2,5 Prozent der Frauen und 7 Prozent der Männer bereits einen Herzinfarkt überlebt. Mehr als ein Drittel der Ruheständler (36 Prozent) leidet an Bluthochdruck.

Alarmierend gestiegen ist die Zahl der Diabetiker. Die Mehrzahl der rund 6 Millionen Betroffenen muss einen Diabetes Typ II ertragen, früher »Altersdiabetes« genannt. Mehr als die Hälfte ist über 65 Jahre alt. Jeden Tag erkranken statistisch gesehen weitere rund 750 Menschen in Deutschland. Jede Stunde sterben drei Patienten an den Folgen der Krankheit. Zu berücksichtigen ist, dass ein Drittel des Anstiegs auf die demographische Entwicklung zurückgeht, weil die Gruppe der Älteren, die ein höheres Diabetesrisiko hat, wächst.

Auch im europäischen Durchschnitt sieht es für die Deutschen nicht so gut aus. Nach Erhebungen des Europäischen Statistikamts haben Seniorinnen hierzulande im Durchschnitt noch 7,1 gesunde und beschwerdefreie Jahre zu erwarten. Männer schaffen es nur auf 6,9 Jahre. Das liegt um knapp zwei Jahre unter dem EU-Durchschnitt. Im Einzelvergleich der Krankheiten zeigt sich allerdings ein etwas günstigeres Bild. Den Unterschied zwischen Befunden und Gefühlen vermutet der Wuppertaler Gesundheitsökonom Hendrik Jürges in der deutschen Mentalität. Schon bei geringen Störungen des Wohlbefindens wird gern gejammert. Der Wissenschaftler zum Umgang der anderen Europäer mit ihren Malaisen: »Da sind wir Deutschen mäkeliger.«

Das hat allerdings auch eine gefährliche Folge. Unzufriedenheit mit der eigenen Gesundheit zieht einer Studie der Heidelberger Soziologin Simone Becker zufolge auch eine Scheu vor Sport nach sich. »Je weniger zufrieden Männer und Frauen mit ihrer Gesundheit sind, desto seltener treiben sie Sport«, hat sie festgestellt. Mit steigendem Alter sinkt die Sportaktivität rapide. Während im mittleren Alter von 35 Jahren etwa jeder Dritte regelmäßig Sport treibt, sind es bei den über 68-Jährigen nur noch 18 Prozent.

Das spüren die Krankenkassen. Um den 60. Geburtstag der Versicherten herum steigen die Besuche in Arztpraxen stark an. Fünf Jahre später sind es dann die stationären Behandlungen im Krankenhaus. Wurden beispielsweise 2003 noch rund 6,7 Millionen Patientinnen und Patienten gezählt, waren es 2013 bereits 8,3 Millionen, ein Plus von annähernd 25 Prozent. Bis zum Alter von 70 Jahren gehen die Frauen öfter zum Arzt, danach die Männer.

Spektakuläre Erkenntnisse zeigen langfristige Beobachtungen der Gesundheit. Sie belegen, dass Lebenslagen mit ungleichen Gesundheitsbelastungen und -ressourcen, die über mehrere Jahrzehnte oder das gesamte Arbeitsleben gehen, andauernde psychische und physische Gesundheitseffekte auf die davon Betroffenen haben. Für die Praxis heißt das, dass diejenigen, die früh solchen Belastungen unterliegen, sie auch später durch eine bewusst gesunde Lebensführung nicht mehr kompensieren können. Durch Studien gut belegt ist überdies ein relevanter Zusammenhang zwischen einem ungünstigen sozioökonomischen Status und einer schlechterer Gesundheit bis ins hohe Alter.

Männer in der untersten Einkommensgruppe sterben früher als ihre wohlhabenderen Altersgenossen. Ihre Erwartung auf ein gesundes Leben im Alter ist um vierzehn Jahre vermindert. Bei Frauen wirkt Armut nicht ganz so drastisch, verkürzt aber auch das gesamte Leben und den Anteil der gesunden Lebenszeit daran.

Neue Forschungen bestätigen, dass das persönliche Gesundheitsverhalten zwar wichtig für die gesundheitliche Ungleichheit, nicht jedoch deren einzige Ursache ist. Auch bei einem Leben mit knappen finanziellen Ressourcen kann ein hohes Gesundheitsbewusstsein positiv wirken. Im Gegenzug gibt es Menschen, die ihren materiellen Wohlstand über eine ungesunde Lebensweise, zum Beispiel mit viel Alkohol, unnötigem Stress oder exzessive Aktivitäten, umsetzen.

In den aktuellen Diskussionen verweisen die Experten immer wieder darauf, dass eine angemessene gesundheitliche Versorgung aller Bürgerinnen und

Bürger zu den »Grundaufgaben des Staates«, wie vom Bundesverfassungsgericht festgestellt, gehört. Das Problem wird offenbar brisanter. In ihrem Mitte Juli 2017 vorgestellten Krankenhausreport verwies die Krankenkasse Barmer darauf, dass die Zahl älterer und mehrfach kranker Patienten im Krankenhaus zuletzt binnen zehn Jahren um 80 Prozent auf zwei Millionen stieg. Es handelte sich dabei um über 70-jährige multimorbide Geriatrie-Patienten. In der Folge forderte die Deutsche Stiftung Patientenschutz deutliche Verbesserungen für die Betroffenen. Sie konstatierte überdies, dass die knapp 2.000 Kliniken in Deutschland auf die Behandlungen von älteren Menschen kaum vorbereitet seien.

Defizite zeichnen sich auch bei der ärztlichen Versorgung der ländlichen Bevölkerung ab. Patientenvertreter betonen seit Jahren, dass Kosten-Nutzen-Erwägungen mit Blick auf Menschen im fortgeschrittenen Lebensalter nicht dazu führen dürfen, ihnen Versorgungs- und Behandlungsleistungen vorzuenthalten.

Angesichts steigender Kosten und einer alternden Bevölkerung wächst also der Handlungsbedarf, um die Balance von Volk und Volksgesundheit zu erhalten. Die wachsende Lebenserwartung belegt dabei nicht nur den in den letzten Jahrzehnten errungenen Erfolg, sondern stellt auch ganz neue Aufgaben.

Methusalem wär heute weiblich

Am 15. April 2017 starb Emma Morano mit 117 Jahren in ihrer Wohnung in Verbania am Lago Maggiore.

Sie war die letzte bekannte Erdenbürgerin aus dem 19. Jahrhundert. Ein paar Monate zuvor verriet sie einem Journalisten ihr Geheimnis des langen Lebens: »Ich esse jeden Tag zwei Eier, und das ist es.«

Die Französin Jeanne Calment schwor wahrscheinlich auf Knoblauch. Das brachte ihr ein Leben von 122 Jahren und den Rekord des längsten Lebens der Welt ein. Sie wurde am 21. Februar 1875 in Arles geboren und starb dort am 4. August 1997.

Die Jamaikanerin Violet Brown erblickte am 10. März 1900 das Licht der Welt. Am 15. September 2017 starb sie. Auch sie vertraute ihrer Eier-Diät. Jeden Tag esse sie drei Stück, zwei davon roh, erklärte Violet Brown im April dem *Jamaica Gleaner*.

Viele Menschen werden immer älter. Wo die Grenze liegt, weiß keiner. Wissenschaftler meinen, mit 125 Jahren sei das biologische Limit erreicht. Ob es sich verschieben lässt – mit Hilfe von Genmanipulationen, über die Nachzucht von Organen aus Stammzellen bis hin zu noch nicht erahnbaren Hightech-Prothesen –, steht dabei in den Sternen. Ebenso fehlt der ethisch-moralische Diskurs darüber, ob eine derartige Entwicklung überhaupt wünschenswert und für die Betroffenen erstrebenswert sei.

Wissenschaftler des Max-Planck-Instituts für demografische Forschung haben berechnet, dass bei den heute geborenen Mädchen 28 Prozent und bei den Jungen 7 Prozent die Chance haben, 100 Jahre alt zu werden, wenn der Trend der steigenden Lebenserwartung der vergangenen Jahrzehnte anhält. Im Schnitt liegt sie derweil bei 92,8 Jahren bei weiblichen und 87,8 Jahren bei männlichen Neugeborenen.

Dabei war das Ost-West-Gefälle bei Frauen nach zwanzig Jahren Einheit im Jahr 2010 nahezu verschwunden. Bei Männern bestand noch eine Differenz von 19,2 Monaten, die sich jedoch von Jahr zu Jahr abbaute. Stattdessen ist zurzeit ein regionaler Unterschied festzustellen. Spitzenreiter bei der durchschnittlichen Lebenserwartung von Frauen war 2010 Baden-Württemberg mit 83,6 Jahren, gefolgt von Sachsen, Bayern und Hessen. Das Schlusslicht trug das Saarland mit 81,7 Jahren. Mit 79,2 Jahren erreichten die Männer im Südwesten Deutschlands das höchste Lebensalter. In Sachsen-Anhalt waren es nur 75,7 Jahre.

Ein unterschiedlich langes Leben zeigte sich auch schon in der DDR. Generell lag die Lebenserwartung, je nach Altersgruppe, zwischen 1,3 bis zu 3 Jahren unter der des Westens. In den höher entwickelten industrialisierten Regionen erreichten die Menschen im Schnitt 73,23 Jahre, im landwirtschaftlich geprägten Norden nur 72,12 Jahre.

In beiden Teilen Deutschlands verlängerte sich die Lebenszeit im 20. Jahrhundert, ohne Berücksichtigung der vielen Toten durch Krieg und Gewalt, erheblich. Das geschah im Ergebnis der Entdeckung von Impfstoffen und Antibiotika, verbesserter Hygiene, Technologien wie Herzschrittmachern und neuer Behandlungsmethoden wie Dialyse oder Transplantationen. Vor 1900 Geborene konnten sich noch glücklich schätzen, wenn sie das 50. Lebensjahr erreichten.

Inzwischen wird nach den Berechnungen des Max-Planck-Instituts für demografische Forschung eine heute 50-jährige Frau hierzulande etwa durchschnittlich 88,2 Jahre alt und kann mit einer Wahrscheinlichkeit von 13 Prozent ihren 100. Geburtstag erleben. Ein gleichaltriger Mann hat demnach eine Lebenserwartung von 83,4 Jahren. Seine Chance, 100 Jahre alt zu werden, liegt allerdings bloß bei zwei Prozent.

All das sind Schätzwerte, die sich im Laufe der Zeit verändern. Bei der Interpretation der Zahlen wird häufig übersehen, dass die Lebenserwartung für Menschen desselben Geburtsjahrgangs mit wachsendem Alter steigt. Das liegt daran, dass bei einem beispielsweise 1948 Geborenen, der heute 70 Jahre alt ist, die aus seiner Generation bereits Verstorbenen nicht mehr mitzählen. Aus dieser Differenz ergeben sich ganz erheblich unterschiedliche Perspektiven. Ein Beispiel auf der Grundlage der Statistik: Männer, die 1960 in Deutschland (alte Bundesländer) geboren wurden, hatten bei ihrer Geburt eine Lebenserwartung von 66,9 Jahren. Nach der aktuellen Gesetzeslage erreichen sie mit 66,3 Jahren (66 Jahre und vier Monate) das Rentenalter. Wer aber im Jahr 2015 seinen 60. Geburtstag feiern konnte, kann durch das Ansteigen des Lebensalters noch 21,5 Jahre erwarten. Bei Frauen ist der Unterschied noch größer. Ein 1960 geborenes Mädchen hatte damals eine Lebenswartung von 72,4 Jahren. Auch sie erreicht mit 66,3 Jahren die Rente. Von ihrem 60. Geburtstag 2015 aus gerechnet, bleiben ihr noch 25,2 Lebensjahre.

Eine weitere Fehlerquelle entsteht durch den Vergleich verschiedener Berufs- oder sozialer Gruppen. Mit Sicherheit wird die Statistik zum Beispiel »beweisen«, dass Geschäftsführer eine längere Lebenserwartung als Beschäftigte der Branche haben. Dabei wurde dann vergessen, dass eben erst ein bestimmtes Alter erreicht werden muss, um Chef zu sein, und es weit mehr und viel jüngere Arbeitnehmer als Direktoren gibt.

Erklärungen werden überdies immer wieder für den Unterschied zwischen Frauen und Männern gesucht. Demographen verweisen dabei auf die relativ höhere Sterblichkeit junger Männer in der Alters-spanne zwischen 16 und 25 Jahren. Sie gehen oft unnötige Risiken ein, verunglücken bei Verkehrsunfällen oder extremen sportlichen Aktivitäten. Im weiteren Leben schlägt die bei Männern verbreitere, ungesunde Lebensweise zu Buche. In den Jahren bis zum 65. Geburtstag sterben dadurch etwa doppelt so viele Männer wie Frauen.

Derartige Berechnungen lassen die einen optimistisch in die Zukunft schauen, die anderen regen sie unnötig auf. Dass sich inzwischen beim »Alles-wissen-wollen« ganz andere Entwicklungen abzeichnen, hat den gesellschaftlichen Diskurs bisher kaum erreicht.

Das brisante Recht auf Nichtwissen

Mit der Digitalisierung unserer Umwelt geht eine unvorstellbare Datensammlung über jede Person einher. Das betrifft natürlich auch die Medizin. Dort wird sie »E-Health« genannt. Diese »Elektronische Gesundheit« beschreibt die Vernetzung von erfassten Daten und deren Verarbeitung durch neue wissenschaftliche Methoden.

Diese Zukunft scheint nicht allzu fern. Im Mai 2017 veröffentlichte die renommierte wissenschaftliche Zeitschrift »Nature« einen Bericht über Forschungsansätze, die es sich zum Ziel gemacht hatten, den Todeszeitpunkt eines Menschen im Voraus genau zu bestimmen. Die Methode dazu war eine Variante künstlicher Intelligenz, »Deep Learning« genannt.

Die Forscher erklärten dazu, solche »Deep Learning«-Systeme »könnten den Ärzten bestimmte Entscheidungen abnehmen«. Darin steckt eine unabsehbare Bedrohung, denn zu treffen sind diese Entscheidungen nämlich schon heute. Man denke zum Beispiel an den eklatanten Mangel von Organen für Transplantationen. Ärzte müssen entscheiden, wann wer dran ist und viele Patienten haben nicht mehr genügend Zeit, bis sie auf der Liste an erster Stelle stehen. Oder an die immer mal wieder einmal aufflammende Diskussion, ab wann komplizierte Operationen noch »lohnen«. Es geht um das künstliche Hüftgelenk für den 76-Jährigen oder die neue Herzklappe für die 81-Jährige. Bereits jetzt ist das Gesundheitssystem auf einer »Zwei-Klassen-Behandlung« aufgebaut. Der Kostendruck wird nicht geringer, sondern höher. Sollen also künftig Computer entscheiden, wer überlebt und wer nicht?

Die Forschungen sind weiter, als allgemein bekannt. Ebenfalls im Mai 2017 präsentierten Forscher der amerikanischen Cornell University in Ithaca eine Prognose zum Umgang mit Alkohol und Drogen. Sie basierte auf öffentlich zugänglichen Daten aus sozialen Netzwerken und erreichte bei der Voraussage des Missbrauchs von Alkohol eine Wahrscheinlichkeit von 81, bei Drogen von 84 Prozent. Solche Daten sind derweil käuflich.

Unsere Gesellschaft ist darauf aufgebaut, nicht zu wissen, was in der Zukunft passiert. Zu meinen, das sei ein Manko, ist kurzschlüssig. Die Alternative wäre nämlich, Entscheidungen auf Wahrscheinlichkeiten zu basieren – von Maschinen berechnet – und dabei außer Acht zu lassen, dass »wahrscheinlich« bei weitem nicht »sicher sein« bedeutet.

Das Recht auf Nichtwissen ist in Deutschland ein geschütztes Rechtsgut. Mit Urteil vom 29. Oktober 2003,

Aktenzeichen 15 UF 84/03, bezeichnete es das Oberlandesgericht Celle als »negative Variante des Rechts auf informationelle Selbstbestimmung«. Dabei ging es darum, den Einzelnen vor dem Erhalt von Informationen zu schützen, die er nicht haben möchte, weil sie seine Lebensführung beeinträchtigen würden.

Darüber, wie mit solchen Informationen – etwa im Fall einer nur noch absehbaren Lebenserwartung – umzugehen ist, hat sich auch der Europarat Gedanken gemacht. Im Übereinkommen über Menschenrechte und Biomedizin steht im Artikel 10, Nr. 2, Satz 1, dass jede Person ein Recht auf Auskunft auf alle über ihre Gesundheit gesammelten Angaben hat. Satz 2 dieses Artikels bestimmt jedoch ergänzend, dass auch der Wunsch auf Nichtwissen zu respektieren ist. Deutschland hat dieses Abkommen bisher nicht ratifiziert.

Zurück zum »*Deep Learning*«. Man stelle sich vor, in ein paar Jahren sagen Computer mit 99-prozentiger Sicherheit für jeden Einzelnen die exakte Lebenserwartung voraus. Gleichzeitig wachsen die Löcher in den Rentenkassen und die Kosten im Gesundheitssystem. Unangenehme politische Entscheidungen sind nötig. Wie sensibel das Wahlvolk darauf reagiert, hat sich in der Vergangenheit immer wieder gezeigt. Die Verlockung, dann diese Entscheidungen auf der Basis datengestützter Maschinen-Prognosen zu treffen, und diese der Realität gleichzusetzen, dürfte erheblich sein.

Die Ignoranz des Rechtes auf Nichtwissen würde die noch bestehenden Solidargemeinschaften in der Gesellschaft bedrohen. Das Akzeptieren von Solidarität beruht stark auf dem Unwissen. Dahinter steht die theoretische Möglichkeit, selbst einmal darauf angewiesen zu sein. Beispiele wären da die auf dem Solidarprinzip aufgebauten Versicherungen ebenso wie das bestehende Rentensystem. Warum sollte jemand in den Rententopf zahlen, wenn er schon sicher weiß, dass er nie etwas daraus bekommen wird, weil er mit 63 Jahren stirbt.

Derartige Fragen kann man heute noch mit großer Geste einfach vom Tisch wischen und sagen, natürlich würde auch der seinen Solidarbeitrag im Gesundheitswesen leisten, der selbst nichts davon hat und jener in die Rente einzahlen, der später keine bekommt. Einfach weil die Gesetze so sind und es Sitte und Moral gebieten. In der Praxis hat sich aber schon sehr oft gezeigt, wie schnell gesellschaftliche Fronten entstehen. Die immer wieder aufflammende Diskussion um die vermeintliche Ausbeutung der Jungen durch die Alten ist ein Beispiel dafür. Das System der Marktwirtschaft unterstützt diese Differenzen. Für den Markt ist die messbare Realität von geringerer Bedeutung, als der Glaube an Produktversprechen. Solch ein »Produkt« wäre dann auch die Computer-Aussage zur Gesundheits- und Lebenserwartung.

Die Abschaffung des Nichtwissens könnte außerdem den Zusammenhang von sozialem Status und Lebenserwartung offenbaren. Wissenschaftler kennen ihn längst, gern gesprochen wird darüber nicht. »Weil du arm bist, musst du früher sterben«, hieß es früher. Das dürfte auch heute noch gelten, steht aber nicht mehr allein. Lothar H. Wieler, Präsident des Robert Koch-Instituts (RKI) sieht »zwei große Entwicklungen« im Gesundheitsbereich: »Die Menschen werden immer älter. Dadurch nehmen auch die chronischen Erkrankungen zu.« Dennoch bleibt die Gesundheit erheblich vom persönlichen Platz im Sozialgefüge abhängig. »So litten Frauen mit niedrigem sozialen

Status dreimal so häufig an Diabetes als Frauen mit hohem sozialen Status. Und arme Männer sterben mehr als zehn Jahre früher als ihre wohlhabenderen Geschlechtsgenossen.«

Angesichts der besonderen Lage in Deutschland drängt sich die Frage auf, wie es denn eigentlich um die Volksgesundheit in der früheren DDR stand. Dass der Lebensstandard dort unter dem der Bundesrepublik lag, ist unumstritten. Aber betraf das auch das Gesundheitswesen?

Poliklinik contra Hausarzt

Dass die Lebenserwartung in der DDR kürzer war als im Westen, belegen die Zahlen. Die in verschiedenen Regionen katastrophal belastete Umwelt, weniger Obst, fettes Essen und viel Alkohol waren dabei die oft genannten Auslöser dafür. Häufig wird auch auf den schon seit den 1980er Jahren massiv gewachsenen Vorsprung des Westens in der medizintechnischen Ausstattung und der Pharmazie verwiesen.

Dem stehen die guten Erinnerungen der früheren DDR-Bürger an ihr Gesundheitswesen gegenüber, die auch viele Westdeutsche teilen. Genau zwanzig Jahre nach dem Mauerfall ließ die FDP-nahe Friedrich-Naumann-Stiftung 3.000 Deutsche darüber befragen, was sie vom DDR-Gesundheitswesen hielten. 40 Prozent der West- und 84 Prozent der Ost-Bürger hielten es für eine Errungenschaft, die »hätte bewahrt werden sollen«.

Wie sahen die Fakten aus?

Obermedizinalrat Prof. Dr. Herbert Kreibich, früher DDR-Vertreter bei der Weltgesundheitsorganisation in Genf, meint zu wissen, warum sich der gute Ruf hielt: »Das Gesundheitswesen der DDR war und bleibt in vielen seiner Facetten international hoch anerkannt und national bis in die Gegenwart vorbildlich.« Prof. Dr. Ludwig Mecklinger, langjähriger Gesundheitsminister der DDR relativiert das etwas aus seiner Erfahrung und weist auf den »offenkundigen Widerspruch zwischen Zielstellung, Aufgabenstellung, auch Willensvorstellung und dem tatsächlich Erreichten – durch die nur begrenzt vorhandenen ökonomischen Möglichkeiten der DDR« hin.

Zweifellos haben sich viele engagierte Schwestern, Pfleger und Ärztinnen und Ärzte im DDR-Gesundheitswesen verdient gemacht. Das gesellschaftliche Umfeld schloss eine unternehmerische Tätigkeit der Mediziner weitgehend aus und erlaubte ihnen, sich auf ihr humanistisches Anliegen zu konzentrieren. Eine umfangreiche und fundierte fachliche Ausbildung war im internationalen Vergleich anerkannt. Die Grundstrukturen des Gesundheitswesens der DDR bildeten Polikliniken. Als selbstständige staatliche ambulante Kliniken mit mindestens vier verschiedenen medizinischen Fachbereichen ersetzten sie das frühere – und heute wieder übliche – Hausarztprinzip. Das hatte den Vorteil, bei Bedarf schnell an eine medizinische Versorgung zu gelangen. Es gab aber auch den Nachteil, nicht immer sofort den nötigen Spezialisten zu finden, denn die Dienste außerhalb der Sprechzeiten leisteten die Ärzte der unterschiedlichsten Fachrichtungen.

Insgesamt bewährte sich das DDR-Gesundheitswesens, von der Poliklinik über die Verbindung von Arbeits- und Gesundheitsschutz bis zu den Gemeindeschwestern über viele Jahre bei der Sicherung der Grundversorgung. Das Fehlen dieser komplexen Struktur wird heute als Defizit empfunden. Auch das vorbildliche Impfwesen und wesentliche Teile der sich als nützlich erwiesenen Gesundheitsdokumention, zum Beispiel das zentrale Krebsregister, fielen der Neuorganisation des Gesundheitswesens auf privatwirtschaftlicher Basis zum Opfer.

Die Leistungen für die Bevölkerung stiegen in den 1970er Jahren von 13,9 Milliarden Mark (1971) auf 15,2 Milliarden Mark (1980) und erfuhren somit einen Zuwachs um 9,4 Prozent. Zum Vergleich: Im Bildungswesen betrug die Steigerung 31 Prozent, bei Wohnungsbau und Mietsubventionen 94 Prozent und bei Kultur, Sport und Erholung 45 Prozent. Der Ausbau des Gesundheitswesens stellt sich somit nicht als Schwerpunkt des Sozialwesens dar.

Möglicherweise aus diesem Grund vertrauten die führenden Funktionäre der DDR nicht auf das öffentliche Gesundheitswesen, sondern schufen für sich und weitere ausgewählte Kader in verschiedenen Abstufungen, eine parallele, nicht-öffentliche Betreuungsstruktur. Sie reichte vom »Regierungskrankenhaus« und einem eigenen Krankenhaus des Ministeriums für Staatssicherheit (MfS) in Berlin Buch bis zu turnusmäßigen Kuren für ausgesuchte Mitarbeiter verschiedener Leitungsebenen. Ihre Leistungen unterschieden sich vom öffentlichen Bereich durch modernere Ausrüstungen und vorwiegend aus Importen stammende Medikamente und Hilfsmittel.

Das Durchschnittsalter der Krankenhaus-Bausubstanz der DDR lag 1989 bei 60 Jahren. Die Zahl der Krankenhausbetten verringerte sich von 206.000 im Jahr 1965 auf 169.000 Mitte der 1980er Jahre. Überschrittene Verschleißgrenzen der Gebäude und das Fehlen von Personal ließen die Betten-Auslastung von 81,3 Prozent (1966) auf 75 Prozent (1988) sinken. Patienten wurden überwiegend in Vier- bis Acht-Bett-Zimmern untergebracht.

Spürbare Defizite bestimmten die Behandlung chronisch Kranker. So gab es in der DDR auf eine Million Einwohner nur 200 Behandlungsplätze für die Nierendialyse, in der Bundesrepublik waren es 510. Technische Innovationen wie die der Ultraschall-Untersuchung kamen in der Regel aus dem Westen und wurden in der DDR um Jahre später und in geringem Umfang eingeführt. Ende der 1980er Jahre kam auf etwa 600.000 Einwohner ein Computertomograph und ein Ultraschall-Gerät auf 32.000 Einwohner. In Westeuropa lag der Besatz beim 6- beziehungsweise 13-fachen. Bei hochspezialisierten Behandlungen, wie Herz- und Gefäßchirurgie und Implantation künstlicher Gelenke, waren lange Wartezeiten üblich.

Das vorrangige Ziel des Gesundheitswesens lag im Erhalt und in der Wiederherstellung der Arbeitskraft. Mehr als 7,3 Millionen Werktätige wurden jährlich betriebsärztlich betreut. Durch diese Konzentration fokussierten sich die Mängel und Defizite besonders in den Alten- und Pflegeheimen.

Wenn das Gesundheitswesen der DDR trotz aller Probleme inzwischen von vielen Menschen vermisst wird, können die Gründe dafür eigentlich nur in der Übertragung ertragsorientierter Strukturen auf einen Bereich, zu dem sie einfach nicht passen, liegen. Wenn Ärztinnen und Ärzte nicht mehr nur Helfer sein können, sondern auch Unternehmer sein müssen, verändert das ihre Arbeitsweise. Das modernere Medikament oder die praktische Einwegspritze allein lässt sich nicht gegen menschliche Zuwendung und das Gefühl, Aufmerksamkeit zu bekommen, statt in eine Gesundheitsfabrik geraten zu sein, aufwiegen.

Ein ganz besonders hoher Stellenwert kam den Gemeindeschwestern zu. Die Volksschauspielerin Agnes Kraus gab ihnen als »Schwester Agnes« auf Leinwand und Bildschirm ein Gesicht. Seit 2004 taucht »Agnes« wieder auf, doch nun in einer sehr merkwürdigen Form.

»Schwester Agnes« ist jetzt ein Computer

Von der Universität Greifswald ist immer wieder mal zu hören, wenn es um ein innovatives Projekt zur gesundheitlichen Betreuung geht. Es heißt AGnES. Das recht gekünstelt klingende Kürzel bedeutet: »Arzt-entlastende, Gemeinde-nahe, E-Health-gestützte, Systemische Intervention«. Damit soll es an die aufopferungsvolle Arbeit der vielen Frauen, die Agnes Kraus alias »Schwester Agnes« unsterblich gemacht hat, erinnern. Ob das mit solch einem Denglisch-Kauderwelsch gelingt, darf wohl bezweifelt werden.

Dabei haben die rund 5.500 Gemeindeschwestern der DDR durchaus ein Denkmal verdient. Sie prägen bis heute das Bild der Gesundheitsvorsorge und -versorgung auf dem Lande. Unter der Parole »Gesundheit für alle« gehörte beides seit Gründung der DDR zu jenen Aktivitäten, die die »Überlegenheit der sozialistischen Gesellschaft« augenscheinlich beweisen sollten. Dazu entstanden »Landambulatorien« als »Zentren dörflicher medizinischer Betreuung«. Sie waren unterschiedlich mit Technik und Personal ausgestattet, ihre Zahl wuchs stetig bis 1988 auf 435 solcher Einrichtungen.

Das war ein schwieriges Unterfangen, denn bis zum Bau der Mauer 1961 wanderten etwa 2.400 in der DDR ausgebildete Ärzte in den Westen ab. Um den daraus entstehenden Mangel abzufedern, »erfand« das Gesundheitswesen die mobile Gemeindeschwester. Sie fungierte als Bindeglied zwischen Arzt und Patient und ersparte so aufwendige Hausbesuche bei Bagatellfällen und regelmäßigen medizinischen Dienstleistungen. Dadurch verkürzten sich gleichzeitig die langen Wege für die Patienten und die Wartezeiten in den Landambulatorien.

Um als Gemeindeschwester tätig werden zu können, bedurfte es einer besonderen Qualifizierung. Hildegard Rabbach, früher Chefin der ambulanten Pflegekräfte der Stadt Brandenburg, bestätigt: »Die Gemeindeschwestern waren qualifizierte Krankenschwestern, Kinderkrankenschwestern oder Sprechstundenschwestern. Das war damals die A-3-Ausbildung. Aber die reichte nicht aus. (...) Und da ist es so, dass wir noch eine Gemeindeschwesternausbildung, die A-4-Ausbildung, das war eine Fachspezialisierung, machen lassen mussten.« Dazu gehörten nicht nur ein Jahr Theorie, sondern auch praktische Einsätze in der Chirurgie, der inneren Medizin, der Orthopädie, der Augenheilkunde, der Hautabteilung und im Kreißsaal. Im Notfall konnten Gemeindeschwestern sogar eine Geburt selbständig begleiten und die Erstversorgung des Säuglings sichern.

In ihrem Alltag kümmerten sie sich um Bettlägerige und Gebrechliche, maßen den Blutdruck, brachten Medikamente, verabreichten Impfungen und schauten bei Schwangeren nach dem Rechten. Oft ging die Tätigkeit der Gemeindeschwestern auch weit über rein medizinische Probleme hinaus. Gabriela Marx, damals auf ihrer »Schwalbe« in den Dörfern rund um Lübbenau unterwegs, erzählt: »Wir waren Krankenschwester, Sozialarbeiterin, Mutter, Anvertraute, Freundin und manchmal auch seelischer Mülleimer.« Die Erinnerung an solcherart umfangreiche Betreuung ist für viele frühere DDR-Bürger bis heute Anlass, dass damalige Gesundheitssystem als vorbildlich zu sehen.

Dazu gehörte auch die aufopferungsvolle Arbeit vieler Landärzte. Dr. Klaus-Dieter Schwarz, früher in Sanitz bei Rostock tätig, erinnert sich an die 1960er Jahre: »Bereits morgens um sieben stand man bei den ersten Patienten, dann machte man bis zum Nachmittag Sprechstunde. Anschließend fuhr man noch zu Hausbesuchen übers Land, so dass man abends erst gegen 22 Uhr wieder zu Hause war.«

Das alles sicherte eine medizinische Grundbetreuung, die für die Patienten einschließlich der Medikamente und Hilfsmittel über den Sozialversicherungsbeitrag hinaus kostenlos war. Ihren Umfang vor Ort gab die jeweilige Ausstattung der Landambulatorien vor. Sie eröffnete oft nur bescheidene Möglichkeiten. Dr. Hellmuth Rühle, damals Landarzt in Friedland: »Da gab es nur Stethoskop und Reflexhammer.« Für Laboruntersuchungen oder wenn der Einsatz von Technik, wie etwa eines EKG nötig war, wurden die Patienten in die Krankenhäuser oder Polikliniken der jeweils nächstgelegenen größeren Kreis- oder Bezirksstadt überwiesen.

Mit Kampagnen wie Anfang der 1960er Jahre unter der Losung »Ärzte aufs Land« strebte das Gesundheitswesen eine Verbesserung der personellen Situation auf dem Land an. Neben materiellen Anreizen diente dazu auch eine Verpflichtung vieler junger

Mediziner und Studienabsolventen, dort zumindest eine Zeit lang ihren Dienst zu tun. Dennoch blieben die Gemeindeschwestern eine unverzichtbare Stütze des Systems.

Nach der Einheit Deutschlands verschwand ihr Beruf, weil nach dem nun geltenden Recht ärztliche Verrichtungen allein ausgebildete Mediziner vornehmen durften. Landambulatorien und Polikliniken wurden aufgelöst, Arztpraxen zu selbständigen Unternehmen umgestaltet. Das schuf stark unterschiedliche Verdienstmöglichkeiten, wobei besonders im ländlichen Raum ein Missverhältnis von Arbeitsaufwand und Vergütung entstand. Dies wiederum führte mit dem allmählichen Ausscheiden der traditionellen Landärzte aus Altersgründen aus ihrem Beruf zu massiven Problemen bei der medizinischen Versorgung auf dem Land. Deshalb gibt es etwa seit der Jahrtausendwende Bemühungen, in einigen Modellprojekten die Tätigkeit der früheren Gemeindeschwestern nach DDR-Vorbild wieder zu beleben. Diese Vorhaben werden von vielen Ärztefunktionären beargwöhnt, die eine Übertretung ärztlicher Kompetenz befürchten. Als Kompromiss sollen künftige Gemeindeschwestern nur auf Weisung und im Auftrag eines Arztes aktiv werden und nicht wie in der DDR weitgehend selbständig wirken.

Bei einer Sache könnten sie sich sicher verdient machen, auch ganz ohne besondere »ärztliche Kompetenzen«: Der Ernährungsberatung. Hier beherrschen die bunten Blätter mit ihren Diäten die Meinung. Einer schreibt sie vom anderen ab, und jede einzelne von ihnen wird als das einzig wahre Wundermittel für ein langes und gesundes Leben gepriesen.

Diät, bis der Arzt bremst

Es ist eine paradoxe Situation: Die Gesellschaft in Deutschland altert und die Betroffenen versuchen, das mit aller Kraft zu verbergen. Wem das Schicksal dies erschwert, der gerät schnell ins Abseits. Ernährung ist längst zu einer Glaubensfrage geworden. Eine ganze Industrie macht damit ihre Geschäfte, Werbe-Blättchen wie Hochglanz-Magazine trompeten die Botschaften.

Fragwürdige »wissenschaftlich« begründete Ansichten finden ihre Anhänger. Kostprobe: »Sonne, Umweltgifte, Rauchen und Stress lassen im Körper Molekülfragmente (die freien Radikale) entstehen, die für viele Degenerationsprozesse verantwortlich gemacht werden ... Untersuchungen haben gezeigt, dass die Antibaby-Pille zum vermehrten Auftreten von entzündlichen Prozessen im Körper beitragen kann ... Weißmehl und Zucker sind Altmacher ... Zudem verklebt es die Kollagenfasern in der Haut ... Verjüngende Effekte haben ganz generell alle Lebensmittel mit einem hohen Anteil an Nahrungsfasern. ... Kuhmilch und ihre Produkte sollte man so früh wie möglich durch Soja ersetzen ...: Sojamilch, Tofu & Co. enthalten Pflanzenöstrogene, die die Kollagen produzierenden Fibroblasten stimulieren. Das macht die Haut wieder prall ...«

Und so weiter und so fort. Natürlich ist das Ganze mit entsprechender Produktwerbung garniert. Manche Geschäftemacher locken gleich mit recht angenehm klingenden Methoden wie »Schlank im Schlaf« oder vermeintlichen Diäten, bei denen man seine bevorzugten Genüsse – und das geht dann von Fleisch über Eier bis zum Obst – in beliebigen Mengen essen kann und trotzdem dünner wird. Hier verbindet sich der Markt der angeblich gesundmachenden Diäten mit dem der Nahrungsergänzungsmittel. Gern wird der Körper »entschlackt« und die unterschiedlichsten Produkte werben mit Sprüchen wie: »wirkt gegen eine Vielzahl der unterschiedlichsten Erkrankungen von Arthrose bis Neurodermitis«, »hilft dort, wo die Schulmedizin versagt hat«, »ist besonders wirksam laut zahlreicher Erfahrungsberichte«, »wird schon seit Jahren angewandt, aber offiziell nicht anerkannt«, »ist so erfolgreich, dass es eigentlich ein Arzneimittel sein müsste«. Nach einer Forsa-Umfrage von 2013 gibt dafür jeder Deutsche rund 300 Euro im Jahr aus. Der Umsatz der Branche liegt bei etwa 4 Milliarden Euro und wächst von Jahr zu Jahr um 3 bis 5 Prozent. Zur Volksgesundheit dürfte das wenig beitragen.

Dabei hat die ganze Sache einen ernsten Hintergrund. Das Robert-Koch-Institut stellte 2012 fest, dass rund zwei Drittel der deutschen Männer und etwas über die Hälfte der Frauen über 65 Jahren übergewichtig sind. Jeder Dritte in diesem Alter ist sogar fettleibig.

Im Alter sind mehrere Ursachen daran beteiligt. Der Stoffwechsel verlangsamt sich, so dass der Körper weniger Nahrung braucht, um seinen Energiebedarf zu decken. Hormonelle Umstellungen lassen ab 40 das Gewicht wachsen.

Zweifelsfrei kann eine Gewichtsreduzierung vorteilhaft sein, denn sie senkt das Risiko vieler Krankheiten von Diabetes Typ II bis zu Herz-Kreislaufproblemen. Aber sie birgt auch Risiken. Es besteht die Gefahr, dass es zu Mangelernährung oder Muskelschwund kommt. Das kann den natürlichen Verlust an Muskelmasse im

Alter deutlich verstärken, gebrechlicher machen und die Gefahr von Stürzen sowie Knochenbrüchen erhöhen.

Hans Hauner, Professor für Ernährungsmedizin an der TU München, rät dazu, bei älteren Menschen immer im Einzelfall zu prüfen, ob sich eine Gewichtsabnahme tatsächlich lohnt: »Wer abnehmen möchte, sollte sich deshalb vorab von einem Arzt beraten lassen.« Bei einem leichten Übergewicht mit einem Body-Mass-Index (BMI, das ist die Körpermasse, geteilt durch Körpergröße zum Quadrat) zwischen 25 und 30 muss ein über 65-Jähriger in der Regel nicht unbedingt abnehmen. Gefährlich ist das innere Bauchfett, und das ist von außen zu sehen. Frauen sollten einen Bauchumfang von maximal 88 Zentimetern, Männer von höchstens 102 Zentimetern haben.

Wird zum Abnehmen geraten, ist das im Alter besonders schwer. Eva Kiesswetter, Diplom-Ernährungswissenschaftlerin am Institut für Biomedizin des Alterns an der Universität Erlangen-Nürnberg: »Insgesamt nimmt zwischen 30 und 80 Jahren der tägliche Kalorienbedarf um etwa 600 Kilokalorien ab.« Deshalb sollte die Kalorienzufuhr um etwa 500 Kilokalorien (kcal) pro Tag reduziert werden. Wer wenig Muskelmasse hat, muss noch mehr Geduld haben und 200 Kilokalorien einsparen. Das alles hilft aber nur, wenn gleichzeitig viel Bewegung hinzukommt. Gehören Medikamente zum Tagesprogramm, muss man dabei darauf achten, dass sie ihre Wirkung sowohl bei weniger Gewicht, wie auch bei mehr Bewegung verändern können. Bei manchen, etwa Insulin, fällt das gegebenenfalls drastisch aus.

Von Radikal-Diäten und Hungerkuren raten Experten einhellig ab. Sie führen meist zum »Jo-Jo-Effekt«;

die mühsam verlorenen Pfunde sammeln sich schnell wieder an Bauch und Hüften. Dazu kommt die Gefahr eines Nährstoffmangels. Zum Abnehmen gehört neben verstärkter Bewegung vor allem Geduld, denn eine Faustregel lässt sich auch durch die tollsten Ernährungstipps nicht außer Kraft setzen: Der Körper muss mehr Energie verbrauchen, als er aufnimmt.

Statt Dauer-Diät raten ernst zu nehmende Ernährungsexperten zu einer vernünftigen Ernährungsumstellung. Mit ihr lässt sich der tägliche Kalorienbedarf dauerhaft auf 1.200 kcal senken. Viele kleine Snacks zwischendurch sind tabu, denn sie bremsen den Stoffwechsel. Große Kalorienfallen lauern bei Getränken, vom süßen Saft bis zum Alkohol. Auch Bier wird nicht ohne Grund gern »flüssiges Brot« genannt. Zwischen den Hauptmahlzeiten sollten mindestens vier Stunden liegen. Regelmäßige Mahlzeiten sind wichtig, damit es nicht zu Heißhungerattacken kommt.

Trotz alledem bleibt Abnehmen im Alter ein schwieriges Unterfangen. Die Zahlen: Nach einer Studie der Gesellschaft für Konsumforschung (GfK) von 2012 haben gut zwei Drittel (67,6 Prozent) der 60- bis 69-Jährigen bereits einmal eine Diät gemacht. Weniger wogen danach 17,1 Prozent, 35,9 Prozent behielten ihr Gewicht und 14,7 Prozent wurden schwerer. Von den über 70-Jährigen gaben 29,6 Prozent an, eine Diät gemacht zu haben. Bei 7,7 Prozent führte sie zu Gewichtsverlust, bei 6,5 Prozent zu einer Zunahme und für 15,4 Prozent änderte sich gar nichts.

Ohne es zu wissen, schleppen die Ruheständler von heute oft ein Stück ihrer Vergangenheit mit sich herum, das sich durchaus mit guten Erinnerungen verbindet.

»Gute Butter«

Wer nach dem Krieg aufwuchs, erinnert sich noch daran, dass »gute Butter« ein Synonym für gesundes Essen war. Wer sie sich nicht leisten konnte, aß Margarine. Im Westen warb man für »Rama butterfein«, um das Defizit zu kaschieren, in der DDR erinnerten Namen wie »Sahna« oder »Goldina« an das Gute aus der Milch und die Farbe der Butter.

Viel und fett zu essen, galt hier wie da als Zeichen des gewachsenen Lebensstandards. Und natürlich versuchte auch dabei die DDR, die Bundesrepublik zu überholen.

Als »ökonomische Hauptaufgabe« formulierte Walter Ulbricht 1958 auf dem V. Parteitag der SED, bis 1961 bei »allen wichtigen Lebensmitteln und Konsumgütern den Pro-Kopf-Verbrauch der Gesamtbevölkerung in Westdeutschland« zu erreichen und zu übertreffen. Die Euphorie war riesig. Der stellvertretende Regierungschef Fritz Selbmann verkündete: »Wer als erster einen Erdtrabanten in die Welt schicken kann, dem wird es auch möglich sein, die ökonomische Hauptaufgabe zu lösen, nämlich den Kapitalismus in der Produktion von Fleisch und Fett zu überholen.«

Das schien gar nicht so unrealistisch. Von 1960 bis 1966 stieg der Fleischkonsum in der DDR von 55 auf 60,7 Kilo, im Westen waren es 66,5 Kilogramm. Bei Nahrungsfetten, wie unter anderem Butter, hatte der Osten zu dieser Zeit mit 28,7 Kilo die Nase vorm Westen mit 25,1 Kilo.

Die Fresswelle der Nachkriegszeit hatte ihren Höhepunkt erreicht. Essen wurde überall in Deutschland zu einer Lieblingsbeschäftigung. Der Durchschnittsbürger »Otto Normalverbraucher« schob seinen

Wohlstandsbauch durch die westliche TV-Werbung und im Osten machte Fernsehkoch Kurt Drummer vor, wie man leckere Gerichte zubereitete, auch wenn mal die eine oder andere Zutat fehlte.

Speisen galten als umso wertvoller, je süßer und fetter sie waren. Ein Kühlschrank stand inzwischen als erstes elektrisches Haushaltsgerät in vielen Haushalten, oder es wurde darauf gespart.

Fleischgerichte blieben das Highlight an Sonn- und Feiertagen. Die Qualität des Kuchens zum »echten Bohnenkaffee« am Nachmittag war garantiert, wenn er mit »guter Butter« gebacken wurde. Unter der Woche standen oft Eintopf, Pfannkuchen, Kartoffel mit Spinat und Ei, Kartoffelpuffer und Ähnliches auf dem Tisch. Für die Schule gab es ein Butterbrot. Reste wurden verarbeitet, Brot wegzuwerfen, galt als Todsünde, die die Jungen von damals als Alte von heute immer noch unter keinen Umständen begehen wollen.

Die Jahreszeiten bestimmten das Angebot an Obst und Gemüse. Für den Winter wurde eingekocht. Im Keller standen Regale voller Einmachgläser mit Erdbeeren, Kirschen, Mirabellen, Birnen, Pflaumen und Apfelmus. Dazu Rotkohl, Bohnen und Erbsen- und Möhren-Mischgemüse, das dann richtig gut schmeckte, wenn man einen kräftigen Klecks »gute Butter« beim Aufwärmen darin verrührte. Und natürlich die Kiste mit den »Einkellerungskartoffeln«, dick mit »Keimstopp« bestreut, denn im Frühjahr waren sie sonst kaum noch zu genießen. Kamen dann die ersten »neuen Kartoffeln«, irgendwoher importiert und dementsprechend teuer, wurden sie gern als Pellkartoffeln wiederum mit »guter Butter« und Salz (und mehr nicht!) gegessen.

Reichlich Alkohol und Zigaretten gehörten in Ost

und West zum neuen Wohlstand – und die »Wohlstandskrankheiten«, wie Diabetes, Magen- und Herz-Kreislauf-Störungen, die bedenklich zunahmen.

Die größere Vielfalt an Nahrungsmitteln in der Bundesrepublik, zu denen dann mit den Gastarbeitern auch völlig neue kulinarische Genüsse kamen, ließen die »Fresswelle« dort schneller abebben, als das in der DDR der Fall war. Mehr und fetteres Essen blieb bis zu deren Ende Ausweis von Wohlleben, obwohl seit den 1970er Jahren auch im Osten alle Alarmglocken schellten. Rund 40 Prozent der Frauen, 20 Prozent der Männer und sogar schon 15 Prozent der Kinder brachten bereits damals erhebliches Übergewicht auf die Waage. Ein Grund dafür: DDR-Bürger verbrauchten im Schnitt pro Jahr 35 Kilo Zucker mehr als eigentlich erforderlich.

Inzwischen gilt überall beim Essen Qualität mehr als Quantität. Die »gute Butter« ist nicht mehr besonders gefragt, viele Rentner von heute tragen sie aber immer noch als damals angewachsenen »Rettungsring« um die Hüften.

Allerdings ist das heute nur eines von einigen großen Problemen.

Suff and Drugs statt Rock 'n' Roll

Alkoholsucht ist eine Krankheit, die letztendlich mit einem konsequenten Stopp oder dem Tod endet. Im Alter wird es still um sie, denn sie findet in abgeschlossenen sozialen Räumen, oft allein und somit unbemerkt statt. Hinzu kommt der lange Weg bis zum finalen Ende. Manche erleben wegen anderer Krankheiten die Rechnung ihres Körpers nicht mehr, anderen gelingt es, die Sucht zu verbergen, denn Alkohol gilt in Deutschland als »Kulturdroge«, die die Geselligkeit befeuert.

Mediziner sprechen bereits beim Überschreiten recht geringer Grenzen von »riskantem Alkoholkonsum«. Bei Frauen liegen sie bei 10 bis 12 Gramm reinem Alkohol pro Tag. Das entspricht etwa 0,1 Liter Wein oder 0,25 Liter Bier. Bei Männern gilt etwa die doppelte Menge. Trotz fallender Tendenz liegt der auf reinen Alkohol umgerechnete Konsum jedes Deutschen im statistischen Durchschnitt bei um die 10 Liter im Jahr. Weltweit waren es 2010 nur 6,2 Liter.

Das Robert-Koch-Institut hat schon vor ein paar Jahren festgestellt, dass dieser riskante Alkoholkonsum bei knapp jeder fünften (19,3 Prozent) deutschen Frau im Südwesten des Landes und fast jeder vierten (24,4 Prozent) im Nordwesten verbreitet ist. Die Werte dazwischen tendieren um die 23 Prozent. Bei Männern finden sich die Spitzenreiter mit 40,8 Prozent in Sachsen und Thüringen – vor dem Biertrinker-Land Bayern mit 32,2 Prozent – und mit 26,5 Prozent die wenigsten Trinker im Südwesten.

In der Gruppe der über 65-jährigen Seniorinnen pflegen 14,4 Prozent jener mit geringerer Bildung einen Risikokonsum. Bei mittlerer Bildung sind es 21,5 Prozent, in der oberen Bildungsgruppe 25,9 Prozent. Die Gruppe hält mit 32 Prozent auch bei den Senioren über 65 den Rekord. Bei Männern mit geringer Bildung liegt er bei 30 Prozent, in der mittleren Bildungsgruppe sinkt das riskante Trinken auf 23,7 Prozent. Der Volksmund bringt das seit Jahrzehnten auf die drastische Formel: »Dummheit frisst, Intelligenz säuft.«

Christa Merfert-Diete von der Hauptstelle für Suchtfragen in Hamm weiß, dass viele erst in höherem Alter zum Seelentröster Alkohol greifen: »Es gibt persönliche Schicksalserlebnisse, die auch dazu führen können, dass jemand verstärkt anfängt zu trinken.« Außerdem können Senioren ihr Leben besser als Jüngere dem Alkohol anpassen. Etwa: »Ich muss jetzt nicht aufpassen – ich fahre nicht mehr Auto.«

Trotz alarmierender Zahlen gibt es kaum Therapieangebote für Ruheständler. Oft heißt es, »dann soll man ihnen doch den Alkohol lassen bis zum Tod«, wie Suchtforscher Gerhard Bühringer, der an der Technischen Universität Dresden lehrt, immer wieder zu hören bekommt. Seine Kollegin Merfert-Diete weist darauf hin, dass auch manche als »Stärkungsmittel« angepriesene Angebote, wie Doppelherz, Klosterfrau Melissengeist oder Buerlecithin, Alkohol enthalten. In Kombination mit verschiedenen Medikamenten, besonders Schlaf- und Beruhigungsmitteln, können sie die Sucht fördern. Die Expertin: »Ein alter Körper verträgt weniger. Medikamente und Alkohol können zu einer Abhängigkeitspotenzierung führen.«

Das öffnet den Blick auf ein weiteres Problemfeld, die Medikamentensucht. Viele Betroffene ahnen nicht, dass sie mit ihrem gewohnten Tabletten-Konsum in einer Falle stecken. Sie würden jeglichen Verdacht auf eine Sucht empört von sich weisen. Dennoch ist das Problem seit langem bekannt und in Deutschland ebenso weit verbreitet wie die Alkoholsucht. Das *Jahrbuch Sucht 2010* der Deutschen Hauptstelle für Suchtfragen (DHS) in Hamm stellte fest, dass es eine erhebliche Medikamentenabhängigkeit unter allen Altersgruppen und quer durch die Bevölkerung gibt, Seniorinnen und Senioren aber besonders betroffen sind. DHS-Projektleiter Armin Koeppe: »Es gibt zwischen 1,7 und 2,8 Millionen Medikamentenabhängige oder Menschen mit problematischem Konsumverhalten bei Medikamenten.«

Besonders beliebt sind Schlaf- und Beruhigungsmittel mit dem Wirkstoff Benzodiazepin. Sie wirken meist gut und deshalb werden die »Benzos« auch gern verschrieben. Weder Ärzte, noch Patienten sind auf die meist erst nach längerem Gebrauch auftretenden Nebenwirkungen vorbereitet. Viele Menschen wissen nicht, dass sie ein Mittel nehmen, das süchtig machen kann.

Die Mehrzahl der Betroffenen ist bereits im Rentenalter. Sucht-Experte Koeppe: »70 Prozent aller Medikamente werden von Menschen über 65 Jahren eingenommen.« Besonders gern greifen ältere Frauen zu Schlaf- und Beruhigungsmitteln. Experten schätzen die Zahl der Langzeitkonsumenten in Deutschland auf etwa 1,2 Millionen. Doch damit noch nicht genug. Die DHS hat ermittelt, dass die Hälfte aller Senioren täglich Medikamente mit acht verschiedenen Substanzen einnimmt. Bei rund 20 Prozent sind es sogar Arzneimittel mit 13 verschiedenen Substanzen. Koeppe berichtet, dass für Senioren gefährliche Stürze mit Verletzungen wie Oberschenkelhalsbruch häufig durch Medikamente ausgelöst würden.

Die Sucht der Alten fällt in deren sozialem Umfeld meist kaum auf. Sie werden stiller, ziehen sich zurück und sprechen weniger. Das alles wird meist als normaler Alterungsprozess, manchmal auch als Zeichen einer beginnenden Demenz, gewertet. Und oft ist die Medikamentensucht ein stilles Leiden, das gut versteckt hinter den Mauern von Seniorenheimen blüht.

Mit der Alterung der Bevölkerung wächst dieses Problem. Noch gilt es, ebenso wie die Sexualität im Alter, als ein Tabu, über das tunlichst nicht gesprochen wird.

Der trügerische Traum vom Sex im Alter

Als die österreichische Jugendmedienkommission über die Aufführung des 2008 erschienenen Films *Wolke 9* von Andreas Dresen entscheiden musste, fällte sie ein treffendes Urteil: »Ein nicht alltäglicher Film mit nur selten gezeigten Liebes- und Sexszenen von Rentnern. Erwachsene, die an sich schon ein Problem mit der Abbildung von Geschlechtsverkehr haben, werden mit diesem Film erst recht ein Problem haben. Das Bild von nackten, sich liebenden alten Menschen kann irritieren, eine schädliche Wirkung wird von der Kommission jedoch angezweifelt. Es ist das unklischeehafte Plädoyer für Spaß an der Lust auch im Alter ...«

Der Film zeigte die plötzlich entflammte Liebe einer zufrieden und langjährig verheirateten Endsechzigerin zu einem Mann Mitte siebzig. Die beiden verhielten sich genauso, wie sich Liebende immer und überall auf der Welt verhalten, wenn die Schmetterlinge im Bauch flattern. Das ging tragisch aus. Der zwar geachtete, aber nun auf den zweiten Platz verbannte Ehemann nahm sich das Leben, seine Frau zog zu ihrem Liebhaber.

So etwas zu zeigen, war über dreißig Jahre zuvor noch völlig unmöglich. Allein eine Beziehung eines jungen Mannes mit einer alten Frau auf die Leinwand zu bringen, galt als Tabubruch. Der amerikanische Regisseur Hal Ashby beging ihn 1971 mit seinem Film *Harold und Maude*. Die schwarze Komödie, in der ein 20-jähriger Mann und eine 79-jährige Frau zueinanderfinden, fiel durch. Inzwischen gilt sie als »Kultfilm«. Damals plante Ashby sogar eine Sex-Szene. Das lehnten die Produzenten von Paramount empört ab. Der Regisseur musste sich damit begnügen, Harold und Maude morgens gemeinsam im Bett zu zeigen. Die alte Dame schlief, der junge Mann blies Seifenblasen.

Ein völlig unbefangenes Verhältnis zum Sex im Alter gab es auch Anfang des 21. Jahrhunderts noch nicht. Die Kritik zu *Wolke 9* im *Spiegel* vom 4. September 2008 ist ein Zeugnis des Zeitgeistes dafür. Sie trägt den Titel »Fellatio vor dem Fernsehtischchen«. Das wäre kaum weiter bemerkenswert, hieße es nicht schon im Anriss über den »kleine(n) und sehr konkrete(n) Film über Lust und Liebeschaos im fortgeschrittenen Alter«: »Graue Hüpfer: In ›Wolke 9‹ erzählt Andreas Dresen davon, wie nackte welke Körper im Licht sommerlicher Nachmittage erneut erblühen.«

Der Rezensent beurteilt den Film dennoch durchweg positiv. Das verstärkt den Eindruck, der bemühte Ton sei dem Zeitgeist geschuldet. Dem Regisseur Andreas Dresen sei »mit den ersten Bildern der schönste Anfang eines Liebesfilms überhaupt geglückt. Denn er folgt in ›Wolke 9‹ geradezu traumwandlerisch sicher den wortlosen Kraftströmen körperlicher Anziehungskraft.« Das ist der Kern jeder Liebesgeschichte, doch die hier scheint wegen ihrer bejahrten Protagonisten völlig anders und der Rezensent muss die Erwartungshaltung seiner Leser bremsen: »Auf Erklärungen und Belehrungen wird dankenswerterweise verzichtet. Aber was gäbe es hier auch schon zu erklären oder zu belehren?«

Eigentlich eine Menge, denn gelebte Sexualität im Alter steht bis heute außerhalb der Vorstellungskraft der jungen und – noch – nicht Betroffenen. Es ist eine uralte Geschichte, dass sich Kinder Sex ihrer Eltern mit Ausnahme der eigenen Zeugung kaum vorstellen können und wollen. Der Rezensent konstatiert: »Doch je höher man sich aus seinem Alltag erhebt, desto heftiger schlägt man eben auch wieder in ihm auf das ist nun mal die schmerzliche Dynamik klassischer *boy-meets-girl-stories*. Und wenn der Junge und das Mädchen im fortgeschrittenen Alter sind, tun die Knochen bei Aufstieg und Absturz natürlich umso mehr weh.«

Sex im Alter ist offenbar ein Traum, den beileibe nicht jeder träumen kann: »Ein über Strecken rauschhafter Film ist Andreas Dresen mit ›Wolke 9‹ geglückt – die Statistik hat er dazu nicht geschönt ... Nichtsdestotrotz werden auch rigoros die Konsequenzen des späten Glücks aufgezeigt.« Völlig zutreffend wird die alles entscheidende Frage gestellt: »Wie viel Zeit bleibt einem Jungen jenseits der 70, um noch einmal die wahre Liebe zu finden?«

Ihre Vorstellungen dazu scheinen viele Deutsche aus dem umfangreichen Pornographie-Angebot im Internet zu beziehen. 12,5 Prozent aller Webseitenaufrufe gelten ihnen und Stichworte, die angebliche Einblicke in das Sexualleben der Ruheständler versprechen, erfreuen sich besonderer Beliebtheit.

Völlig zutreffend stellt der *Spiegel*-Rezensent zu *Wolke 9* dann auch fest: »Das Thema ›Sex im Alter‹ hängt schwer über diesem trotzigen, kleinen, zerbrechlichen Film – spekulative Gelüste werden indes nicht befriedigt. Vielmehr gelingt es Dresen, konkrete Bilder für ein Sujet zu finden, das zwar im Zuge der allerorten debattierten alternden deutschen Gesellschaft nicht ganz neu ist, für die es aber jenseits von einladenden Impressionen für Krankenkassenprospekte kaum Bilder gibt. ›Wolke 9‹ ist keine demografische Liebelei, die in geschmackvollen Sepia-Tönen von Opas und Omas letzten Zärtlichkeiten erzählt. Stattdessen treiben es die Liebenden im Schilf an einem See oder geben sich der Fellatio vor dem Fernsehtischchen hin ... Hier geht es eben um mehr als die üblichen Lebensabendlügen ... So gesehen, schleudert dieses unaufdringliche Erotikdrama eine frohe Botschaft in die alternde deutsche Gesellschaft hinaus: Mag die Rente auch nicht sicher sein – auf die chaotische Kraft der Libido bleibt Verlass.«

In der Gesellschaft angekommen ist das Thema indes noch lange nicht. Bis heute ist auf den diversen Beratungsplattformen im Internet zu lesen: »Sexualität und Lust im Alter werden immer noch sehr wenig thematisiert, sie grenzen beinahe an ein Tabu. Die meisten jüngeren Menschen können sich ein erfülltes Sexualleben jenseits der 60 gar nicht vorstellen, weil sie sexuelle Aktivitäten automatisch mit dem Jungsein assoziieren« oder: »Geschlechtsverkehr im Alter ist ein Thema, das nur wenig Beachtung findet. Doch auch für ältere Menschen kann Sex wichtig sein.«

Es gilt also, nach Ursachen für das Schweigen zu suchen.

»Darüber spricht man nicht«

Wer heute im Seniorenalter steht, wuchs in einer Welt auf, in der die Sexualität zu dem gehörte, was mit einem »Darüber spricht man nicht« abgetan wurde. Die Älteren beherrschte die Furcht vor einer ungewollten

Schwangerschaft, Verhütungsmethoden waren unsicher und der Kauf eines simplen Kondoms mit Peinlichkeiten verbunden. »Bring mir kein Kind nach Hause«, lautete eine übliche Empfehlung an die Tochter, wenn sie das schützende Elternhaus verließ. »Achte darauf, mit wem du dich einlässt«, wurden die Söhne ermahnt.

Hinzu kamen für viele Frauen die unmittelbar nach dem Krieg gemachten Erfahrungen mit sexueller Gewalt. Dazu gibt es keine exakten Zahlen, Schätzungen gehen aber allein in der Sowjetischen Besatzungszone bis 1947 von bis zu 2 Millionen Opfern aus. Die mit Hochrechnungen aus Prozessakten und Geburtenzahlen von aus Vergewaltigungen stammenden Kindern fundierten Berechnungen der Konstanzer Historikerin Miriam Gebbardt, schätzen die Zahlen der Opfer durch sowjetische Soldaten auf 860.000, durch amerikanische auf bis zu 190.000, durch französische Truppen auf 50.000 und durch die britische Armee auf 45.000 Frauen.

Das über Jahrzehnte gewachsene Tabu, über Sexualität zu sprechen, vertiefte sich, als Anfang der 1960er Jahre die »Antibabypille« erfunden und in Ost und West dankbar angenommen wurde. Erstmals gab es eine verlässliche Geburtenregelung. Der von manchen Moralisten befürchtete Sittenverfall blieb aus.

Die durch die Verfügbarkeit der »Pille« privilegierte jüngere Generation konnte nun erst recht nicht mit ihren Altvorderen über Sex und Liebe reden. Das neue und sichere Verhütungsmittel schufen nicht nur ein für die Älteren unverständliches Lebensgefühl, sondern vertieften auch die von unterschiedlichen Moralvorstellungen aufgerissenen Gräben zwischen Eltern und Kindern. Die seit den 1970er Jahren massiv einsetzende Sexualisierung in der öffentlichen Kommunikation im Westen förderte sie. Im Osten blieb das eher unter der Decke, doch sie war sehr löchrig und bediente nur oberflächlich die Forderungen der prüden Sexualmoral. Beides überdeckte in den deutschen Nachkriegsgesellschaften progressive kulturelle Ansätze im Blick auf das Verhältnis der Geschlechter zueinander.

Mit steigendem Lebensalter standen Eltern- und Kindergeneration vor genau dem Problem, über das sie nie gesprochen hatten; Wie soll man mit Sexualität im Alter umgehen? Dass der Mensch bis zu seinem Lebensende ein sexuelles Wesen bleibt, spürten beide – darüber reden können sie wohl auch heute nicht.

Das fatale Schweigen hat sich reproduziert. Auch bei Jüngeren dominiert die Meinung, dass Menschen in höherem Alter keinen Sex mehr haben und auch keinen brauchen. Das tatsächliche Bild ist komplizierter. Es hängt mit dem oft schmalen Grad zwischen Wollen und Können zusammen und produziert so wiederum ein Tabuthema, über das ebenfalls tunlichst nicht gesprochen wird.

Langzeitstudien zur Sexualität von Seniorinnen und Senioren zwischen 63 und 74 Jahren in Deutschland belegen, dass in stabilen Partnerschaften nach und nach Zärtlichkeit den Geschlechtsverkehr ablöst und für die Betroffenen bedeutender wird. Britta Müller, die für die Universität Rostock an der auch in Heidelberg und Leipzig erhobenen Befragung beteiligt war, fasst dazu zusammen: »So räumten im Alter von 74 Jahren 91 Prozent der Männer und 81 Prozent der Frauen Zärtlichkeit einen wichtigen Platz in ihren Partnerschaften ein ... Sexualität hingegen habe nur bei 61 Prozent der Männer und 21 Prozent der Frauen eine bedeutende Rolle gespielt.«

Zärtlichkeit wurde als wichtigster Punkt bei der

Zufriedenheit mit der Partnerschaft im Alter ausgemacht. Von den weiteren untersuchten Aspekten wie Bildungsgrad, physischer Gesundheitszustand, Dauer der Partnerschaft und Bedeutung von Sexualität erwies sich der Umgang miteinander als der Faktor mit der höchsten Relevanz.

Diese partnerschaftlich orientierte Seite der Sexualität im Alter ist jedoch aufgrund der Entwicklung der konkreten Lebensformen ein rarer werdendes Modell geworden. Daraus entstehen Widersprüche zwischen sexuellen Bedürfnissen älterer Menschen einerseits und den Möglichkeiten ihres Auslebens andererseits.

Das belegt eine aktuelle epidemologische Studie der Universität Köln, bei der 8.000 Männer nach ihrem Geschlechtsleben befragt wurden. Aus 4.489 auswertbaren Antworten ergab sich ein unerwartetes Bild: Zwei Drittel der Männer waren verheiratet. In der Gruppe der 60- bis 69-Jährigen gaben 81,5 Prozent der Befragten an, regelmäßig ihre Lust (einschließlich Selbstbefriedigung) zu stillen. Bei den 70- bis 80-Jährigen waren es noch 63,3 Prozent. Übereinstimmend wurde berichtet, dass ab dem 50. Lebensjahr die meisten Männer nur noch einmal in der Woche Liebe und Lust genießen.

Auch die Zufriedenheit mit der Potenzleistung der Senioren war hoch. Rund 70 Prozent der 50- bis 59-Jährigen sahen keinen Grund zur Klage, 60 Prozent der 60- bis 69-Jährigen und jeder Zweite zwischen 70 und 80 Jahren waren damit zufrieden. Allerdings steht eine Untersuchung darüber, ob die Frauen diese positive Selbsteinschätzung teilen, noch aus. Eine Befragung der Universität Köln bestätigte generell ein aktives Sex-Leben bei Frauen zwischen 51 und 91 Jahren und stellte fest, dass etwa die Hälfte der älteren Frauen Selbstbefriedigung praktiziere.

Auch international gibt es derartige Erhebungen. Das amerikanische *Journal of the American Geriatrics Society* befragte 1.235 Frauen im Alter von 60 bis 89 Jahren. Im Ergebnis sprachen sich 67 Prozent der 60- bis 69-Jährigen für eine mittelmäßige bis sehr hohe Zufriedenheit mit ihrem Sexleben aus. Bei den über 70- und über 80-Jährigen folgten noch 60 und 61 Prozent dieser Einschätzung.

Den positiven Befragungsergebnissen stehen jedoch auch negative gegenüber. Nach einer englischen Studie der *British Association of Sexual Education* ist die Hälfte aller Männer ab einem Alter von 50 Jahren nicht mit ihrem Sexualleben zufrieden. Als Gründe werden psychische und physische Störungen abgegeben.

Sicher bleibt somit zum einen, dass viele Fragen offen sind und zum anderen die Erkenntnis der Mediziner. Der Wiener Urologe Markus Margreiter konstatiert für die Männer: »Gerade die Sexualität des Mannes ändert sich mit zunehmendem Alter maßgeblich. Der sexuelle Reaktionszyklus, der aus Erregungsphase, Plateauphase, Orgasmus und Ejakulation mit anschließender Auflösung und Regenerationsphase besteht, gestaltet sich in jungen Jahren anders. Männer brauchen mit zunehmendem Alter länger, um eine Erektion zu erreichen. Nicht selten ist das nur möglich mithilfe direkter Stimulation, während es in der Jugend lediglich einen optischen Reiz brauchte.« Seine Kollegin Eva Lehner-Rothe, verweist aus ihrer Praxis als Gynäkologin auf die Probleme der Frauen: »Mit zunehmendem Alter verändert sich bei Frauen der Hormonhaushalt, es kommt zu einem Abfall des Östrogenspiegels, ebenso sinken der Progesteron-

und der Testosteronspiegel ... Im schlimmsten Fall geraten Betroffene in eine Spirale, weil ihnen Sex keinen Spaß mehr macht und sie keine Lust mehr haben bzw. haben sie keine Lust mehr, weil der Spaß durch die körperlichen Veränderungen auf der Strecke bleibt. Das kann die Lebensqualität massiv beeinträchtigen. Von einem Moment auf den anderen verändert sich ihre Sexualität, nichts ist mehr wie früher.«

Hormone auf der Flucht

Bei den Forschungen auf den Spuren der Sexualität im Alter besteht der statistisch unterfütterte Grundkonsens darin, dass sich Frauen sowohl innerhalb ihrer Altersgruppen als auch gegenüber jüngeren und älteren wesentlich mehr voneinander unterscheiden, als dies bei Männern der Fall ist.

Strittig ist nach neueren Untersuchungen, dass tatsächlich der bislang als Hauptursache für verändertes sexuelles Interesse ausgemachte Mangel an Östrogenen in der Menopause dafür verantwortlich ist. Daraus resultieren komplexe medizinische und soziale Probleme – die bis heute übliche Hormonbehandlung scheint kein Allheilmittel mehr zu sein. Die an der Universität Hamburg habilitierte Psychologische Psychotherapeutin Kirsten von Sydow hat in zahlreichen eigenen Studien festgestellt, dass Geschlechtsverkehr (allerdings als am häufigsten untersuchte Variante der aktiven Sexualität) von den meisten Paaren bis etwa Mitte/Ende 60 praktiziert wird. Mit Anfang 70 sinken derartige Aktivitäten auf nur noch etwa ein Drittel. Demgegenüber steht ein bis zum Ende des sechsten Lebensjahrzehntes anhaltendes sexuelles Interesse.

Es zeigt aber die Tendenz, im Laufe der Jahre immer geringer zu werden.

Als wesentliche Faktoren für sexuelles Interesse und Aktivität im reifen Alter sieht Kirsten von Sydow körperliche, gesellschaftliche und biographische Einflüsse an.

Im Unterschied zu Männern spielt dabei bei Frauen der Gesundheitszustand eine geringere Rolle. Normale Altersveränderungen beeinflussen ihre sexuellen Reaktionen weniger, die sexuelle Reaktionsfähigkeit im Hinblick auf Erregung und Orgasmus bleibt unbeeinträchtigt bis ins hohe Alter erhalten.

Ein bislang wenig beachtetes Problem scheint der »Männermangel« im Alter zu sein. Er entsteht durch die höhere Lebenserwartung der Frauen und wird verschärft, weil ältere Männer bei einer neuen Partnerschaft eher jüngere Frauen als gleichaltrige bevorzugen. Der langen gesellschaftlichen Tradition folgend, gelten Alterserscheinungen bei Frauen wesentlich attraktivitätsmindernder als bei Männern. Statistisch gesehen, gibt es in der Altersgruppe der 70- bis 79-jährigen Frauen ein Drittel mehr Frauen als Männer, bei den über 80-Jährigen sind es dann doppelt so viele Seniorinnen wie Senioren. Bereits jetzt sind etwa drei Viertel der 65-jährigen Männer verheiratet, aber nur bei gut einem Viertel (28 Prozent) der Frauen gleichen Alters ist dies der Fall.

Als nachhaltiges Hemmnis weiblicher Sexualität im Alter wirkt die in Ost und West bis Ende der 1960er Jahre herrschende verklemmte Sexualmoral. Die Psychologin Kirsten von Sydow hat festgestellt, dass sich bei vielen Frauen »die Sicht ihrer Jugend ›konserviert‹« habe und sie »zum Beispiel im Alter massive Schuldgefühle wegen Selbstbefriedigung oder sogar ehelicher sexueller Kontakte nach den Wechseljahren empfinden«. Im Alltag reflektiert sich das bis heute in der Unfähigkeit, über Sex zu sprechen oder gar eigene Wünsche und Bedürfnisse zu artikulieren. Dennoch liegt hier nicht das größte Problemfeld.

Frauen reagieren drastischer auf die emotionale Beziehungsqualität und setzen das im sexuellen Verhalten um. So spielen beispielsweise ungelöste Konflikte im Zusammenleben, emotionale Verletzungen durch Außenbeziehungen und Probleme bei der gegenseitigen Bewältigung von Erkrankungen eine große Rolle. Im Ergebnis von Feldforschungen bis zur Jahrtausendwende analysierte Kirsten von Sydow: »Die vorliegenden Studien deuten darauf hin, dass das bedeutsamste Problem erstens ein Mangel an Zärtlichkeit ist (darunter leiden 32 Prozent der Singles und 17 Prozent der verheirateten Frauen) und zweitens ein Mangel an sexuellem Kontakt, beispielsweise wegen fehlendem Partner, Unlust, Potenzproblemen oder Krankheit des Mannes (27 Prozent Singles, 41 Prozent verheiratet). Andere Probleme wie sexuelle Kommunikationsprobleme, sexuelle Routine oder sexuelle Langeweile (13 Prozent verheiratet), Koitus-Schmerzen (und) Scheidentrockenheit (7 bis 14 Prozent verheiratet) oder Schuldgefühle wegen sexueller Gefühle oder Handlungen (5 bis 7 Prozent) nehmen in Normalpopulationen einen geringeren Stellenwert ein.«

Eine generelle Abnahme der sexuellen Aktivität mit den »Wechseljahren«, wie früher oft angenommen, bestätigte sich nicht. Stattdessen führten eher Partnerverlust durch Tod, Trennung oder Scheidung, Partnerschaftsprobleme und Altersveränderungen in der Sexualität des Partners zu einem sexuellen Desinteresse der Frauen. Hier ordneten sich auch jene ein, die sich zwar mehr Sexualität in ihrer Ehe oder Partnerschaft wünschten, diese jedoch so negativ erleben, dass sie keine Chance sahen, ihren Bedürfnissen nachzukommen.

Bei Untersuchungen bis zum Alter um die 70 Jahre unterschieden sich neben einer kleinteiligeren Spezifizierung zwei große Gruppen. Kirsten von Sydow: »Die ›sexuell Zurückgezogenen‹, insgesamt 47 Prozent aller Frauen mit Partner, sagen, dass alle ihr sexuelles Interesse und ihren Genuss als geringer als früher einschätzen, ihre sexuelle Aktivität als (viel) geringer, und dass koitale Inaktivität häufiger ist. Menopausale Beschwerden sind stärker ausgeprägt, und der Medikamentenkonsum ist hoch.« Die etwas größere Gruppe von 53 Prozent »erleben sich in ihrem sexuellen Interesse und Genuss als unverändert. Ihre sexuelle Aktivität ist meist etwas geringer als früher (oder konstant) und 93 bis 98 Prozent sind koital aktiv. Die menopausalen Beschwerden sind meist gering ausgeprägt, und auch der Medikamentenkonsum ist gering. Die Frauen aus diesen Gruppen haben bessere sexuelle Kommunikationsfähigkeiten.«

Altwerden ist also nicht automatisch mit dem Ende von Sex gleichzusetzen. Da viele ältere Menschen jedoch dazu neigen, Defizite und Beschwerden gewichtiger als Zufriedenheit zu sehen, entstehen eigentlich unnötige Belastungen. Dennoch gibt es auch medizinische Probleme, die zur psychischen Last werden können. Betroffen sind davon vor allem die alternden Männer.

»ED« heißt nicht »Emsig Dabei«

Wenn im Volksmund drastisch vom »Schlapp-schwanz« die Rede ist, kann vieles gemeint sein. Die eigentliche Bedeutung des Wortes geht auf die häufigste Sexualstörung von Männern zurück, die Mediziner »erektile Dysfunktion« nennen. Umgangssprachlich wird sie Erektionsstörung genannt und meint die Unfähigkeit, eine ausreichende Steife (Erektion) des männlichen Glieds (Penis) für einen befriedigenden Geschlechtsverkehr (Koitus) erlangen zu können. Dabei gibt es zwei Möglichkeiten: Entweder geht es gar nicht, oder die Erektion ist zu schnell vorbei. Davon bleibt die sexuelle Lust (Libido) unberührt. Das führt oftmals in einen Teufelskreis, denn die Betroffenen fühlen sich als »Versager«. Deshalb halten viele Männer ihre Probleme solange es nur geht auch vor der Partnerin geheim. Die häufigste Folge ist dann das langsame Einschlafen der Sexualität. Manche Frauen interpretieren das sexuelle Desinteresse als Zeichen der absterbenden Partnerschaft. Die meisten Männer wissen hingegen nicht, dass es auch ohne Erektion zahlreiche Möglichkeiten gibt, ein erfülltes Sex-Leben zu führen.

Erektile Dysfunktion ist eine Krankheit, die mit dem Alter kommt. Sind unter den Männern zwischen 30 und 40 Jahren gerade einmal gut 2 Prozent betroffen, leiden etwa die Hälfte der 60-Jährigen und rund zwei Drittel der 70-Jährigen darunter. In Deutschland wird die Zahl der Betroffenen auf 4 bis 6 Millionen Männer geschätzt. Die große Spanne entsteht durch die hohe Dunkelziffer. Viele trauen sich nicht zum Arzt, weil ihnen die Sache peinlich ist, andere versuchen mit Medikamenten, wie Viagra und Co., oder anderen Hilfsmitteln, wie zum Beispiel Penispumpen, selbst Abhilfe zu schaffen.

Das ist ein fragwürdiges Unterfangen, denn »ED« kann viele Ursachen haben. Etwa die Hälfte davon ist rein organisch, ein Drittel ist psychogenen Ursprungs und die restlichen 20 Prozent sind ein Gemisch von allem. Erwiesen wurde inzwischen, dass mit zunehmendem Alter die körperlichen Umstände zunehmen. Neben Alkoholmissbrauch sind es vor allem Stoffwechselstörungen, wie Diabetes, die langfristig zu Nervenstörungen (Neuropathie) und dadurch zu Erektionsstörungen führen. Aber auch die Verkalkung der zuführenden Blutgefäße, sehr schwer zu erkennende Lecks in den Schwellkörpern zu den ableitenden Venen, Blockaden im Lendenwirbelsäulenbereich, Rückenmarksschädigungen oder Schädigung der die glatte Muskulatur versorgenden Nerven im kleinen Becken nach Operationen an Prostata und Mastdarm können dafür verantwortlich sein. Hinzu kommen Nebenwirkungen zahlreicher Medikamente, wie Antiepileptika, Antidepressiva, Betablocker und Arzneien, die die Produktion männlicher Sexualhormone hemmen (Antiandrogene) und langfristig zur Impotenz führen können.

All das kumuliert sich oft mit der Angst, sexuell zu versagen. Sie steht wiederum im Zusammenhang mit Konflikten in der Beziehung, Trennung vom Partner, Stress im Beruf oder persönlichem Misserfolg.

Aus den hier genannten komplexen Gründen war die exakte Datenlage zur erektilen Dysfunktion über viele Jahre sehr dünn. Es gab Umfragen aus den 1940er Jahren, dann spielte das Thema lange keine Rolle. Neue Daten ergaben sich aus der in der zweiten Hälfte der 1990er Jahre erschienenen *Massachusetts*

Male Aging Study (MMAS-Studie). Sie belegte eindeutig den Zusammenhang zwischen fortschreitendem Alter, dem erhöhten Risiko durch bestimmte chronische Krankheiten und der daraus resultierenden Gefahr, impotent zu werden.

In der Altersgruppe der Männer zwischen 40 und 70 Jahren stieg der Anteil derjenigen mit kompletter Impotenz von 5 auf 15 Prozent. Moderate Erektionsstörungen verdoppelten sich.

Für Deutschland bestätigte der »Cologne Male Survey« aus dem Jahr 2000 die Befunde. Im Zusammenhang mit chronischen Erkrankungen stellte die Studie fest, dass etwa ein Drittel aller männlichen Diabetiker, 40 Prozent der unter Herzkrankheiten Leidenden und 15 Prozent der Bluthochdruckpatienten betroffen sind.

Ein Wundermittel gegen die erektile Dysfunktion ist auch das 1998 auf den Markt gekommene Viagra nicht. Inzwischen ist die Lizenz des amerikanischen Pharmakonzerns Pfizer abgelaufen und es gibt zahlreiche und weitaus billigere Nachahmer der blauen Pille. Der darin enthaltene Wirkstoff Sildenafil blockiert ein Enzym, das den Blutfluss im Schwellkörper des Penis steuert. Dadurch erschlafft die Muskulatur, so dass sich die Arterien erweitern und Blut in den Penis strömen kann. Es kommt zu einer Erektion. Das alles funktioniert für vier bis sechs Stunden. Aber nur dann, wenn auch eine sexuelle Erregung vorhanden ist. Eine Pille gegen Lustlosigkeit sind Viagra und Co. nicht. Bei manchen Krankheiten ist der Wirkstoff Sildenafil gefährlich, die Einnahme gemeinsam mit anderen Medikamenten birgt gegebenenfalls weitere Risiken.

Angesichts der bis heute mit erektiler Dysfunktion

verbundenen Peinlichkeit mancher Männer liegt es auf der Hand, dass inzwischen ein umfangreicher Markt mit allerlei Mitteln gegen den »Schlappschwanz« entstanden ist. Er ist vorzugsweise im Internet zu finden, und die Angebote reichen von harmlosen, angeblich die sexuelle Lust fördernden Nahrungsmitteln, wie etwa Chilis, Austern und Feigen, über dubiose Pillen, die im besten Fall nur teuer und wirkungslos sind, bis zu alternativen Mitteln auf der Basis von Vitamin E und Yohimbin.

Bei all dem sollte aber nicht vergessen werden, dass sich der Sex vor allem im Kopf abspielt. Das Alter spielt dabei überhaupt keine Rolle und erstaunlicherweise ist das ein Problem, das erst jetzt langsam ins öffentliche Bewusstsein dringt.

Gummistrümpfe sind nicht sexy

Als Anfang 2017 Elisabeth Scharfenberg, die pflegepolitische Sprecherin der Bundestagsfraktion von Bündnis 90/Die Grünen, in einem Interview erklärte: »Eine Finanzierung für Sexualassistenz ist für mich vorstellbar«, stach sie in ein Wespennest. Die Zeitungen überschlugen sich mit Überschriften wie »Grüne fordern für Pflegeheime Prostituierte auf Rezept« oder »Grüne befürwortet Sexdienste im Pflegeheim«. Hunderte von Leuten fügten den Artikeln ihre Kommentare hinzu. Sie schwankten zwischen begeisterter Zustimmung und empörter Ablehnung.

Dabei ging es eigentlich um ein seit langem bekanntes Problem. Auch manche alte und pflegebedürftige Menschen haben sexuelle Bedürfnisse. Sie werden meist ignoriert, denn Gummistümpfe sind nicht sexy.

Das Personal in der Pflege empfindet derartige Wünsche oft als belästigend und überdeckt es bis heute in vielen Fällen am liebsten mit Schweigen.

Anderswo, zum Beispiel in den Niederlanden, geht man damit anders um. Dort gibt es bereits seit einigen Jahren die Möglichkeit, sich als Pflegebedürftiger die Dienste sogenannter Sexualassistentinnen – das sind zertifizierte weibliche oder männliche Prostituierte – bezahlen zu lassen. Die Betroffenen müssen per ärztlichem Attest nachweisen, sich nicht auf andere Weise befriedigen, und die Dienstleistung nicht selbst bezahlen zu können.

Das Problem betrifft längst nicht mehr nur kranke und pflegebedürftige Menschen, sondern auch Hochbetagte in den Seniorenheimen. Mit der Zunahme der älteren Menschen in der Gesellschaft wird es in den nächsten Jahren massiv wachsen.

In Deutschland gibt es Leute mit ganz unterschiedlichen Motiven, die nach Auswegen bei der praktischen Sexualität im Alter suchen. Langsam bricht der jahrzehntelange gesellschaftliche Konsens, dass alte und behinderte Menschen keinen Sex mehr haben, auf. Der neue Zugang zu dieser Problematik wird unter dem Stichwort »Sexualbegleitung« diskutiert. Dabei geht es um Sexualpartner, die im therapeutischen Kontext sexuelle Handlungen vornehmen. Das kann aktiv oder passiv erfolgen. Als passive Sexualbegleitung gilt zum Beispiel die Vermittlung von Informationen, Hilfestellung bei Selbstbefriedigung und Körperkontakt. In der aktiven Sexualbegleitung wird mit dem Menschen aktiv eine sexuelle Begegnung gestaltet.

Unübersehbar dabei ist, dass die Sexualbegleitung dabei als Dienstleistung verstanden wird. Das provoziert die Frage nach deren Verhältnis zur allgemein tolerierten Prostitution. Aktiv in diesem Bereich Tätige legen Wert darauf, Unterschiede zu sehen und zu thematisieren. Geht es in der Prostitution darum, möglichst schnell den vom Orgasmus definierten »Job« zu erledigen, versuchen Sexualbegleiterinnen und -begleiter ihren Partnern eine individuelle Ausdrucksmöglichkeit ihrer eigenen Sinnlichkeit zu ermöglichen.

Wie groß das Bedürfnis ist, die beiden Tabuthemen Sex und Alter zu brechen, hat die gelernte Krankenschwester Gabriele Paulsen mit ihrer 2014 in Hamburg gegründeten Agentur *Nessita* zur Sexualbegleitung erfahren. Ihre Erfahrung: »Es geht nicht um den reinen Sex.« Im Mittelpunkt der Wünsche ihrer »Kundschaft« steht das Bedürfnis nach Berührungen, einer Stunde intimer Zweisamkeit und erotischen Gesprächen. Viele Kontakte zu *Nessita* werden von Angehörigen oder Bekannten gesucht, die sich mit den sexuellen Wünsche der von ihnen Betreuten konfrontiert sehen, aber nicht wissen, wie sie damit umgehen sollen. »Es ist alles dabei«, sagt Gabriele Paulsen: »Von der Tochter, die ihrem verwitweten Vater helfen möchte, seinem Bedürfnis nach Berührung nachzukommen, über die Pflegekraft, die einem Heimbewohner ein Pornoheft besorgen möchte, sich aber nicht traut, es ihrem Chef zu erzählen. Bis hin zum rüstigen Rentner, der gerne mal wieder eine ›schöne Frau anfassen möchte‹.«

Derartige Träume können in der individuellen Pflege zu Hause weit besser als in Seniorenheimen befriedigt werden. Das Verständnis für sexuelle Bedürfnisse in Pflege- und Senioreneinrichtungen ist in Deutschland noch die Ausnahme. Dabei wären ganz einfache Möglichkeiten – zum Beispiel das Schaffen von Rückzugsräumen oder das konsequente Respektieren der

Privatsphäre der Seniorinnen und Senioren – bereits eine erste Hilfe.

Ein großes Problem bleibt, dass Sexualbegleitung als Dienstleistung eine teure Angelegenheit ist. Stundensätze zwischen 120 und 200 Euro sind üblich. Insofern ist die Forderung der Grünen-Politikerin Elisabeth Scharfenberg zumindest ein Hinweis auf eine bislang kaum gesehene Komplikation.

Als negative Begleiterscheinung gibt es in diesem Bereich derweil zahlreiche Trittbrettfahrer, die ihn als neue Sparte der Prostitution sehen und dementsprechend geschäftlich nutzen.

Das Bedürfnis zum Aufbrechen des Tabus von Sex im hohen Alter und bei Behinderungen manifestiert sich inzwischen in Deutschland, Österreich und der Schweiz in ersten privaten Ausbildungen zur Sexualbegleitung. Unter anderem befasst sich das »Institut zur Selbst-Bestimmung Behinderter« (ISBB) im Schweizerischen Trebel damit. Zur Resonanz auf seine Aktivitäten gibt es an: »Die meist besuchte Seite ist die zur Sexualbegleitung. Unsere Homepage hat pro Monat mehr als 2.000 Besucher. Mehr als 10.000 unserer Seiten werden pro Monat im Durchschnitt gelesen. Die Seite ›Sexualbegleitung‹ hat pro Monat mehr als 1.000 Besucher.«

Wenn's vorne juckt und hinten beißt

Es gibt Krankheiten, zumal im fortgeschrittenen Lebensalter, da reicht das Nennen des betroffenen Körperteils, und jeder weiß Bescheid. »Der Rücken«, »das

Herz« gehören dazu, manchmal ist auch mit einer Ein-wort-Diagnose, wie etwa »Zucker«, alles gesagt.

Für solche Krankheiten, die nicht als Epidemien auftreten, aber trotzdem unter der Bevölkerung weit-verbreitet sind und gesellschaftliche und wirtschaft-liche Auswirkungen haben, prägte der Medizinhisto-riker Justus Friedrich Karl Hecker im Jahr 1832 den Begriff »Volkskrankheiten«.

Was dazu zählt, änderte sich im Laufe der Zeit und bleibt auch jetzt im steten Wandel. Waren es früher Krankheiten wie Typhus oder Cholera, gelten heute Diabetes, Bluthochdruck, Rückenschmerzen oder Mi-gräne als Volkskrankheiten. Andere, von denen früher kaum jemand redete, wie zum Beispiel Depressionen und deren Ausprägung als »Burn-out-Syndrom«, fin-den nach und nach mehr Beachtung und dürften so bald ebenfalls zu den »Volkskrankheiten« zählen.

Natürlich änderten sich mit der Entwicklung der Medizin auch die Maßstäbe der Bewertung. Galt beim Bluthochdruck (arterielle Hypertonie) vor fünfzig, sechzig Jahren noch die Faustregel Alter plus 100 ist als Richtwert tolerierbar, besagt heute eine Definition der Weltgesundheitsorganisation, dass ein ständiger systolischer Blutdruck von mehr als 140 mmHg und/oder ein diastolischer Blutdruck von mehr als 90 mmHg als behandlungsbedürftig gilt.

Hin und wieder ist auch der Vorwurf zu hören, die Lobby der Pharmaindustrie schaffe sich durch das Absenken der tolerierbaren Grenzwerte einen steti-gen Nachschub an Kunden. Das meist zitierte Beispiel dazu sind die »schlechten« LDL-Cholesterinwerte (*Low Density Lipoprotein Cholesterol*). Im Laufe der letzten fünfzig Jahre galten zunächst 260, dann 240, 220 und schließlich 200 Milligramm pro Deziliter als empfohlener Richtwert im Blut. Im Jahr 2005 setzte die Europäische Kardiologenvereinigung sogar den Grenzwert von 193, was in Fachkreisen kontrovers diskutiert wurde. Danach wären letztlich drei Viertel aller Erwachsenen behandlungsbedürftig.

Welche Werte tatsächlich sinnvoll und welche möglicherweise übertrieben sind, kann hier nicht bewertet werden, denn das ist eine medizinische Fachfrage. Es ist aber auch ein Problem, an dem sich Glaubenskämpfe entzünden und das allein dadurch in einer sachlichen Beurteilung gehemmt wird.

Weitaus weniger strittig ist die Statistik. Danach zählt Bluthochdruck mit 25,7 Prozent zu den häufigsten »Volkskrankheiten«. Knapp dahinter liegen Rückenleiden, unter denen fast jeder Vierte (24,1 Prozent) leidet. Mit Atemwegserkrankungen haben 18 Prozent der Frauen und Männer zu tun, ebenso viele wie die mit Störungen des Fettstoffwechsels. Mit 9,4 Prozent haben weiterhin Depressionen ein beachtliches Ausmaß angenommen. Oft kombinieren sich die Leiden, eines begünstigt das andere, zum Beispiel bei Rückenschmerzen. Bei fast einem Drittel der Betroffenen (31 Prozent) sind sie chronisch, neun von zehn bekommen dadurch zusätzlich leichte Depressionen.

Bei der Prognose der verbreiteten Volkskrankheiten spielt wiederum die alternde Bevölkerung eine wichtige Rolle. So wird in den kommenden Jahren bei Bluthochdruck mit einem Plus von 113 Prozent gerechnet. Diabetes mellitus wird voraussichtlich um 75 Prozent steigen, bei allen Arten von Krebs rechnen Experten mit 62 Prozent mehr. Die Fälle von Schlaganfällen werden sich um mehr als ein Viertel (27 Prozent) erhöhen, bei Herzinfarkten sind es plus 22 Prozent, und Demenz wird um etwa 2 Prozent zunehmen.

Es ist die Kehrseite des steigenden Lebensalters, das über kurz oder lang auch eine Veränderung der Lebensweise verlangt. Sie hat begonnen, doch es ist ein langer Prozess zu erwarten, bei dem es gilt, von manch liebgewordener Gewohnheit Abschied zu nehmen.

Die Rache der Currywurst

Bewegungsmangel, vor lauter Stress mal schnell eine Currywurst nebenbei, weil keine Zeit zum Essen bleibt, familiäre Veranlagung und Rauchen und Alkohol gelten als wichtigste Ursachen von Bluthochdruck. Im schlimmsten Fall führt er zu Herzinfarkt und Schlaganfall, mit 42 Prozent sind das die wichtigsten Todesursachen in Deutschland.

Die arterielle Hypertonie ist ein typisches Krankheitsbild der Industrieländer und damit in Deutschland besonders verbreitet. Sie steigt im Alter deutlich an. Bei den über 60-Jährigen hat nur noch rund ein Viertel normale Blutdruckwerte. Auch das Verhältnis zwischen Frauen und Männern ändert sich im Alter. Bei den über 60-jährigen Frauen kommen vier Patientinnen auf drei Patienten.

Bluthochdruck beginnt meist im mittleren Lebensalter. Deshalb gelten die tagtäglichen Belastungen durch die Arbeit auch als wesentlicher Auslöser. Bereits im Durchschnittsalter von 44 Jahren hat nur noch knapp ein Drittel der Erwerbstätigen (31 Prozent) einen normalen Blutdruck. Trotz ausgefeilter blutdrucksenkender Therapien werden die Zielwerte bei den meisten Betroffenen nicht erreicht.

Auch Rückenschmerzen können mit dem dicken Bauch zu tun haben. Wer vorn einen Rucksack zu tragen hat, belastet hinten seine Wirbelsäule zusätzlich. Der französische Philosoph de La Mettrie verglich im 18. Jahrhundert den Menschen mit einer Maschine, und das ist gar nicht einmal zu weit hergeholt. Die tägliche Arbeit führt zu natürlichen Verschleißerscheinungen, die sich im Alter kumulieren. Man kann sich die Wirbelsäule wie einen beweglichen Turm vorstellen, dessen Schwankungen durch die Bandscheiben abgefedert werden. Sie reiben aufeinander, drücken sich zusammen, werden dünner und verlieren im Laufe der Jahre ihre dämpfende Wirkung. Durch die so entstehende Osteochondrose, die als typische Verschleißerkrankung besonders ältere Menschen trifft, entsteht Druck auf die Wirbelbogengelenke, Nerven können sich einklemmen und jede Bewegung schmerzhaft machen. Das kennen auch jene, die einen Bandscheibenvorfall erlitten haben. Bei den meisten Patienten oberhalb der 50 ist das meist ein degeneratives Leiden, durch die im Laufe des Alters dünner gewordenen Bandscheiben verursacht, von denen eine in den Wirbelkanal rutschen kann.

Nicht die Currywurst, sondern eher die Zigarette danach ist die wichtigste Krankheitsursache bei chronischer Bronchitis. Seniorinnen und Senioren sind durch ihr ohnehin schon geschwächtes Immunsystem für Atemwegserkrankungen anfälliger als Jüngere. Mit dem Zigarettenkonsum und dem Alter kann sich das, was als harmlos scheinender »Raucherhusten« begann, zur chronischen Krankheit ausbilden. Unbehandelt folgt oft eine obstruktive Lungenerkrankung (COPD). Neben der andauernden Entzündung der Bronchienschleimhaut kommt häufig die Zerstörung der kleinen Bronchien hinzu. In der Lunge folgt eine krankhafte Überblähung, das Lungenemphysem. Husten, Atemnot und starke Schleimabsonderung sind Zeichen von Bronchitis und COPD. Die Krankheit ist nicht heilbar, nur eine Lungentransplantation kann eine letzte Chance bieten.

Eine der häufigsten Todesursachen bis dahin gesundheitlich stabiler alter Menschen ist die Lungenentzündung (Pneumonie). Durch die generelle Infektanfälligkeit und das flachere Atmen im Alter werden Teile der Lunge nicht mehr ausreichend belüftct, und Keime können sich einnisten. Außerdem verläuft die Pneumonie oftmals untypisch und wird nicht rechtzeitig erkannt. Eine Sonderform bei bereits bettlägerigen Patienten ist die Aspirationspneumonie, bei der die Entzündung durch das Einatmen von Nahrung oder Erbrochenem entsteht.

Doch zurück zur Rache der Currywurst. Natürlich ist nicht nur sie dafür verantwortlich, dass nach Angaben des Europäischen Statistikamts *Eurostat* etwa 60 Prozent der Deutschen übergewichtig sind. Sicher trägt ebenso viel dazu bei, dass jeder durchschnittlich 30 Kilogramm Süßigkeiten pro Jahr vertilgt und der Konsum von sogenanntem »Junkfood«, Nahrungsmitteln mit geringem Nährwert und einem hohen Kaloriengehalt, drastisch zugenommen hat. Kombiniert mit Bewegungsmangel lässt das alles die Neuerkrankungen bei Diabetes steil in die Höhe schießen. Bereits 2012 litten in Deutschland 7,2 Prozent der Bevölkerung zwischen 18 und 79 Jahren unter einer erkannten und weitere 2,1 Prozent unter einer noch unentdeckten »Zuckerkrankheit«. Die AOK ermittelte für die Zeit von 2000 bis 2009 einen Anstieg von 5,4 auf 8 Millionen behandelten Diabetesfällen. Die höchsten Steigerungsraten zeigten dabei die über 65-Jährigen. Zwischen 16 und 23 Prozent dieser Altersgruppe sind betroffen. Beunruhigend ist eine hohe Dunkelziffer, denn bei Diabetes sind es besonders die Langzeitfolgen, die gesundheitliche Probleme schaffen. Dabei kann sich auch die Kehrseite des Wohlstandes zeigen, denn ungesunde Ernährung begünstigt die Krankheit. In ärmeren Gegenden tritt sie weitaus öfter als in wohlhabenden auf. So waren 2012 zum Beispiel in der Region Halle 12 Prozent der Menschen von 45 bis 74 Jahren Diabetiker, rings um Augsburg jedoch nur 5,7 Prozent. Gegenwärtig rechnen Experten mit circa 270.000 Neuerkrankungen im Jahr unter der älteren Bevölkerung, erwarten aber einen steilen Anstieg. Nach Prognoseberechnungen des Deutschen Diabetes-Zentrums ergibt sich für das Jahr 2030 in Deutschland allein in der Altersgruppe der 55- bis 74-Jährigen gegenüber heute ein Anstieg um etwa 1,5 Millionen Diabetiker. Davon werden etwa eine Million Männer sein.

Rechnungen dieser Art zeigen, dass in allen Vorausschauen die wachsende Lebenserwartung eine entscheidende Rolle spielt. Früher haben viele Menschen »ihre Krankheiten« gar nicht mehr erlebt, heute tun sie es. Das trifft besonders auch auf die verschiedenen Krebserkrankungen zu, die sich über Jahre, manchmal Jahrzehnte entwickeln. Insofern ist die Volksgesundheit trotz wachsender Zahlen betagter Kranker im Vergleich zu früher nicht allgemein schlechter geworden. Eher ist das Gegenteil der Fall. Die erheblich vorangeschrittenen Möglichkeiten von Diagnose und Behandlung trugen zur Verlängerung des Lebens bei und werden es voraussichtlich auch weiter tun.

Das wirft neue Probleme auf, denn niemand spricht gern über das Alter. Jüngere Menschen wollen sich damit das Leben nicht schwermachen, Ältere fürchten oft, andere mit ihren Befindlichkeiten zu »belästigen«. Dennoch erreicht die Diskussion um das Älterwerden der Bevölkerung langsam die Gesellschaft, denn diese Entwicklung hat viele Konsequenzen.

Die dunkle Seite des Alters

Am Ende des Alters steht der Tod. Damit unterscheidet sich diese Lebensphase von allen anderen, denn sonst geht es immer weiter. Irgendwie und meist in einer neuen Qualität.

Ob der natürliche Endpunkt des Lebens schicksalhaft zu ertragen oder beeinflussbar sein sollte, ist ein seit Jahrhunderten schwelendes Streitthema.

Bevor Volksschauspielerin Inge Meysel 2004 im Alter von 94 Jahren an Herzstillstand starb, engagierte sie sich jahrelang für die Deutsche Gesellschaft für Humanes Sterben (DGHS). Persönlich schien sie sich längst entschieden zu haben. »Ich habe meine Selbstmord-Pillen immer in der Handtasche«, bekannte Inge Meysel öffentlich.

Das heizte wieder einmal die Diskussion an. *Der Spiegel* befeuerte sie im Februar 1993 mit einer Titelgeschichte: »Die Zyankali-Bande – Sterbehilfe gegen Bargeld«. Der Deutsche Bundestag debattiert seit Jahren darüber. Dabei prallten zwei Positionen aufeinander. Der Tod dürfe keine leicht erreichbare Dienstleistung sein, sagen die einen. Die Herrschaft über den eigenen Tod als Teil des Selbstbestimmungsrechts reklamieren die anderen.

Am 6. November 2015 beschloss das Parlament

das »Gesetz zur Strafbarkeit der geschäftsmäßigen Förderung der Selbsttötung«. Es soll die Tätigkeit von Sterbehilfevereinigungen in Deutschland und die Suizid-Hilfe durch Einzelpersonen einschränken. Dennoch bleibt sie in Einzelfällen möglich. Es geht vor allem darum, aus einem assistierten Suizid kein Regelangebot an Schwerstkranke und Ältere zu machen.

In diesem Zusammenhang wurde der Paragraph 217 Strafgesetzbuch neu gefasst: »(1) Wer in der Absicht, die Selbsttötung eines anderen zu fördern, diesem hierzu geschäftsmäßig die Gelegenheit gewährt, verschafft oder vermittelt, wird mit Freiheitsstrafe bis zu drei Jahren oder mit Geldstrafe bestraft. (2) Als Teilnehmer bleibt straffrei, wer selbst nicht geschäftsmäßig handelt und entweder Angehöriger des in Absatz 1 genannten anderen ist oder diesem nahesteht.«

Strafrechtler Eric Hilgendorf charakterisiert das neue Herangehen an diese Problematik: »Das Delikt ist als Unternehmensdelikt ausgestaltet, ein Tatеrfolg in Form eines vollendeten Suizids ist also nicht erforderlich. Vielmehr reicht es für die Verwirklichung des objektiven Tatbestandes aus, dass der Täter einem anderen geschäftsmäßig die Gelegenheit zu einer Selbsttötung gewährt, verschafft oder vermittelt. Es handelt sich mithin um ein (abstraktes) Gefährdungsdelikt. Geschützte Rechtsgüter sind nach der Gesetzesbegründung das menschliche Leben und die individuelle Entscheidungsfreiheit.«

Grundsätzlich unterschiedliche Meinungen kann auch ein solches Gesetz nicht beseitigen. Sie stehen sich nach wie vor diametral gegenüber. Die einen sind davon überzeugt, das aus Gründen der Menschlichkeit und Barmherzigkeit auch eine bewusste Beendigung des

Lebens erfolgen darf. Sonst würde das Plädoyer für ein Leben um jeden Preis zu einem Plädoyer für Grausamkeit gegenüber malträtierten Todkranken. Die anderen sehen praktische Gefahren. Wer entscheidet letztlich über das Sterben, wer weiß, was »unheilbar« ist und wie beeinflusst eine vorübergehende Verschlechterung des Gesundheitszustandes die Meinung des Betroffenen? Kritiker sehen in dem, was auf den ersten Blick die Selbstbestimmung des Menschen zu stärken scheint, das Potential, ihn auch erpressen zu können.

Der Großteil der deutschen Ärzte lehnt passive Sterbehilfe ab. Sie fühlen sich dem Erhalt des Lebens verpflichtet. Daran forscht auch die Pharmaindustrie. Medikamente für Todgeweihte, die deren Leben um wenige Monate verlängern, werden als Erfolg gefeiert. Ein Potsdamer Arzt weist auf das Problem hin: »Wenn ich einen Patienten mit Krebs im Endstadium habe, muss ich entscheiden, ob ich ihm solch ein lebensverlängerndes Medikament gebe. Er hat dann vielleicht noch 16 Monate zu leben, 6 davon voraussichtlich schlecht. Gebe ich es ihm nicht, bleiben vielleicht nur 10 Monate, davon aber sehr wahrscheinlich 9 gute.«

Niemand weiß, wie sich der medizinische Fortschritt entwickelt. Es gibt Abertausende, denen am Beginn ihrer Krankheit ein nur noch kurzes Leben vorhergesagt wurde. Dann kam es anders.

All diese Fragen werden mit der zunehmenden Alterung der Bevölkerung eine wachsende Rolle spielen.

Dahinter steckt die Tatsache, dass alle modernen Gesellschaften den Tod aus ihrem Blickfeld verbannt haben. Friedhöfe wanderten in die Einsamkeit privater Orte, die schnelle Entsorgung des Verstorbenen ist ohne Rücksicht auf die Trauer um ihn reglementiert. Viele Menschen möchten seit Jahrtausenden so leben, als ginge sie der Tod nichts an. »Solange wir da sind, ist er nicht da, und wenn er da ist, sind wir nicht mehr«, sagte Epikur.

Die Angst der Menschen beruht dabei nicht auf der vor dem Tod, sondern auf dessen Unvorstellbarkeit. Es wird nach einer Erfahrung gesucht, die nicht erfahrbar ist. Komplizierte philosophische Denkmuster, Religionen oder Erzählungen und selbst komponierte Weltsichten versuchen, die Transzendenz des Todes zu ergründen. Unterm Strich gibt es jedoch kein Bild, dass alle Menschen gemeinsam davon haben.

Die Sicht auf den Tod bleibt ein Kampf zwischen idealistischer und materialistischer Weltsicht. Ging es in Hunderten von Jahren ausschließlich darum, das im Glauben verankerte postmortale Schicksal im Leben möglichst verlässlich und positiv vorzubereiten, soll heute der Tod am Ende einer guten Lebensbilanz stehen und möglichst schmerzfrei und schnell erfolgen.

Oft stellt das hohe Alter diese Bilanz in Frage. Altersdepressionen und Demenz sind dabei zwei Faktoren, mit denen der Umgang noch ganz am Anfang steht und zu denen ein gesamtgesellschaftliches Umdenken sicher nötig wird. Das dürfte umso dringlicher sein, je höher die allgemeine Lebenserwartung wird. Dass sie auch eine dunkle Seite hat, unter der Betroffene leiden, steht bislang eher außerhalb des gesellschaftlichen Diskurses.

Im Würgegriff der Traurigkeit

Die schier unübersehbare Menge der »Senioren-Ratgeber« wird ihrer Aufgabe meist nicht gerecht. Eine Masse von Ratschlägen beschäftigt sich nämlich nicht mit den Problemen des Alterns, sondern mehr damit, wie man möglichst »jung« bleibt. Das verkauft sich besser als Geschichten von Einsamkeit, Machtlosigkeit und Gebrechlichkeit. Viele ältere Menschen empfinden ihr Alter als einen Zustand, in dem sie sich nicht mehr wehren und die Lage kaum noch aktiv verändern können.

Wer die letzte Phase des Lebens zu einer lustigen Best-Ager-Party verklärt, lügt. Für manche ist es eine gern geglaubte Lüge, für andere eine Diskriminierung.

Mit dem Eintritt in den Ruhestand ändert sich der soziale Status der Betroffenen. Oft schwindet ihr gesellschaftlicher Einfluss. Was zuvor einmal Ausblick in die Zukunft war, wird nun zum Rückblick in die Vergangenheit. Das Gefühl, »das Leben« hat bereits stattgefunden, breitet sich aus. Verantwortung zu übernehmen ist kaum noch gefragt, manchmal wird es – selbst in Familien – als unzulässige Einmischung empfunden. Das Selbstwertgefühl bröckelt, dann sinkt es. Dramatische Ereignisse folgen. Irgendwann bleibt in einer Partnerschaft nur einer übrig. Für viele Menschen schaffen plötzlich finanzielle Einschränkungen Probleme, die sie ihr Leben lang nicht kannten. Bei anderen kommen Krankheiten hinzu. Von Nichtbetroffenen werden sie oft unter dem Motto: »Selber schuld, warum hast du nicht vernünftiger gelebt«, kommentiert. Hilfreich ist das alles nicht.

Immer mehr über 60-Jährige leiden derweil an Depressionen. Selbst Hochbetagte sind nicht davor gefeit. Inzwischen leben etwa zwei Drittel der über 65-Jährigen allein. Sie haben niemanden, mit dem sie ihre Sorgen besprechen können und kaum jemand mag ihnen zuhören.

Die heute Hochbetagten sind die letzten, die ihre Kriegstraumata mit sich herumtragen. Sie haben Tod,

Not und Elend nicht nur in einem unbegreiflichen Ausmaß gesehen, sondern auch erlebt. In ihren aktiven Jahren wurde darüber nicht gesprochen. In der DDR war es jahrelang verpönt, in der Bundesrepublik unerwünscht. Inzwischen sind als letzte Zeitzeugen befragte alte Menschen in zahlreichen Dokumentationen zu sehen, die allein beim Sprechen über seit mehr als siebzig Jahre zurückliegende Ereignisse in Tränen ausbrechen.

Im Alter nehmen die nun immer wiederkehrenden Bilder vom Krieg manche in die Mangel. Fragen von Schuld und Verantwortung bedrücken sie. Der Weg zu professioneller Beratung beim Psychologen ist oft durch Hemmschwellen verbaut. Hinzu kommt der Umgang mit Autoritäten. Dazu gehören an erster Stelle Ärzte. Man möchte sie nicht mit seinen Ängsten »belasten«. Es ist schwer, sich selbst gegenüber und erst recht vor anderen zuzugeben, dass die bislang funktionierende Physis zerbricht. Ein Leben lang war sie der alles umschließende Panzer, nun bröckelt er. Das wird oft als vernichtend empfunden.

Auch die Nachkommen der »gehorsamen« Kriegsgeneration, die sich »keine Schwäche« erlaubte, haben ihre Probleme. Ihr Leben verlief im Frieden und meist auch im Wohlstand. Es war ein Weg, der ständig bergauf ging; von der beengten Wohnung ins großzügigere Ambiente, vom Volkswagen oder Trabant zum PS-starken Auto, vom Camping am Baggersee zur Reise rund um die Welt. Schritt halten war nicht unmöglich, oft fiel es nicht einmal schwer. Die Veränderung der Welt seit der Jahrtausendwende betraf jene, die heute an der Schwelle zum Ruhestand stehen, kaum. Ihre Kinder schon. Deren neue Lebensentwürfe stießen nahezu zwangsläufig auf Unverständnis. Die alten Lebensregeln schienen nicht mehr zu gelten.

All diese Brüche haben tiefe Auswirkungen. Hinzu kommt die eigene Gesundheit, die oft unausgesprochene Belastungen schafft.

Und es ist die Gewohnheit, Anzeichen einer Altersdepression, die sehr plötzlich auftreten kann, als »ganz normale Alterserscheinungen« abzutun. Alte Leute waren schon immer etwas komisch, meist permanent unzufrieden, manchmal zänkisch und oft an vielen Dingen des Lebens nicht mehr interessiert. Als Alarmzeichen wurde das früher selten verstanden.

Inzwischen schätzen Experten, dass etwa 15 Prozent der über 65-Jährigen an Altersdepressionen leiden. Ihre absolute Zahl wird steigen, weil die Bevölkerung insgesamt altert. Neben der Demenz ist die Depression im Alter schon jetzt die häufigste psychiatrische Erkrankung. Bei manchen deutet sich das bereits in jüngeren Jahren an, generell sind Frauen mehr betroffen als Männer.

Experten gehen davon aus, dass etwa 40 Prozent der Depressionen im Alter nicht erkannt werden. Die Diagnose wird erschwert, weil tatsächlich bei älteren Patienten oft die körperlichen Beschwerden im Vordergrund stehen.

Was die Behandlung der Altersdepression betrifft, ist gerade ein grundsätzlicher Meinungsumschwung zu beobachten. Galt die Prognose vor wenigen Jahren noch als eher schlecht, haben indessen Studien gezeigt, dass eine rechtzeitige Behandlung gute Aussichten auf Erfolg hat. Etwa ein Viertel der depressiven Ruheständler wird wieder gesund, allerdings ist die Rückfallquote mit rund 50 Prozent höher als im jüngeren Alter. Überdies beeinflusst der körperliche Allgemeinzustand den Verlauf.

Dennoch besteht Handlungsbedarf. Nach einer Studie der Versicherung Barmer GEK liegen die »Depressionen« aktuell auf Platz fünf der Volkskrankheiten. Die Weltgesundheitsorganisation rechnet in den kommenden Jahrzehnten mit einem starken Anstieg. Sie geht davon aus, dass bis zum Jahr 2030 Depressionen das häufigste Krankheitsbild überhaupt sein werden.

Demenz: Auf dem Weg in die Welt von gestern

Manchmal beginnt es mit kleinen, unauffälligen Notizzetteln, dann ist der Schlüssel wie vom Erdboden verschwunden, und irgendwann werden die Kinder oder andere nahe Verwandte bezichtigt, das Portemonnaie gestohlen zu haben.

Im Gegensatz zur Altersdepression, bei der die Betroffenen über ihren Zustand klagen, versuchen Demenzpatienten, ihren Zustand möglichst lange zu verbergen.

Gegenwärtig leben in Deutschland mindestens 1,6 Millionen Menschen mit Demenzerkrankungen. Andere Schätzungen, wie die der Krankenkasse Barmer von Mitte Juli 2017, gehen bereits jetzt von 2,3 Millionen Frauen und Männern aus. Ungefähr 60 Prozent davon leiden an einer Demenz vom Typ Alzheimer. Ihre Zahl wird sich bis 2050 auf ein geschätztes Minimum von 3 Millionen erhöhen. Auf jeweils 100.000 Menschen gerechnet, wurden im Jahr 2005 in Deutschland 183 Demenzerkrankungen diagnostiziert, zehn Jahre später waren es bereits 203, und für 2030 wird mit 247 Patienten gerechnet. Die Deutsche Alzheimer Gesellschaft hält es für möglich, dass Mitte des 21. Jahrhunderts jeder dritte Mann und jede zweite Frau im Laufe ihres Lebens an einer Demenz erkranken – wenn bis dahin keine wirksame Therapie dagegen entdeckt wird. Dafür gibt es zurzeit wenig Hoffnung.

Demenz ist vor allem eine Krankheit Hochbetagter. In der Altersgruppe der 60- bis 64-Jährigen betrifft sie nur 1,6 Prozent der Männer und 0,5 Prozent der Frauen. Bei den 65- bis 69-Jährigen sind es 2,2 und 1,1 Prozent, bei den 70- bis 74-Jährigen 4,6 und 3,9 Prozent. Im höheren Alter sind immer mehr Frauen betroffen. Im Alter von 70 bis 79 Jahren überholen die Frauen mit 6,7 Prozent die Männer, von denen dann 5 Prozent unter Demenz leiden. Bei den 85- bis 89-Jährigen steigt die Zahl der erkrankten Männer auf 18,5 Prozent, bei Frauen auf 22,8 Prozent. Bei den über 90-Jährigen ist bei beiden nahezu jeder Dritte von Demenz betroffen.

Die bekannteste und häufigste Ursache einer Demenz ist die Anfang des 20. Jahrhunderts erstmalig vom bayerischen Nervenarzt Alois Alzheimer (1864 bis 1915) nach ihm benannte Alzheimer Krankheit. Sie geht mit Symptomen wie Gedächtnisverlust und Orientierungsproblemen einher und kann im fortgeschrittenen Stadium zu einer Änderung der Persönlichkeit führen. Daneben hat jede Demenz ihre individuellen Ausprägungen. Manchen Patienten fallen einfache Handgriffe schwer, andere zeigen teilnahmsloses Verhalten oder trügerische Wahrnehmungen. Morbus Alzheimer lässt sich im Verlauf verzögern, ist aber (noch) nicht heilbar.

Daneben kennt die Medizin die vaskuläre Demenz, die auf Durchblutungsstörungen im Gehirn zurückgeht. Ursachen können hier unter anderem jahrelang schlecht eingestellter Bluthochdruck und Gefäßverkalkungen sein. Weitere Hirnabbauerkrankungen sind die Pick-Krankheit oder die Lewy-Körper-Krankheit. Entzündliche Gehirnerkrankungen, chronischer

Alkoholismus und weitere körperliche und seelische Störungen können ebenfalls die Entwicklung einer Demenz zur Folge haben.

Da es für all diese Krankheiten bisher keine Heilung gibt, gehen die aktuellen Bemühungen dahin, weltweit gemeinsame Strategien zum Umgang damit zu entwickeln. Im Mai 2017 hat die Weltgesundheitsorganisation dazu einen globalen Aktionsplan verabschiedet. Er definiert Ziele in den Bereichen Prävention, medizinische Behandlung, Pflege und Forschung und soll die Situation von Menschen mit Demenz, ihrer Familie und von Pflegenden verbessern.

In Deutschland gibt es da einen erheblichen Nachholbedarf. Er hat eine seiner wesentlichen Ursachen im vorherrschenden Menschenbild, das sich am kognitiven Leistungsvermögen orientiert. Wer dabei geistig nicht mehr folgen und kommunizieren kann, dem droht, aus der Gesellschaft »herauszufallen«.

Wissenschaftler wissen inzwischen, dass auch Menschen mit Demenz keineswegs in einem ständigen Zustand abgrundtiefer Verzweiflung leben. Ihre Zufriedenheit hängt in großem Maße von erfüllenden Tätigkeiten, der Bindung an Familie und Freunde und vom Gefühl, doch noch irgendwie gebraucht zu werden, ab. Bekannt ist derweil auch, dass demenzkranke Menschen eigene Strategien entwickeln, um mit dem fortschreitenden geistigen Verfall zurechtzukommen. Sie beginnen oft mit dem Versuch des Herunterspielens und Versteckens der Krankheit und gehen bis zur aktiven Auseinandersetzung damit.

Daraus entsteht in der Betreuung Demenz-Kranker ein Widerspruch, denn die medizinische Diagnostik nimmt zwangsläufig eher die Defizite in den Blick. Der schleichende, oft jahrelange Prozess der Hirnveränderung führt zum systematischen Abbau der Fähigkeit, selbstbestimmt leben zu können. Oft stehen am Ende der Verlust der Sprache, zunehmende körperliche Probleme bis hin zur Inkontinenz und Bettlägerigkeit und schließlich das Endstadium mit künstlicher Ernährung.

Fachleute, wie der Bonner Gerontopsychiater Rolf Hirsch, warnen: »Wir verletzen tagtäglich die Menschenwürde von Demenzkranken.« Nach Schätzungen von Pflegeexperten ist jeder dritte Pflegeheimbewohner in Deutschland von freiheitsentziehenden Maßnahmen betroffen: An ihren Betten werden Gitter angebracht, ihre Türen werden verschlossen, oder man stellt sie mit Psychopharmaka ruhig. Überall fehlt es an Geld und an Personal.

Das ist der falsche Weg, der dringend einer Korrektur bedarf. Andreas Kruse, der Direktor des Instituts für Gerontologie an der Universität Heidelberg, ist davon überzeugt: »Auch schwerst demenzkranke Menschen verfügen über ein höchst differenziertes emotionales Erleben.« Sie brauchen Zuwendung und Ansprache und zeigen dann in vielen Ausdrücken Freude und Wohlbefinden, selbst wenn sich Menschen mit schwerer Demenz nur noch situativ für einen Augenblick äußern können.

Vielleicht wird eines Tages die medizinische Forschung Wege der Heilung dieser Krankheit gefunden haben. Bis dahin bleibt nur, behutsam nach der Seele der Kranken zu suchen, denn im allmählichen Verfall, dem »Abbröckeln« der eigenen Existenz, sind alle Menschen gleich. Ob mit oder ohne Demenz.

Als sich der Industrielle Gunter Sachs – in den 1960er und 1970er Jahren weltweit als Prototyp des »Playboys« bekannt – im Mai 2011 erschoss, beschrieb er in seinem Abschiedsbrief die Angst vor »der ausweglosen

Krankheit A.«. Er meinte damit die Alzheimer-Demenz. Es gibt jedoch Möglichkeiten, sie zu lindern, ohne solch drastische Tat als einzigen Ausweg zu sehen.

Das letzte Tabu

Mehr als 10.000 Menschen nehmen sich nach Zahlen des Statistischen Bundesamts jedes Jahr in Deutschland das Leben. Dabei ist der Anteil der Männer fast dreimal so hoch (74 Prozent) wie der der Frauen. Etwa 40 Prozent der Betroffenen sind über 60 Jahre alt. Reinhard Lindner, der viele Jahre im Therapiezentrum für Suizidgefährdete des Universitätsklinikums Hamburg-Eppendorf (UKE) Betagte mit Depressionen behandelte, fasst seine Erfahrungen so zusammen: »Der typische Suizidale im Alter ist männlich, über 80, hat Alkoholprobleme und schlechte Erfahrungen mit Beziehungen gemacht ... Es gibt auch viele Paare, die gemeinsam sterben wollen. Oder solche, bei denen sich vorhandene Konflikte im Alter durch Krankheit und gegenseitige Abhängigkeit so radikal zuspitzen, dass man beschließt, dass einer von beiden gehen muss.«

In der aktuellen Diskussion sehen manche Experten die Gefahr, Aspekte der kontroversen Meinungen zur Sterbehilfe mit Problemen der Suizidprävention zu vermischen. Dabei kritisieren sie, dass aktive oder passive Sterbehilfe als »Ausweg« vor möglicherweise langen Leiden erscheinen kann.

Die Deutsche Gesellschaft für Suizidprävention (DGS) empfiehlt, die Begriffe »Selbstmord« und »Freitod« zu vermeiden und warnt davor, suizidale Handlungen als nachvollziehbar, positiv oder billigend darzustellen. Sie betont: »Dies gilt besonders für den Suizid älterer und schwerkranker Menschen.«

Darüber kann man geteilter Meinung sein, denn oft erweist sich die Ignoranz gegenüber meist sicht- und spürbaren Problemen der Betroffenen als begünstigend für solch einen finalen Schritt. Sicher ist der im Report *»Preventing suicide: A global imperative«* 2014 von der Weltgesundheitsorganisation veröffentlichte Hinweis richtig, dass insbesondere die Selbsttötung Prominenter durch das labile psychische Gefüge suizidgefährdeter Menschen zu Nachahmungshandlungen führen kann. Dennoch scheint eine Auseinandersetzung mit dem Phänomen des Todes von eigener Hand als Prävention auch dann noch geboten, wenn sie anhand von bedauerlichen Fällen diskutiert wird.

Wenig Beachtung finden im ohnehin nicht sehr intensiv betriebenen gesellschaftlichen Diskurs über das Alter und seine Probleme die auch in dieser Lebensphase steckenden Werte. Sie verschwinden hinter der allgemeinen Orientierung auf Jugendlichkeit, Fitness und Mobilität. Viele ältere Menschen fühlen sich gedrängt, dabei »nicht den Anschluss zu verlieren«. Das hat im Extremfall manchmal lächerliche Auswirkungen – beispielsweise an der Kleidung oder der krampfhaften Übernahme der »Jugendsprache« erkennbar – doch dahinter steckt Ernsteres. Viele Seniorinnen und Senioren reagieren auf ihre nachlassende Leistungsfähigkeit und manchmal auch den einsetzenden körperlichen Verfall mit sozialer Isolation und Rückzug. Das betrifft dann selbst die eigene Altersgruppe. Andere versuchen, mit Hyperaktivität das Alter zu überdecken. Für beide Gruppen tickt die Uhr unbarmherzig weiter. Auf die Einschränkung der gewohnten Lebenskreise folgen Verluste im näheren

Umfeld. Die gelockerten Familienbande lassen es noch kleiner werden, Krankheiten bestimmen das Alltagsleben und Lebensfreude geht verloren.

Hier liegt das Potential von Problemen, die sich gegenwärtig gerade erst in ihren Anfängen artikulieren. Bei vielen Medizinern herrscht noch eher die Meinung vor, dass suizidale Handlungen vor allem mit psychischen Vorerkrankungen verbunden sind. Neben Depressionen werden dabei Demenzen, Suchterkrankungen und Angststörungen als wesentliche Ursachen gesehen.

Dem ist sicher – und besonders mit Blick auf fortgeschrittene Phasen derartiger Befunde – kaum zu widersprechen. Dennoch wird künftig eine wirksame Prävention weitaus früher ansetzen müssen.

Traumatische Erlebnisse im Alter, vom Verlust eines nahen Angehörigen bis zur Diagnose einer Krankheit, sind heute noch in den privaten Bereich verbannt. Betroffene trauen sich oft nicht, andere, einschließlich der eigenen Kinder, damit »zu belasten«. Angehörige vermeiden es gern, Probleme zu thematisieren, um so nicht das »Jammern« im Alter noch zu unterstützen. Eine zunehmende Anzahl von Menschen hat überhaupt keine Ansprechpartner mehr für intime und persönliche Fragen.

Daraus resultiert das Empfinden, sich in einer aussichtslosen Lebenssituation zu befinden. Besonders für Männer ist die Vorstellung, eines Tages ein Pflegefall zu werden, eine oft als unerträglich empfundene Lage.

Im Jahr 2004 untersuchte das Institut für Rechtsmedizin an der Berliner Charité erstmals die Suizid-Motive deutscher Senioren im Alter zwischen 65 und 95 Jahren anhand von Fällen aus den Jahren 1995 bis 2003. Studienleiter Peter Klostermann unterstrich als Ergebnis, dass fast alle Betroffenen in ihren Abschiedsbriefen direkt oder indirekt angegeben hätten, sie wollten mit einem Suizid ihrer Heimeinweisung zuvorkommen: »Sie hatten befürchtet, entmündigt und entrechtet zu werden«, zog Klostermann als Fazit. Die meisten litten zwar unter Depressionen, Altersdemenz oder chronischen Schmerzen, das »entscheidende Motiv« für die Selbsttötung sei jedoch »Angst vor absoluter Hilflosigkeit und unwürdigem Weiterleben« gewesen.

Solche Motive sind in aller Regel vor aktiven Taten erkennbar, auch wenn es in den meisten Fällen kaum Worte oder Ankündigungen gibt und Betroffene ihre Absichten verbergen wollen.

Eine Lösung für das Phänomen der Selbsttötung wird es auch in Zukunft nicht geben. Trotzdem kann ein weniger anonymisierter gesellschaftlicher Umgang miteinander dazu beitragen, dieses traurige Ende des Lebens einzudämmen.

Das Geschäft mit dem Tod

Das Geschäft mit dem Tod ist ein blühendes und krisensicheres Gewerbe. Jedes Jahr sterben in Deutschland über 900.000 Menschen und durch die alternde Bevölkerung werden es jedes Jahr mehr. Seit der Jahrtausendwende mit 838.797 Sterbefällen erhöhte sich deren Zahl bis 2015 um mehr als 85.000. Den Bestattungsunternehmen garantiert das Milliardenumsätze, denn Sterben ist eine teure Sache geworden. Die

Stiftung Warentest rechnet mit durchschnittlich 6.000 Euro für eine Bestattung. Dabei gibt es sehr starke Schwankungen zwischen den verschiedenen Anbietern und schnell kann es auch das Doppelte werden.

Und nicht alle Offerten der Bestatter sind seriös. Manche von ihnen nutzen die emotionale Anspannung der Angehörigen, um ihr todsicheres Geschäft zu machen. Viele Hinterbliebene spüren, dass sie kräftig abgezockt wurden, doch oft wollen sie keinen Ärger und zahlen stillschweigend.

Hinter den Kulissen herrscht ein harter Konkurrenzkampf um die teuren Toten. Es gibt Bestatter, die gute Kontakte zu den örtlichen Krankenhäusern unterhalten, um schnell ins Geschäft zu kommen – manchmal sogar ohne Einwilligung der Angehörigen. Andere versuchen ihren Kunden ein schlechtes Gewissen einzureden, wenn sie nach günstigeren Möglichkeiten fragen. Besonders bei Feuerbestattungen empfehlen manche teure Särge, die am Ende ohnehin verbrennen. In der kriminellen Variante tauschen sie sie vorher aus. Oft gibt es Ärger mit einem Kostenvoranschlag, manchmal wird mit vielen »kleinen Extras« zusätzlich Geld gemacht.

In Deutschland ist die Aufbahrung des Toten im Haus legal. Trotzdem drängen viele Bestatter auf einen schnellen Abtransport des Leichnams und eine lange Aufbahrung in ihrem Beerdigungsinstitut.

Niemand will nach dem Verlust eines Angehörigen mit den Profis im Bestattungswesen lange feilschen. Deshalb geht inzwischen fast jeder Fünfte gleich zu einem »Discount-Bestatter«, Tendenz steigend.

Dort wird an allen Ecken und Enden gespart. Das beginnt bei schlichten Holzsärgen, kaum Blumen und geht bis zur kleinen Trauerfeier meist vor einem anonymen Grab. Feuerbestattungen werden derweil gern im preisgünstigeren Ausland, zum Beispiel in Holland oder Tschechien durchgeführt. Wer das Makabre liebt, kann sich das Krematorium bei vorab organisierten Kaffee-Fahrten sogar ansehen.

Die Discount-Bestatter sitzen oft nicht vor Ort, sondern organisieren alles telefonisch. Die Hinterbliebenen wissen meist nicht, was alles zu bedenken ist, vom Papierkram bei Ämtern und Ärzten über den Kontakt zur Rentenversicherung bis zum Rücktransport der Asche vom Krematorium. Das steht zwar alles in den »Allgemeinen Geschäftsbedingungen« jeder Firma, doch wer liest die schon gründlich, gerade im Trauerfall.

Auch viele ältere Menschen machen sich darüber ihre Gedanken und wollen ihre späteren Hinterbliebenen nicht über Gebühr belasten. Deshalb schließen sie oft Sterbegeld-Versicherungen ab, um wenigstens finanziell gerüstet zu sein. Dieses Geschäft boomt besonders, weil die Krankenkassen seit 2004 kein Sterbegeld mehr zahlen.

Für den Bund der Versicherten (BdV) ist die Sterbepolice eine der unsinnigsten Versicherungen überhaupt. Elke Weidenbach, Versicherungsexpertin der Verbraucherzentrale Nordrhein-Westfalen, sagt, warum: »Das gute Gefühl, vorgesorgt zu haben, ist teuer erkauft und in den meisten Fällen ein sicheres Renditegrab.« Wer im Rentenalter eine Sterbegeld-Versicherung abschließt, zahlt in der Regel deutlich mehr ein, als die Hinterbliebenen später herausbekommen.

Viele Rentnerinnen und Rentner glauben, eine solche Versicherung sei so etwas wie ein Sparplan für den Ernstfall. Das ist nicht der Fall. Sterbegeldpolicen sind wie Kapitallebensversicherungen konstruiert. Dementsprechend bemessen sich Kosten und Provisionen. Einzahlungen sind einmalig oder regelmäßig, meist bis zum Alter von 85 Jahren, möglich. Sie berechnen sich nach Eintrittsalter und Versicherungssumme. Je später begonnen wird, umso teurer wird die Police.

Verträge werden gern damit beworben, dass sie »ohne Gesundheitsprüfung« abgeschlossen würden. Das erweckt bei Senioren den Eindruck, sie wären auch noch im hohen Alter rentabel. Oft haben derartige Policen aber den Haken, dass sie in den ersten drei Jahren nur bei Unfalltod greifen. Stirbt der Versicherungsnehmer an einer Krankheit, bekommen die Hinterbliebenen meist nicht einmal das eingezahlte Geld zurück. Die volle Summe gibt es erst nach der Wartezeit.

Außerdem zählt die Länge des Lebens für die Versicherung. Ein Rechenbeispiel: Wenn ein 65-Jähriger eine Sterbegeld-Versicherung abschließt, aus der später einmal 5.000 Euro ausgezahlt werden sollen, kostet das im Monat etwa 29 Euro. Bis zum 85. Lebensjahr hat er 6.960 Euro an Beiträgen eingezahlt.

Wer für den eigenen Tod vorsorgen will, fährt mit einem Banksparplan ohne Gebühren weit besser. Das bringt zurzeit zwar kaum Zinsen, aber wenigstens geht kein Geld verloren. Für Jüngere kann eine Risikolebensversicherung die günstigere Alternative sein. Auf Antrag ist es für Witwen oder Witwer auch möglich, sich die drei Monatsrenten für das sogenannte »Sterbevierteljahr« des Verstorbenen auf einen Schlag auszahlen zu lassen und damit die Beerdigung weitgehend zu finanzieren. Wer keine Angehörigen hinterlässt, bekommt dieses »Sterbevierteljahr« nicht.

Die Vorbereitung auf den eigenen Tod ist für niemanden angenehm. Trotzdem geht für die anderen das Leben weiter, und das soll möglichst schnell wieder in die normale Bahn gelangen. Die überwiegende Mehrzahl der Bestattungsunternehmen steht den Hinterbliebenen dabei sensibel und ehrlich zur Seite. Doch wie in jeder Branche gibt es auch schwarze Schafe, die das große Geschäft wittern. Ihnen nicht auf den Leim zu gehen, liegt in der Verantwortung jedes Einzelnen.

Der Weg der jungen Leute von heute bis dahin wird sich anders gestalten, als es bisher der Fall war. Wie genau, weiß niemand. Jede Generation hat ihre Umbrüche und völlig unerwarteten Entwicklungen – wie könnte es also zum Ende unseres Jahrhunderts aussehen?

Ein nicht ganz ernstzunehmender, aber vielleicht auch nicht völlig unwahrscheinlicher Ausblick.

Seniorenteller für alle –
Eine Vision

Wenigstens das Fleisch auf dem Seniorenteller ist weich, obwohl die sechsten Zähne viel besser beißen als die ersten fünf. Inzwischen werden sie aus irgendeinem Naturprodukt aus Indien gemacht. Die neue Weltmacht hat ja überall ihre Finger drin. Produzieren lassen die Inder diese neuen Gebisse, die ganz von selbst einwachsen, im Kongo. Ausfallen tun sie dann ja von allein. Die Löhne aus China oder Pakistan kann ja schon lange niemand mehr bezahlen. Und die in Deutschland schon gar nicht.

Das Land der Alten, wo es inzwischen nicht mehr so viele Arbeitsplätze gibt. Dafür sind überall Freizeitparks entstanden. Natürlich nicht mehr mit diesen verrückten Achterbahnen wie früher. Der neue Hit sind die Atemwanderwege. Fester Grund, Geländer, ohne großes Bergauf und Bergab, und dazu die verschiedenen Gerüche. Meeresbrise, saubere Stadt, Wald oder Wiese, es ist alles da. Sogar den DDR-Geruch von vor fast hundert Jahren bekommt man dort in die Nase und obendrein den aus dem früheren »Intershop«. Das sind Erinnerungen, die man wohl nie vergisst. Allerdings kennen ihn nur noch die ganz, ganz Alten.

Toll ist auch der Park in der *Raffinerie 2000* in Leuna. Da kann man dann für ein paar Stunden interessante Experimente machen. Oder gleich das Komplettprogramm »Arbeitstag« buchen. Die Leute wollen ja was unternehmen. Nach dem Ruhestand mit 78 sind die meisten noch voller Kraft und Tatendrang. Und die Gebrechlichen sind nicht mehr da. Pflege in Thailand oder Chile. Feuerbestattung inbegriffen. Dafür reicht meist die Rente, selbstverständlich unter bescheidenen Bedingungen. »Einheimischer Standard« heißt das im Altencenter, das früher mal »Arbeitsagentur« hieß. Schon damals hatte es das große »A« als Logo. Das ist so geblieben. Manche leben auch in Italien oder Spanien, doch das ist mehr etwas für Pensionäre. Das sind die, die sich später mal die teuren Friedhofsplätze auf den früheren Autobahnparkplätzen leisten können. Tausch des Hausgrundstücks gegen zwei Quadratmeter, das ist der übliche Satz. Da haben Organspender natürlich Glück, weil sie mit einem Meter auskommen. Irgendwas lässt sich immer noch verwenden, auch wenn es über 130 Jahre alt ist.

Der Sommer in diesem Jahr 2084 zeigt sich so wie seit Jahren. Ein paar Wochen um die 34 Grad, dazwischen die Monsun-Regen und die Temperatursprünge. Aber immer noch besser als die sibirischen Winter mit ihrer krachenden Kälte. Immerhin kann man meist ohne Gasmaske raus. In der Stadt natürlich nicht, das ist klar. Und seit die meisten Strände in Europa weg sind, weil damals das Abschmelzen des Nordpols plötzlich so schnell ging, ist wenigstens die Gefahr von Sonnenbrand nicht mehr da. Trotzdem, das geht schon alles auf die Pumpe. Da ist wohl bald wieder ein neues Herz fällig, es wäre das vierte.

Wie es bezahlt wird, müsste man mit dem Sohn besprechen. Von der Krankenkasse gibt's doch nur das Kunstherz aus dem 3-D-Drucker. Hauptsache, er kann mal ein paar Tage von seiner Arbeit in Weißrussland weg. Diese langen Wege zur Arbeit sind eine regelrechte Plage. Mehr als 900 Kilometer früh und abends sind nicht einmal mit den neuen Magnetbahnen zu schaffen.

Hat sowieso Glück gehabt, der Junge, mit seinem

Job in der Elektroautofabrik von Ford-Opel-Mercedes. Eine von den beiden verbliebenen Autofabriken in ganz Europa. Obwohl die Autos immer mal wieder stehen bleiben, und wenn dann kein Windrad in der Nähe ist, bleibt guter Rat teuer. Zum Glück gibt es seit einigen Jahren an jeder Anlage die Schnellladestationen. Wobei »schnell« natürlich relativ ist. Aber die anderthalb Stunden Wartezeit im Grünen oder im Winter in der warmen Wartehalle, wo man am Computer Autofahren spielen kann, sind nicht so wild. Wir haben ja Zeit. Und Spaß macht es außerdem. Ein bisschen so wie früher, als wir noch selbst unsere Blechkisten steuern durften. Jetzt machen das die Computer. Auf dem Tacho erscheinen dann Geschwindigkeiten, über die wir uns früher totgelacht haben. Achtzig ist da schon viel, aber komischerweise kommt man genauso flott an wie damals. Staus gibt es ja nicht mehr.

Die großen Windräder knattern und fauchen inzwischen überall. Interessante Sache, und an die Schlagschatten kann man sich gewöhnen, wenn man es nicht anders kennt. Viel besser als diese Atommeiler von früher. Jetzt stehen überall in Europa diese riesigen Betonsärge, und alle zehn Jahre wird eine neue Schicht draufgesetzt, damit die Strahlung drinbleibt. Da sind sogar die alten Windräder vom Anfang des Jahrhunderts noch viel besser, auch wenn immer mal wieder eins umknickt.

Das hat sich ja gerade erst bei der Tour mit den »Alt-Ökos« gezeigt, »Die größten Windparks Deutschlands«, eine der beliebtesten Reisen. Wie früher einfach irgendwohin zu fliegen, kann kaum jemand noch bezahlen. Wegen der Klimaabgabe und der Umweltsteuer ist es ziemlich teuer geworden. Aber es gibt ja Alternativen. War bestens organisiert, die Windrad-Tour. Auch die kurzen Wanderungen auf den Schneisen, wo früher mal Wald stand und jetzt die Stromkabel unter der Erde laufen. Es fühlte sich fast an, als summten die Beine. Hatte was vom modernen Sex. Das läuft ja sowieso nur noch mit diesen Summ-Geräten, wie man so hört. Eigentlich schade, aber da lässt die Lila-Welt-Frauen-Liga nicht mit sich reden. Und die Fortpflanzung ist ja ohnehin seit der obligatorischen Stammzellenentnahme bei der Geburt geregelt.

Gut, dass es wenigstens solche Ausflüge gibt. Der alte Mercedes steht noch in der Garage, aber fahren darf man damit nur in den Verkehrsgärten in der Wüste.

Ansonsten überall Fahrverbote, in den Städten sowieso. Smogalarm! »Mikrostaub«, wie es im neuen Eurosprech heißt. Kannte früher kein Mensch. Überhaupt diese neue Sprache! Was früher mal eine Boulette oder eine Kartoffel war, ist heute ein Ebst. Das heißt »Ernährungsbaustein«. Wasser, Brause, Bier und sogar Milch sind Triflüs, trinkbare Flüssigkeiten. Und wehe, man benutzt die alten Wörter!

Nur beim Käse gelten sie noch. Und der ist sogar weich, wie er immer war. Obwohl es wegen der Zähne ja gar nicht mehr so nötig wäre.

Der Seniorenteller ist gegessen. Dass das Schnitzel wieder mal aus Tofu war – richtiges Fleisch können sich Rentner ja schon lange nicht mehr leisten –, fiel kaum auf. Man hat sich notgedrungen ohnehin an diese komischen Speisen aus dem Chemiebaukasten gewöhnt. Da ist der Tofu wenigstens noch aus der Natur. Auch wenn dafür die Regenwälder von Brasilien bis Indonesien längst verschwunden sind.

Aus dem Space-Receiver dudelt ein alter Elvis-Song, »One night with you«. Hat nächstes Jahr seinen 150. Geburtstag, der Junge. Es hat sich viel geändert in den letzten Jahren. Zum Glück nicht alles. Danke, Elvis!

Quellen

Artikel

Arend, Stefan: »Graue Schläfen sind heute hip«. In: *Rotary Magazin* 5/2014.

Beyerle, Hubert: »Osten in 320 Jahren auf Westniveau«. In: *Stern*, 19. Juni 2008.

Bode, Sonja und Harry: »Sex im Seniorenalter«. In: *Der Seniorenblog aus Sachsen*, 8. August 2014. Auf: http://der-seniorenblog.de/partnerschaften/sex-seniorenalter/4/. Abgerufen am 29. Juni 2017.

Bürger, Britta: »Sex im Alter«. In: *NetDoktor.de*, 30. Oktober 2015. Auf: https://www.netdoktor.de/sex-partnerschaft/sex-im-alter-3561.html.

Buß, Christian: »Erotik-Drama ›Wolke 9‹. Fellatio vor dem Fernsehtischchen«. In: *Spiegel Online*, 4. September 2008. Auf: http://www.spiegel.de/kultur/kino/erotik-drama-wolke-9-fellatio-vor-dem-fernsehtischchen-a-576296.html.

Diekmann, Florian: »Ältere am Arbeitsmarkt. Die Rückkehr der Grauhaarigen«. In: *Spiegel Online*, 27. Januar 2017. Auf: http://www.spiegel.de/wirtschaft/soziales/arbeitslosigkeit-aelterer-mit-50-keine-chance-mehr-gilt-das-immer-noch-a-1129828.html.

Ders.: »Altersarmut in Deutschland. Angst um die Rente«. In: *Spiegel Online*, 23. November 2016. Auf: http://www.spiegel.de/wirtschaft/soziales/rente-wird-altersarmut-zum-massenphaenomen-a-1121815.html.

Dowideit, Anette: »Wie die moderne Welt alte Menschen diskriminiert«. In: *Welt*, 4. August 2013. Auf: https://www.welt.de/wirtschaft/article118678454/Wie-die-moderne-Welt-alte-Menschen-diskriminiert.html.

Dies.: »Grüne fordern für Pflegeheime Prostituierte auf Rezept«. In: *Welt*, 8. Januar 2017. Auf: https://www.welt.de/vermischtes/article160957590/Gruene-fordern-fuer-Pflegeheime-Prostituierte-auf-Rezept.html.

Goebel, Jan und Krause, Peter: »Armut in verschiedenen Bevölkerungsgruppen«. In: *bpb*, 3. Mai 2016. Auf: http://www.bpb.

de/nachschlagen/datenreport-2016/226283/armut-in-ver-schiedenen-bevoelkerungsgruppen.

Gräber, Berrit: »Millionen sind betroffen. ›Wer heute pflegt ist morgen arm‹: Angehörige in der Renten-Falle«. In: *Focus Online*, 17. Mai 2017. Auf: https://www.focus.de/finanzen/versicherungen/pflegeversicherung/millionen-sind-be-troffen-wer-heute-pflegt-ist-morgen-arm-angehoeri-ge-in-der-renten-falle_id_7142009.html.

Dies.: »Beerdigung. Das Geschäft mit dem Sterbegeld«. In: *Augs-burger Allgemeine*, 28. November 2016. Auf: https://www.augsburger-allgemeine.de/geld-leben/Das-Geschaeft-mit-dem-Sterbegeld-id39908682.html.

Graf, Nora: »Gewalt in der Pflege. Ursachen, Auslöser, Präventi-on«. In: *uni.de*, 10. Februar 2016. Auf: https://uni.de/redakti-on/gewalt-in-der-pflege.

Haas, Petra: »Pflege: Die neuen Regeln im Überblick«. In: *Senioren Ratgeber*, 13. Februar 2017. Auf: https://www.senioren-ratgeber.de/Pflege/Pflege-Die-neuen-Regeln-im-Ueberblick-533077.html.

Heide, Dana: »Neue Trends. Das richtige Marketing für Senioren«. In: *Handelsblatt*, 8. Januar 2012.

Herzog, Roman: »Gesichertes Leben«. In: *Zeitschrift der LVA Ba-den* 4/1996.

Hilgendorf, Eric: »Gesetz zur geschäftsmäßigen Sterbehilfe. Eine Norm für die Wissenschaft«. In: *Legal Tribune Online*, 12. No-vember 2015. Auf: https://www.lto.de/recht/hintergruende/h/gesetzgebung-sterbehilfe-tatbestandsmerkmale-analyse/.

Hucko, Margret: »Unfall von Bad Säckingen. Kontrolliert die Rent-ner!« In: *Spiegel Online*, 7. Mai 2016. Auf: http://www.spiegel.de/auto/aktuell/unfall-von-bad-saeckingen-rentner-runter-von-der-strasse-a-1091235.html.

Jüngling, Thomas: »Wie Supermärkte ihre Kunden manipulie-ren«. In: *Welt*, 6. Juni 2008. Auf: https://www.welt.de/wirt-schaft/article2073468/Wie-Supermaerkte-ihre-Kunden-ma-nipulieren.html.

Klein, Katharina: »Gesundheit der Deutschen. Die Deutschen fühlen sich gesünder als sie sind«. In: *fit For Fun*, o. D. Auf: http://www.fitforfun.de/gesundheit/gesundheit-die-deut-schen-fuehlen-sich-gesuender-als-sie-sind_aid_13528.html. Abgerufen am 26. Mai 2017.

Klindt, Kai: »Diagnose Demenz: Wie geht es weiter?« In: *Senioren Ratgeber*, 29. Juni 2016. Auf: https://www.senioren-ratgeber.de/Gesundheit/Diagnose-Demenz-Wie-geht-es-weiter-518997.html.

Klingelhöfer, Tobias: »Früher in Rente. Weniger arbeiten, Rente kassieren und Steuern sparen – das geht jetzt«. In: *Focus Online*, 21. Juni 2017. Auf: https://www.focus.de/finanzen/experten/tobias_klingelhoefer/frueher-in-rente-weniger-arbeiten-rente-kassieren-und-steuern-sparen-das-geht-jetzt_id_7264662.html.

Krause, Volkmar: »Rentenunrecht. Über Nacht wieder DDR-Bürger«. In: *Märkische Allgemeine*, 26. Mai 2017.

Langer, Annette: »Depressionen im Alter. ›Das ganze Scheißleben, das ich geführt habe‹«. In: *Spiegel Online*, 23. Dezember 2011. Auf: http://www.spiegel.de/panorama/gesellschaft/depressionen-im-alter-das-ganze-scheissleben-das-ich-gefuehrt-habe-a-801834.html.

Lehnen, Claudia: »›Opa-Bande‹. Die Methusalem-Komplizen«. In: *Frankfurter Allgemeine Zeitung*, 6. Juni 2005.

Lobo, Sascha: »Computerprognosen. Warum eine Rentenversicherung, wenn ich mit 50 sterbe?« In: *Spiegel Online*, 14. Juni 2017. Auf: http://www.spiegel.de/netzwelt/web/sascha-lobo-ueber-e-health-und-das-recht-auf-nichtwissen-a-1152081.html.

Locke, Stefan: »Renten für DDR-Flüchtlinge. Wer ausreiste, wird bestraft«. In: *Frankfurter Allgemeine Zeitung*, 5. Juni 2015.

Müller, Rebecca: »Billig-Bestattungen. Das Geschäft mit dem Tod«. In: *Stuttgarter-Zeitung.de*, 4. Dezember 2011. Auf: https://www.stuttgarter-zeitung.de/inhalt.billig-bestattungen-das-geschaeft-mit-dem-tod.ac1a7818-002f-4e69-a0e6-75fb3baee045.html.

Munimus, Bettina: »Ältere – Taktgeber in der alternden Gesellschaft?« In: *bpb*, 16. Januar 2013. Auf: http://www.bpb.de/apuz/153142/aeltere-taktgeber-in-der-alternden-gesellschaft.

Nguyen, The-Khoa: »Pornhub-Statistiken. Analyse des Nutzerverhaltens der Deutschen auf Porno-Seiten«. In: *PC Magazin*, 7. Mai 2014. Auf: http://www.pc-magazin.de/ratgeber/pornhub-statistiken-deutschland-nutzer-verhalten-3194692.html.

Nibbrig, Hans H.: »Gewalt gegen Senioren nimmt zu«. In: *Welt*, 20.

September 2007. Auf: https://www.welt.de/regionales/ber-lin/article1200856/Gewalt-gegen-Senioren-nimmt-zu.html.

Niejahr, Elisabeth und Rudzio, Kolja: »Der Fluch der frühen Rente. Und jetzt?« In: *Zeit Online*, 13. August 2015. Auf: http://www.zeit.de/2015/31/ruhestand-fruehe-rente-fluch.

O. A.: »Babymangel in Deutschland. Geburtenrate bleibt unter EU-Durchschnitt«. In: *Spiegel Online*, 15. Mai 2017. Auf: http://www.spiegel.de/gesundheit/schwangerschaft/deutschlands-ge-burtenziffer-bleibt-unter-eu-durchschnitt-a-1147782.html.

O. A.: »Bad Säckingen. Tödliche Irrfahrt – zwei Jahre auf Be-währung für 85-Jährigen«. In: *Spiegel Online*, 10. Mai 2017. Auf: http://www.spiegel.de/panorama/justiz/bad-saeckin-gen-toedliche-irrfahrt-bewaehrung-fuer-85-jaehrigen-rent-ner-a-1147003.html.

O. A.: »Handel mit Marihuana. Zweieinhalb Jahre Haft für ›Dro-gen-Oma‹«. In: *Spiegel Online*, 23. August 2012. Auf: http://www.spiegel.de/panorama/justiz/zweieinhalb-jahre-gefaeng-nis-fuer-drogen-oma-a-851784.html.

O. A.: »Abrechnung des Ex-Arbeitsministers. Blüm hält Rente nicht mehr für sicher«. In: *Spiegel Online*, 2. Dezember 2014. Auf: http://www.spiegel.de/wirtschaft/soziales/norbert-bluem-haelt-rente-nicht-mehr-fuer-sicher-a-1006121.html.

O. A.: »Reformprojekt. Bundestag beschließt Rente mit 67«. In: *Spiegel Online*, 9. März 2007. Auf: http://www.spiegel.de/po-litik/deutschland/reformprojekt-bundestag-beschliesst-ren-te-mit-67-a-470794.html.

O. A.: »Senioren. Wenn die Alkoholsucht im Alter kommt«. In: *Spiegel Online*, 17. Juli 2014. Auf: http://www.spiegel.de/gesundheit/diagnose/senioren-wenn-die-alkoholsucht-im-al-ter-kommt-a-981474.html.

O. A.: »Fahrerlaubnis von Senioren. Unfähigkeit berechtigt zum Führerscheinentzug«. In: *Focus Online*, 10. April 2014. Auf: https://www.focus.de/auto/news/fahrerlaubnis-von-se-nioren-unfaehigkeit-berechtigt-zum-fuehrerscheinentzug_id_3761561.html.

O. A.: »Trotz sinkendem Rentenniveau. Einkommen der über 65-Jährigen steigen stärker als von Jüngeren«. In: *Focus Online*, 10. Mai 2017. Auf: https://www.focus.de/finanzen/news/studie-einkommen-aelterer-menschen-steigen-staer-ker-als-von-juengeren_id_7110845.html.

O. A.: »»Exakt – So leben wir!«: Deutschland stirbt ohne Zuwan-
derung im Jahr 3705 aus«. In: *MDR*, 14. September 2016. Auf:
https://www.mdr.de/presse/fernsehen/presseinformati-
on-exakt-so-leben-wir-104.html.

O. A.: »Erneute Festnahme. Drogen-Oma (76) lässt das Dealen
nicht«. In: *B.Z.*, 6. Februar 2014. Auf: https://www.bz-berlin.
de/tatort/drogen-oma-76-laesst-das-dealen-nicht.

O. A.: »Riester-Rente. Jeder fünfte Vertrag wird nicht mehr
bespart«. In: *Frankfurter Allgemeine Zeitung*, 5. Juni 2017.
Auf: http://www.faz.net/aktuell/finanzen/meine-finan-
zen/vorsorgen-fuer-das-alter/jeder-fuenfte-riester-ver-
trag-wird-nicht-mehr-bespart-15047488.html.

O. A.: »Demographie. Ostdeutsche werden mittlerweile fast so
alt wie Westdeutsche«. In: *Frankfurter Allgemeine Zeitung*,
22. September 2015. Auf: http://www.faz.net/aktuell/gesell-
schaft/gesundheit/ost-west-kluft-bei-lebenserwartung-ver-
schwindet-13817479.html.

O. A.: »Drogen-Oma Hannelore. 85-Jährige aus Solingen steht
wegen Heroinhandels vor Gericht«. In: *Welt*, 17. Februar 2010.
Auf: https://www.welt.de/welt_print/vermischtes/
article6429267/Drogen-Oma-Hannelore.html.

O. A.: »Altersversorgung. In DDR geschiedene Frauen erhalten
weniger Rente«. In: *Welt*, 15. Januar 2016. Auf: https://www.
welt.de/politik/deutschland/article151035717/In-DDR-ge-
schiedene-Frauen-erhalten-weniger-Rente.html.

O. A.: »Urteil. Stasi-Mitarbeiter bekommen keine Rentenerhöhung«. In: *Welt*, 3. Dezember 2008. Auf: https://www.welt.de/
regionales/berlin/article2822499/Stasi-Mitarbeiter-bekom-
men-keine-Rentenerhoehung.html.

O. A.: »Umfrage-Debakel. Seit Schröder hat SPD mehr als zehn
Millionen Wähler verloren«. In: *Welt*, 6. April 2016.
Auf: https://www.welt.de/politik/deutschland/
article154044499/Seit-Schroeder-hat-SPD-mehr-als-zehn-
Millionen-Waehler-verloren.html.

O. A.: »Europäische Zentralbank. Nullzinspolitik kostet deutsche
Sparer 436 Milliarden Euro«. In: *Zeit Online*, 21. Mai 2017. Auf:
http://www.zeit.de/wirtschaft/geldanlage/2017-05/euro-
paeische-zentralbank-ezb-nullzinspolitik-kosten-sparer.

O. A.: »Sterbehilfe. Bundestag sucht Position zum assistierten
Suizid«. In: *Zeit Online*, 13. November 2014. Auf: http://www.

zeit.de/politik/deutschland/2014-11/bundestag-sterbehil-fe-debatte.

O. A.: »Stasi-Renten: Hat sich Spitzeln doch gelohnt? Sozialge-richt. 30.000 Mitarbeiter vom MfS dürfen auf mehr Geld hof-fen«. In: *Berliner Kurier*, 28. April 2004.

O. A.: »Bertelsmann-Studie zur Rente. Risiko von Altersar-mut nimmt drastisch zu«. In: *Der Tagesspiegel*, 26. Juni 2017. Auf: https://www.tagesspiegel.de/politik/bertels-mann-studie-zur-rente-risiko-von-altersarmut-nimmt-dras-tisch-zu/19979136.html.

O. A.: »Sex im Alter – den Körper wieder neu erleben«. In: *paradisi. de*, 3. Mai 2016. Auf: http://www.paradisi.de/Health_und_Er-naehrung/Sexualitaet/Geschlechtsverkehr/Artikel/17729.php.

O. A.: »Verbreitung. Impotenz: Millionen deutsche Männer sind betroffen«. In: *Lifeline*, 26. Juli 2017. Auf: https://www.lifeline.de/erektionsstoerungen/impotenz-zahl-verbreitung-id28450.html.

O. A.: »Was ist eine erektile Dysfunktion?« In: *Internisten im Netz*, o. D. Auf: https://www.internisten-im-netz.de/krankheiten/erektile-dysfunktion/was-ist-eine-erektile-dysfunktion/. Ab-gerufen am 20. Juni 2017.

O. A.: »Suizid bei Senioren. Angst vor dem Pflegeheim«. In: *n-tv. de*, 12. September 2004. Auf: https://www.n-tv.de/archiv/Angst-vor-dem-Pflegeheim-article83147.html.

O. A.: »Alzheimer Krankheit«. In: *Apotheken Umschau*, 4. No-vember 2013. Auf: https://www.apotheken-umschau.de/Alzheimer.

O. A.: »Attacke in Wien. Sohn erschlägt gehörlose Eltern mit Base-ballschläger«. In: *Welt*, 5. Juli 2017. Auf: https://www.welt.de/vermischtes/article166279239/Sohn-erschlaegt-gehoerlo-se-Eltern-mit-Baseballschlaeger.html.

Prosinger, Wolfgang und Bickerich, Sebastian: »Pro und Contra. Soll Sterbehilfe erlaubt werden?« In: *Der Tagesspiegel*, 19. Juni 2007. Auf: https://www.tagesspiegel.de/meinung/pro-und-contra-soll-sterbehilfe-erlaubt-werden/962550.html.

Prüfer, Christopher: »Versorgungsausgleich. Hälfte der Ansprü-che weg: Das passiert bei der Scheidung mit der Rente«. In: *Focus Online*, 9. Juni 2017. Auf: https://www.focus.de/finanzen/partner/scheidungde/versorgungsausgleich-das-passiert-bei-der-scheidung-mit-der-rente_id_7227242.html.

Osterloh, Falk: »Gesundheit der Deutschen: Lohn der Anstrengung«. In: *Deutsches Ärzteblatt* 2015, 112(50). Auf: https://www.aerzteblatt.de/archiv/173312/Gesundheit-der-Deutschen-Lohn-der-Anstrengung.

Quadbeck, Eva: »Europäische Länder im Vergleich. Deutsche Senioren öfter krank«. In: *RP Online*, 14. August 2012. Auf: http://www.rp-online.de/leben/gesundheit/news/deutsche-senioren-oefter-krank-aid-1.2951562.

Renz, Nicoletta: »Medikamentensucht. Tablettensucht – viele sind abhängig ohne es zu wissen«. In: *T Online*, 7. April 2010. Auf: http://www.t-online.de/gesundheit/id_41224234/medikamentensucht-viele-haben-tablettensucht-ohne-es-zu-wissen.html.

Rövekamp, Marie: »Altersarmut in Berlin. Auf Spätschicht – Wenn die Rente nicht reicht«. In: *Der Tagesspiegel*, 29. Mai 2017. Auf: https://www.tagesspiegel.de/themen/reportage/altersarmut-in-berlin-auf-spaetschicht-wenn-die-rente-nicht-reicht/19796126.html.

Sackmann, Christoph: »So viel Geld besitzt der durchschnittliche Deutsche in jedem Alter«. In: *Finanzen 100*, 13. Juni 2017. Auf: https://www.finanzen100.de/finanznachrichten/wirtschaft/vermoegen-in-deutschland-nach-alter-so-viel-besitzt-der-durchschnitt_H487697808_428483/.

Ders.: »So viel sind 100 Euro (oder 195,58 D-Mark) aus eurem Geburtsjahr heute noch wert«. In: *Finanzen 100*, 17. Juli 2017. Auf: https://www.finanzen100.de/finanznachrichten/wirtschaft/geldentwertung-so-viel-sind-100-euro-oder-195-58-d-mark-aus-eurem-geburtsjahr-heute-noch-wert_H389458635_443668/.

Samel, Gerti: »Anti-Aging-Diät. Essen Sie sich jünger«. In: *Cosmopolitan*, 8. Juli 2008. Auf: http://www.cosmopolitan.de/anti-aging-diaet-essen-sie-sich-juenger-51497.html.

Schadwinkel, Alina: »Lebenserwartung. 100 Jahre? Sind doch kein Alter«. In: *Zeit Online*, 30. Mai 2017. Auf: http://www.zeit.de/wissen/gesundheit/2017-05/lebenserwartung-deutschland-demografie-alter-jahrgang-mann-frau.

Schmitt, Eric: »Bürgerschaftliches Engagement Hochaltriger«. In: *bpb*, 16. Januar 2013. Auf: http://www.bpb.de/apuz/153121/buergerschaftliches-engagement-hochaltriger.

Schneider, Norbert F.: »Der Wandel von der vorindustriellen zur modernen Familie«. In: *bpb*, 31. Mai 2012. Auf: http://www.

bpb.de/politik/grundfragen/deutsche-verhaeltnisse-eine-so-zialkunde/138027/von-der-vorindustriellen-zur-moder-nen-familie.

Schuster, Nicole: »Suizid im Alter. Tod aus Verzweiflung«. In: *Pharmazeutische Zeitung* 38/2012. Auf: https://www.phar-mazeutische-zeitung.de/index.php?id=43477.

Soutschek, Stephan: »Tipps zum Abnehmen über 65«. In: *Senio-ren Ratgeber*, 21. März 2017. Auf: https://www.senioren-rat-geber.de/Abnehmen.

Ders.: »Demenz: Gegen das Vergessen«. In: *Senioren Ratgeber*, 19. Januar 2016. Auf: https://www.senioren-ratgeber.de/demenz.

Steinbuch, Anja: »Nahrungsergänzungsmittel. Das Geschäft mit den Vitaminen«. In: *Handelsblatt*, 6. November 2013. Auf: http://www.handelsblatt.com/technik/das-technologie-up-date/healthcare/nahrungsergaenzungsmittel-das-geschaeft-mit-den-vitaminen/9024728.html.

Streit, Sonja: »Warum Sexualität kein Alter kennt – Teil 1. Sexua-lität im Alter – Was man unter Alter versteht«. In: *55PLUS-ma-gazin.net*, o. D. Auf: http://www.55plus-magazin.net/php/wa-rum_sexualitaet_kein_alter_kennt_teil_1,13252,21290.html.

Dies.: »Warum Sexualität kein Alter kennt – Teil 2. Sexualität im Alter – Wie sich das Alter auf die Sexualität auswirkt«. In: *55PLUS-magazin.net*, o. D. Auf: http://www.55plus-ma-gazin.net/php/warum_sexualitaet_kein_alter_kennt_teil_2,13702,21291.html.

Dies.: »Warum Sexualität kein Alter kennt – Teil 3. Sexualität im Alter – Weshalb das Alter Männer unter Umständen zu besseren Liebhabern macht und warum Sex für eine Bezie-hung wichtig ist«. In: *55PLUS-magazin.net*, o. D. Auf: http://www.55plus-magazin.net/php/warum_sexualitaet_kein_al-ter_kennt_teil_3,17120,21292.html.

Sudahl, Michael: »Sexualbegleiter im Altersheim«. In: *Die Pflege-Bibel*, 15. April 2015. Auf: https://die-pflegebibel.de/2015/04/15/sexualbegleiter-im-altersheim/.

Sydow, Kirsten von: »Sexuelle Realitäten älterer Frauen«. In: *FORUM Sexualaufklärung und Familienplanung* 1/2-2003 (Informationsdienst der Bundeszentrale für gesundheitliche Aufklärung). Auf: https://www.forum.sexualaufklaerung.de/index.php?docid=709. Abgerufen am 28. Juni 2017.

Waldermann, Anselm: »Bestatter in der Kritik. Gewinne so sicher wie der Tod«. In: *Spiegel Online*, 16. September 2009. Auf: http://www.spiegel.de/wirtschaft/service/bestatter-in-der-kritik-gewinne-so-sicher-wie-der-tod-a-648511.html.

Wiese, Sönke: »Nachteile bei der Altersvorsorge. Die Fallstricke der Riester-Rente«. In: *Stern*, 7. Oktober 2010. Auf: https://www.stern.de/wirtschaft/geld/ratgeber-altersvorsorge/nachteile-bei-der-altersvorsorge-die-fallstricke-der-riester-rente-3532494.html.

Woratschka, Rainer: »Altersrenten in Deutschland. Im Durchschnitt 805 Euro«. In: *Der Tagesspiegel*, 12. Juni 2015. Auf: https://www.tagesspiegel.de/politik/altersrenten-in-deutschland-im-durchschnitt-805-euro/11909972.html.

Ders.: »Immer längere Fehlzeiten im Beruf. Depression wird zur Volkskrankheit«. In: *Der Tagesspiegel*, 29. Januar 2015. Auf: https://www.tagesspiegel.de/weltspiegel/immer-laengere-fehlzeiten-im-beruf-depression-wird-zur-volkskrankheit/11295338.html.

Internet

https://de.statista.com
https://www.destatis.de
https://www.bpb.de
https://seniorenkonsum.wordpress.com
https://www.aktive-rentner.de
https://jmkextern.bmb.gv.at
http://wirtschaftslexikon.gabler.de
https://www.ihre-vorsorge.de
https://www.arbeiten-in-der-ddr.de
https://www.bundesversicherungsamt.de
https://www.juraforum.de
https://www.polizei-beratung.de
https://www.vdk.de
https://www.arbeitsgemeinschaft-finanzen.de
http://www.wir-pflegen.net
https://www.ruerup-rente.net
https://www.riester-rente.net
http://www.boersennews.de
http://www.eu-info.de